Das Wechselmodell

Studien zum deutschen und internationalen Familien- und Erbrecht

Herausgegeben von Martin Lipp, Christoph Benicke,
Marina Wellenhofer und Bettina Heiderhoff

Band 28

Zur Qualitätssicherung und Peer Review der vorliegenden Publikation

Die Qualität der in dieser Reihe erscheinenden Arbeiten wird vor der Publikation durch den Herausgeber der Reihe geprüft.

Notes on the quality assurance and peer review of this publication

Prior to publication, the quality of the work published in this series is reviewed by the editor of the series.

Dragana Damljanovic

Das Wechselmodell

Geltendes Recht und Reformbedarf

PL ACADEMIC RESEARCH

Bibliografische Information der Deutschen Nationalbibliothek
Die Deutsche Nationalbibliothek verzeichnet diese Publikation in der Deutschen Nationalbibliografie; detaillierte bibliografische Daten sind im Internet über http://dnb.d-nb.de abrufbar.

Zugl.: Frankfurt (Main), Univ., Diss., 2016

D 30
ISSN 1864-497X
ISBN 978-3-631-67382-9 (Print)
E-ISBN 978-3-653-06643-2 (E-PDF)
E-ISBN 978-3-631-70122-5 (EPUB)
E-ISBN 978-3-631-70123-2 (MOBI)
DOI 10.3726/978-3-653-06643-2

PL Academic Research ist ein Imprint der Peter Lang GmbH.

Peter Lang – Frankfurt am Main · Bern · Bruxelles · New York · Oxford · Warszawa · Wien

Diese Publikation wurde begutachtet.

www.peterlang.com

Vorwort

Die vorliegende Arbeit wurde im Wintersemester 2015/2016 vom Fachbereich Rechtswissenschaften der Goethe-Universität Frankfurt am Main als Dissertation angenommen. Rechtsprechung und Literatur wurden bis Juli 2016 berücksichtigt.

Bedanken möchte ich mich bei Frau *Prof. Dr. Marina Wellenhofer-Klein* für die Anregung zu diesem Thema, die engagierte Betreuung der Arbeit sowie die wertvolle Zeit als wissenschaftliche Mitarbeiterin an ihrem Lehrstuhl. Herrn *Prof. Dr. Ludwig Salgo* danke ich für die Erstellung des Zweitgutachtens, Frau *Prof. Dr. Dr. h.c. Gisela Zenz* für die Übernahme des Vorsitzes der Prüfungskommission sowie Frau *Prof. Dr. Bettina Heiderhoff*, Herrn *Prof. Dr. Christoph Benicke*, Herrn *Prof. Dr. Martin Lipp* und meiner Doktormutter für die Aufnahme in diese Schriftenreihe.

Mein besonderer Dank gilt meinen Eltern und meinem Bruder für ihre uneingeschränkte Unterstützung während des gesamten Studiums und Referendariats sowie beim Fertigen dieser Arbeit.

Frankfurt am Main, im August 2016 — Dragana Damljanovic

Inhaltsverzeichnis

Einleitung

A. Einführung in die Problemstellung

Wenn eine Familie durch Trennung oder Scheidung der Eltern zerbricht, wird die Kindesbetreuung in der Regel im sog. Residenzmodell praktiziert.[1] Dabei hat das Kind einen festen Lebensmittelpunkt bei einem Elternteil, welches für seine Betreuung überwiegend zuständig ist, und pflegt Umgangskontakte zum anderen Elternteil.[2] Einhergehend mit einem gewandelten Rollenverständnis von Mann und Frau und einem zunehmenden Interesse der Väter an der Kindesbetreuung soll eine Betreuung im Wechselmodell für Eltern immer attraktiver werden.[3] Indem ein regelmäßiger (z. B. wöchentlicher) Aufenthaltswechsel des Kindes von der Wohnung eines Elternteils zum anderen stattfindet, betreuen die Eltern das Kind bei diesem Arrangement zu in etwa gleichen Anteilen.[4] Das Kind hat auf diese Weise zwei Lebensmittelpunkte, zwischen denen es hin und her wechselt.

Aktuell werden sowohl in der Presse als auch in der Fachwissenschaft die Vor- und Nachteile, die Anforderungen an eine Durchführbarkeit sowie die rechtlichen und psychologischen Folgen des Wechselmodells breit diskutiert.[5] So war das Wechselmodell Thema von zwei Arbeitskreisen des 20. Deutschen Familiengerichtstages.[6] Auch Vätervereinigungen setzen sich vermehrt mit diesem Betreuungsmodell auseinander und fordern mitunter eine gesetzliche Regelung, die eine hälftige Betreuung als Regelmodell vorsieht.[7]

In den §§ 1626 ff. BGB sind die Voraussetzungen für den Erhalt der elterlichen Sorge und des Umgangsrechts sowie die daraus resultierenden Rechte und Pflichten geregelt. Die konkrete Ausgestaltung in Form eines Betreuungsarrangements hingegen bleibt grundsätzlich den Sorgeberechtigten überlassen.

In vielen gesetzlichen Regelungen hat der Gesetzgeber jedoch das Residenzmodell als Leitmodell für die Nachtrennungsfamilie zugrunde gelegt.[8] Bei der

---

1 Staudinger/*Salgo*, § 1687 Rn. 14.

2 Staudinger/*Salgo*, a.a.O.; MüKo/*Hennemann*, § 1687 Rn. 1.

3 *Spangenberg*, FamRZ 2014, 88.

4 *Horndasch*, FuR 2011, 593, 594.

5 *Sünderhauf*, Wechselmodell: Psychologie – Recht – Praxis; *Jokisch*, FuR 2013, 679; *dies.*, FuR 2014, 25; *Spangenberg*, FamRZ 2014, 88; *Wohlgemuth*, FPR 2013, 157; *Bausch/Gutdeutsch/Seiler*, FamRZ 2012, 258; *Kostka*, ZKJ 2014, 2. Vgl. auch die Berichte in der Presse: *Die Welt*, Wenn das Trennungskind zum Ping-Pong Ball wird, 29.01.2015; *Süddeutsche Zeitung*, Die Zeit der Zahlväter ist vorbei, 13.11.2015; *Die Zeit*, Kinder sind flexibel, 24.04.2014.

6 Vgl. 20. DFGT, Ergebnisse des Arbeitskreises 7 und 15.

7 Vgl. *Väteraufbruch für Kinder e.V.*, Position Paritätische Doppelresidenz, abrufbar unter: http://www.vaeteraufbruch.de/index.php?id=doppelresidenz.

8 *Horndasch*, FuR 2011, 593, 594.

Anwendung dieser Normen wirft die Betreuung im Wechselmodell eine Reihe von Rechtsfragen auf. Am deutlichsten kommt dies im Kindesunterhaltsrecht zum Ausdruck. Denn nach § 1606 Abs. 3 S. 2 BGB erfüllt der Elternteil, der ein minderjähriges unverheiratetes Kind betreut, seine Verpflichtung zum Kindesunterhalt beizutragen, in der Regel durch die Pflege und Erziehung des Kindes. Der andere, nicht betreuende Elternteil erfüllt in diesem Fall seine Kindesunterhaltspflicht aus § 1606 Abs. 3 S. 1 BGB durch Leistung des Barunterhalts in Form der Entrichtung einer Geldrente (§ 1612 Abs. 1 S. 1 BGB). Diese am Residenzmodell ausgerichtete Trennung von Betreuungs- und Barunterhaltspflicht passt nicht, wenn die Eltern ihr Kind gleichermaßen betreuen. Entsprechendes gilt für die Regelung der Einzelvertretungsbefugnis eines Elternteils in Unterhaltsverfahren (§ 1629 Abs. 2 S. 2 BGB). Auch diese steht nur demjenigen Elternteil zu, der das Kind in Obhut hat. Daneben kann eine Betreuung im Wechselmodell Auswirkungen im steuer- und sozialrechtlichen Bereich haben. Als Beispiel sei an dieser Stelle die Regelung zum Anspruch des Kindes auf Unterhaltsvorschuss genannt, welcher zur Voraussetzung hat, dass das Kind bei einem Elternteil lebt (§ 1 Abs. 1 Nr. 2 UVG).

Im Vergleich zu einer Reihe von anderen europäischen sowie außereuropäischen Ländern, existiert im deutschen Familienrecht keine gesetzliche Regelung des Wechselmodells. So kann das Gericht in Frankreich[9], Tschechien[10], Australien[11], Großbritannien[12] und in der Schweiz[13] eine Betreuung im Wechselmodell durch gerichtlichen Beschluss auch entgegen des Willens eines Elternteils festlegen. Im belgischen Familienrecht stellt das Wechselmodell seit 2006 sogar das Regelmodell für die Nachtrennungsfamilie dar.[14] Im Juni 2015 entschied das BVerfG, dass der Gesetzgeber nicht gehalten ist, die Anordnung des Wechselmodells als Regelfall vorzusehen und abweichende Betreuungsmodelle als Ausnahme auszugestalten.[15] Die Frage, ob der Gesetzgeber zur Schaffung einer evtl. fehlenden Gesetzesgrundlage zur gerichtlichen Anordnung des Wechselmodells gegen den Willen eines Elternteils verpflichtet ist, ließ das BVerfG offen.[16]

Vor diesem Hintergrund stellt sich die Frage, ob das Wechselmodell in das geltende Recht integriert werden kann und die bestehenden Regelungen zur Bewältigung der durch diese Betreuungsform aufgeworfenen Rechtsfragen genügen. In diesem Rahmen ist zu klären, ob eine gesetzliche Verankerung des Wechselmodells im Sorge- und Umgangsrecht, im Unterhaltsrecht und/oder im Steuer- und Sozialrecht

---

9 Art. 373-2-9 Code civil.

10 § 26 Abs. 2 des tschechischen FamG, vgl. Rieck/*Rombach*, Länderteil Tschechien, S. 13.

11 Section 65DAA des Family Law Amendment Act.

12 Section 1 (2A) des Children and Families Act 2014.

13 Art. 133 Abs. 1 Nr. 2 ZGB, vgl. Rieck/*Woelke*, Länderteil Schweiz, S. 12.

14 § 2 Abs. 2 des Gesetzes 374 bBGB, vgl. Bergmann/Ferid/Henrich/*Pintens*, Länderteil Belgien, S. 57.

15 BVerfG, FamRZ 2015, 1585.

16 A.a.O.

erforderlich ist. Im Schwerpunkt soll sich die Untersuchung der Ermittlung des Kindesunterhalts bei einer Betreuung im Wechselmodell widmen. Die hierzu vertretenen Berechnungsmodelle sollen anhand von zwei Fallbeispielen einer kritischen Würdigung unterzogen werden. In diesem Zusammenhang wird auch die Berücksichtigung von Umgangskosten beim Kindesunterhalt relevant. Eine Betreuung im Residenzmodell mit umfangreichen Umgangskontakten zum anderen Elternteil markiert die Schnittstelle zum Wechselmodell. Für die Beurteilung des Kindesunterhalts im Wechselmodell ist daher auch die unterhaltsrechtliche Situation im Falle einer Betreuung im Residenzmodell mit erweitertem Umgang mit zu berücksichtigen.

B. Gang der Untersuchung

Im ersten Kapitel werden die nach Trennung der Eltern praktizierten Betreuungsmodelle dargestellt. Hierbei soll untersucht werden, unter welchen Voraussetzungen ein Betreuungsarrangement als Wechselmodell eingeordnet wird und in welchem rechtlichen Zusammenhang diese Einordnung Bedeutung erlangt. Das zweite Kapitel widmet sich der aktuellen Verbreitung des Wechselmodells sowie seiner voraussichtlichen zukünftigen Bedeutung unter Berücksichtigung gesellschaftlicher und rechtlicher Entwicklungen. Ferner wird in Kapitel 2 unter Darstellung der psychologischen Hintergründe der Frage nachgegangen, ob und unter welchen Voraussetzungen eine Betreuung im Wechselmodell dem Kindeswohl dient.

In Kapitel drei wird zum einen untersucht, ob nach dem geltenden Sorge- und Umgangsrecht eine gerichtliche Umsetzung des Wechselmodells mit und ohne Einvernehmen der Eltern möglich ist und ob Reformbedarf besteht. Zum anderen wird auf die Entscheidungsbefugnisse der Eltern in Kindesangelegenheiten und somit insbesondere auf die Übertragbarkeit des § 1687 Abs. 1 S. 2, 3 BGB auf das Wechselmodell eingegangen. Im vierten Kapitel werden die Auswirkungen von Kosten des einfachen und erweiterten Umgangs auf die Barunterhaltspflicht des Umgangselternteils dargestellt. Hierzu werden im Schrifttum verschiedene Berechnungsmethoden, die von der Vorgehensweise des BGH abweichen, diskutiert. Diese werden anhand ihrer Anwendung auf dasselbe Fallbeispiel veranschaulicht und die Ergebnisse ausgewertet.

Im fünften Kapitel werden die zur Berechnung des Kindesunterhalts im Wechselmodell vertretenen Berechnungsmodelle dargestellt und sodann auf zwei Fallbeispiele angewandt. Durch die anschließende Auswertung der Ergebnisse soll ermittelt werden, welche Berechnungsmodelle zu gerechten Ergebnissen führen. In diesem Zusammenhang wird auch auf einen möglichen Reformbedarf eingegangen. Das sechste Kapitel widmet sich der gerichtlichen Durchsetzung des Kindesunterhalts beim Wechselmodell und hier insbesondere der Diskussion um Alternativen zur Einzelvertretungsbefugnis aus § 1629 Abs. 2 S. 2 BGB. Kapitel sieben behandelt die Auswirkungen einer Betreuung im Wechselmodell auf den Betreuungsunterhalt nach Trennung (§ 1615l Abs. 2 S. 2–4 bzw. Abs. 4 BGB) und Scheidung (§ 1570 BGB). In Kapitel acht werden die Rechtsfolgen der wechselnden Betreuung im Sozial- und Steuerrecht dargestellt.

Erstes Kapitel: Betreuungsmodelle nach Trennung der Eltern

Den Eltern steht es grundsätzlich frei, zu entscheiden, welcher Elternteil das Kind in welchem Umfang nach ihrer Trennung betreut bzw. Umgang mit diesem hat. Das Gesetz regelt einerseits die Voraussetzungen für Erhalt und Entziehung der elterlichen Sorge (§§ 1626 ff. BGB) und andererseits das zwischen Eltern und Kind bestehende Recht auf Umgang (§ 1684 BGB). Die konkrete Ausgestaltung in Form eines Betreuungsarrangements ist den Eltern jedoch kraft ihrer aus Art. 6 Abs. 2 S. 1 GG zustehenden Elternautonomie selbst überlassen.[17] In der juristischen Praxis werden die verschiedenen Betreuungsvarianten für Kinder von getrenntlebenden Eltern in drei Modelle untergliedert.

A. Residenzmodell

I. Ausgestaltungen

Beim sog. Residenz- oder Eingliederungsmodell lebt das Kind vorwiegend bei einem Elternteil, hat dort seinen Lebensmittelpunkt und wird von diesem Elternteil allein oder überwiegend betreut.[18] Der Kontakt zum anderen Elternteil bricht nicht vollständig ab, sondern bleibt in Form von regelmäßigen Besuchsaufenthalten bei diesem erhalten.[19] Die konkrete Ausgestaltung einer Betreuung im Residenzmodell kann dabei sehr unterschiedlich ausfallen. Im Laufe der Zeit hat sich in der Rechtsprechung und Familienberatung entwickelt, dass ein alle 14 Tage stattfindender Wochenendaufenthalt des Kindes bei dem nicht überwiegend betreuenden Elternteil inkl. der Hälfte der Schulferien als üblicher Umgangskontakt im Residenzmodell anzusehen ist.[20] Der BGH bewertet eine Betreuung durch den Nichtresidenz-Elternteil von ca. fünf bis sechs Tagen im Monat als üblichen Umgangskontakt, was dem o.g. Rhythmus in etwa entspricht.[21] Der Umgang zwischen Kind und nichtbetreuendem Elternteil wird häufig aber auch weitaus umfangreicher gestaltet, was als sog. erweiterter Umgang bezeichnet wird und die Schnittstelle zu einer Betreuung im Wechselmodell kennzeichnet.[22] Gemeint ist dabei ein „über das übliche Maß

17 Kinderrechtekommission des DFGT, FamRZ 2014, 1157, 1161.

18 MüKo/*Hennemann*, § 1687 Rn. 1; Palandt/*Götz*, § 1687 Rn. 2; Staudinger/*Salgo*, § 1687 Rn. 14.

19 Staudinger/*Salgo*, § 1687 Rn. 14; MüKo/*Hennemann*, § 1687 Rn. 1.

20 *Schramm*, NZFam 2014, 582, 583; Eschenbruch/*Schmidt/Kohne*, Kap. 2 Rn. 507.

21 BGH, NJW 2007, 1882, 1884.

22 *Jokisch*, FuR 2013, 679; BGH, FamRZ 2014, 917; NJW 2007, 1882, 1883; 2006, 1015, 1017.

hinaus wahrgenommenes Umgangsrecht, dessen Ausgestaltung sich bereits einer Mitbetreuung annähert", häufig in Form eines Betreuungsanteils von ca. 30 %.[23]

II. Tatsächlicher und gesetzlicher Regelfall

Das Residenzmodell ist mit ca. 85 % – 95 % aller Fälle das am häufigsten praktizierte Betreuungsmodell nach Trennung oder Scheidung.[24] Auch das Gesetz geht in vielen Regelungsbereichen von einer Betreuung im Residenzmodell als Regelfall aus. Dies zeigt sich sehr deutlich im Unterhaltsrecht. Nach § 1606 Abs. 3 S. 2 BGB erfüllt der betreuende Elternteil seine Unterhaltspflicht für das minderjährige Kind in der Regel durch dessen Pflege und Erziehung, während der nichtbetreuende Elternteil seiner Unterhaltspflicht durch Entrichtung einer Geldrente nachkommt (§ 1612 Abs. 1 S. 1 BGB). Für minderjährige Kinder geht das Gesetz somit davon aus, dass sich die Eltern im Falle ihrer Trennung in der Weise arrangieren, dass ein Elternteil das Kind betreut und dafür von der Barunterhaltspflicht befreit ist und der andere Elternteil den Barbedarf des Kindes decken muss.

Ähnliches gilt im Rahmen der prozessualen Geltendmachung von Unterhaltsansprüchen des Kindes. Nach § 1629 Abs. 2 S. 2 BGB kommt dem Elternteil, in dessen Obhut sich das Kind befindet, trotz gemeinsamen Sorgerechts der Eltern ein Alleinvertretungsrecht für die Geltendmachung von Kindesunterhaltsansprüchen zu.[25] Vorschriften aus dem Sorge- und Umgangsrecht sind zum Teil an eine Betreuung im Residenzmodell ausgerichtet. So regelt § 1687 Abs. 1 S. 2 BGB für getrenntlebende, gemeinsam sorgeberechtigte Eltern, dass der Elternteil, bei dem sich das Kind gewöhnlich aufhält, die Alleinentscheidungsbefugnis in Angelegenheiten des täglichen Lebens hat.[26] Auch die Notwendigkeit der Gewährung eines Umgangsrechts nach § 1684 BGB ergibt sich nur bei einer Betreuung im Residenzmodell. Denn ein Umgangsrecht nach § 1684 BGB dient dem berechtigten Elternteil vordergründig, um sich vom körperlichen und geistigen Befinden des Kindes und seiner Entwicklung fortlaufend zu überzeugen sowie verwandtschaftliche Beziehungen aufrechtzuerhalten, dagegen nicht, um an der Erziehung des Kindes mitzuwirken.[27]

23 BGH, NJW 2007, 1882, 1883; 2006, 1015, 1017.

24 Staudinger/*Salgo*, § 1687 Rn. 14 (85 %); *Proksch – BMJ*, Begleitforschung zur Umsetzung der Neuregelungen zur Reform des Kindschaftsrechts, S. 25 f. (ca. 95 %).

25 Zur Frage der Anwendbarkeit des § 1629 Abs. 2 S. 2 BGB beim Wechselmodell vgl. Kap. 6, A. I. 1.

26 Zur Frage der Anwendbarkeit des § 1687 Abs. 1 S. 2 BGB beim Wechselmodell vgl. Kap. 3, E.

27 Palandt/*Götz*, § 1684 Rn. 1.

B. Wechselmodell

Unter Wechselmodell – auch Doppelresidenz- oder Pendelmodell genannt[28] – versteht man im Allgemeinen ein Betreuungsmodell, bei dem das Kind in regelmäßigen Abständen von dem Haushalt eines Elternteils zu dem des anderen Elternteils wechselt, sodass die Eltern das Kind in etwa gleichmäßig betreuen. Schätzungen über den Anteil an Trennungsfamilien in Deutschland, die das Wechselmodell praktizieren, reichen von 2,4 % bis zu 16 %.[29] Unter welchen Voraussetzungen genau ein Wechselmodell anzunehmen und wann noch von einem Residenzmodell mit erweitertem Umgang zu sprechen ist, ist bisher nicht abschließend geklärt.[30]

I. Notwendigkeit einer Definition

Bevor auf die zum Begriff des Wechselmodells vertretenen Auffassungen eingegangen wird, stellt sich zunächst die Frage, in welchem Zusammenhang die Einordnung einer praktizierten Betreuung als Wechselmodell in der Praxis Bedeutung erlangt. Die meiste Rechtsprechung zum Wechselmodell entstammt dem Sorgerechtsverfahren. In diesen Fällen sind die Eltern in aller Regel Inhaber des gemeinsamen Sorgerechts und haben sich über eine Betreuung im Wechselmodell, entweder mündlich oder aufgrund eines gerichtlichen Vergleichs, geeinigt und praktizieren dieses schon einige Zeit. Häufig ist ein Elternteil nicht mehr mit einer wechselseitigen Betreuung zufrieden und stellt bei Gericht den Antrag auf Übertragung des Aufenthaltsbestimmungsrechts nach § 1671 Abs. 2 Nr. 2 BGB, mit dem Ziel das Kind überwiegend selbst zu betreuen und der Praktizierung des Wechselmodells ein Ende zu setzen.[31] Auch der umgekehrte Fall ist Gegenstand von Gerichtsverfahren: Ein Elternteil verstößt gegen die Vereinbarung der wechselseitigen Betreuung, indem es das Kind häufiger betreut als zwischen den Eltern vereinbart, woraufhin der andere Elternteil einen Antrag bei Gericht auf Übertragung des alleinigen Aufenthaltsbestimmungsrechts stellt, um eine Betreuung im Wechselmodell sicherzustellen.[32] In beiden Fallvarianten stellt in der Regel der andere Elternteil seinerseits einen Antrag auf Übertragung des alleinigen Aufenthaltsbestimmungsrechts auf sich mit dem Ziel der Weiterführung oder Beendigung des Wechselmodells. Die Gerichte befassen sich in den Sorgerechtsentscheidungen nur am Rande mit der Definition des Wechselmodells. In der Regel wird die Betreuung im wöchentlichen Wechsel als Wechselmodell bezeichnet, ohne näher auf diesen Begriff einzugehen. Dies liegt in der Natur der Sache: Im Rahmen eines Antrags nach § 1671 Abs. 2 Nr. 2 BGB prüft das Gericht, ob die Aufhebung des gemeinsamen Sorgerechts und die Übertragung

28 Palandt/*Götz*, § 1687 Rn. 2.
29 Ausführlich zur Verbreitung des Wechselmodells in Deutschland vgl. Kapitel 2, A. I.
30 Eschenbruch/*Schmidt/Kohne*, Kap. 2 Rn. 517 ff.
31 Vgl. KG, FamRZ 2012, 886; OLG Dresden, FamRZ 2011, 1741; 2005, 125.
32 Vgl. OLG Stuttgart, FamRZ 2007, 1266; OLG Brandenburg, Urt. v. 19.06.2012 – 10 UF 42/12.

auf den Antragssteller dem Kindeswohl am besten entspricht. Aus der konkreten Festlegung als Wechselmodell ergibt sich daher kein Mehrwert, letztlich geht es nur um die Frage, ob die derzeit praktizierte Art der Betreuung dem Kindeswohl entspricht oder nicht.[33]

Tatsächliche Rechtsfolgen führt die Einordnung einer Betreuung als Wechselmoll erst in Unterhaltsverfahren herbei. In den einschlägigen Fällen klagt der betreuende Elternteil, in der Regel die Mutter, den vollen Barunterhaltsanspruch im Namen des Kindes gegen den anderen Elternteil ein, wogegen sich dieser mit der Begründung wehrt, er sei nicht allein barunterhaltspflichtig, da er das Kind im gleichen Umfang wie der klagende Elternteil betreue.[34] Die Gerichte befassen sich in diesen Fällen an zwei Stellen mit der Frage der Einordnung der praktizierten Betreuung als Wechselmodell: Zum einen im Rahmen der Zulässigkeit des Unterhaltsantrags und der Frage, ob der antragsstellende Elternteil nach § 1629 Abs. 2 S. 2 BGB den Unterhaltsanspruch des Kindes geltend machen kann. Zum anderen bei der Beurteilung, ob der antragsstellende Elternteil aufgrund überwiegender Betreuungsleistungen nach § 1606 Abs. 3 S. 2 BGB von der Barunterhaltspflicht befreit ist.

II. Auffassung der Rechtsprechung

1. Definition des Wechselmodells

Der BGH hat sich bisher in vier Entscheidungen zum Unterhaltsrecht mit der Definition des Wechselmodells auseinandergesetzt. Danach liegt ein Wechselmodell vor, „wenn sich die Eltern in der Betreuung abwechseln, sodass jeder von ihnen in etwa die Hälfte der Versorgungs- und Erziehungsaufgaben wahrnimmt".[35] Nur wenn die Eltern ihr Kind „in der Weise betreuen, dass es in etwa gleich langen Phasen abwechselnd jeweils bei dem einen und dem anderen Elternteil lebt", könne von einem Wechselmodell gesprochen werden.[36] Sofern sich auf Seiten eines Elternteils eine eindeutige Zuordnungsmöglichkeit bzw. ein Betreuungsschwerpunkt ermitteln lässt, sei von einer Betreuung im Residenzmodell mit erweitertem Umgang auszugehen.[37]

Der BGH stellt maßgeblich darauf ab, ob ein Elternteil die Hauptverantwortung für das Kind trägt und misst „der zeitlichen Komponente der von den Elternteilen jeweils übernommenen Betreuung zwar eine Indizwirkung [zu], ohne dass sich

33 Abzulehnen ist daher die Ansicht von *Hammer*, der den Begriff des Wechselmodells für das Sorge- und Umgangsrecht bestimmen möchte und hierbei eine im Vergleich zum Unterhaltsrecht extensivere Anwendung vorschlägt (Indizwirkung ab Betreuungsverhältnis von 60:40), vgl. FamRZ 2015, 1433, 1440.

34 Vgl. BGH, FamRZ 2014, 917; 2006, 1015; NJW 2007, 1882; OLG Brandenburg, FamRZ 2007, 1354; OLG Karlsruhe, FamRZ 2006, 1225; OLG Düsseldorf, FamRZ 2001, 1235.

35 BGH, FamRZ 2015, 236; 2014, 917, 919; 2006, 1015, 1017; NJW 2007, 1882, 1884.

36 BGH, FamRZ 2014, 917, 918; NJW 2007, 1882, 1884; FamRZ 2006, 1015, 1017.

37 BGH, FamRZ 2014, 917, 919; 2006, 1015, 1017.

allerdings die Beurteilung allein hierauf zu beschränken brauche".[38] In den sorgerechtlichen Entscheidungen wird das Wechselmodell begrifflich in der Regel über den Aufenthalt im regelmäßigen Wechsel bei dem einen und dem anderen Elternteil bestimmt.[39] Zudem wird häufig das Fehlen eines Lebensmittelpunkts oder dauerhaften Aufenthaltsorts des Kindes bei einem Elternteil als Abgrenzungsmerkmal zum Residenzmodell beschrieben.[40]

2. *Bedeutung des zeitlichen Umfangs der Betreuung*

Die Rechtsprechung misst dem zeitlichen Umfang der Betreuung maßgebliche Bedeutung für die Beurteilung, ob die Eltern das Kind noch im Residenzmodell mit erweitertem Umgang oder bereits im Wechselmodell betreuen, zu. Es stellt sich daher die Frage, wann eine Betreuung in etwa gleich langen Phasen stattfindet bzw. wann davon ausgegangen werden kann, dass jeder Elternteil etwa die Hälfte der Versorgungs- und Erziehungsaufgaben wahrnimmt.

a) Betreuungsanteile der Eltern

Nach der Auffassung des BGH ist bei Betreuungsanteilen der beiden Elternteile von ca. 1/3 zu 2/3 kein Wechselmodell gegeben, sondern von einer Betreuung im Residenzmodell mit erweitertem Umgang auszugehen.[41] In der zitierten Entscheidung wurde zugrunde gelegt, dass sich das Kind im Durchschnitt an 13 Tagen im Monat bei dem Antragsgegner, dem Vater des Kindes, und in der übrigen Zeit bei der Mutter aufhält.[42]

Auch in einem anderen Verfahren, in dem das Betreuungsverhältnis mit 64 % zu 36 % ausgestaltet war, wurde die Annahme einer Betreuung im Wechselmodell mit in wesentlichen gleichen Anteilen verneint.[43] In diesem Verfahren wurden die Kinder an fünf von 14 Tagen von dem Antragsgegner, dem Vater der beiden Kinder, und an den restlichen Tagen von der Mutter betreut.[44] Die Betreuung war dergestalt geregelt, dass sich die Kinder von mittwochabends bis montagmorgens beim Vater aufhielten und montags nach der Schule in den Haushalt der Mutter wechselten. Dort blieben sie dann wieder bis zum Mittwochabend der folgenden Woche.[45] Der BGH sah darin ein über das übliche Maß hinausgehendes Umgangsrecht (erweiterter Umgang) des Vaters.[46] Selbst bei einer Betreuung an sechs von 14 Tagen, was

---

38 BGH, FamRZ 2014, 917, 919; NJW 2007, 1882, 1883; FamRZ 2006, 1015, 1017.
39 OLG Brandenburg, Beschl. v. 11.04.2002 – 10 UF 13/02; KG, FamRZ 2006, 1626.
40 KG, FamRZ 2012, 886; KG, FamRZ 2014, 50, 52; OLG Brandenburg, FamRZ 2008, 1474, 1475; OLG Stuttgart, FamRZ 2007, 1277, 1267.
41 BGH, FamRZ 2006, 1015, 1017.
42 BGH, FamRZ 2006, 1015.
43 BGH, NJW 2007, 1882.
44 BGH, NJW 2007, 1882, 1883.
45 A.a.O.
46 A.a.O.

einem prozentualen Betreuungsverhältnis von ca. 43 % zu 57 % entspricht, lehnte der BGH ein Wechselmodell aufgrund des noch bestehenden Betreuungsschwerpunkts der Mutter ab.[47]

In einem weiteren vom BGH entschiedenen Fall hatten die Eltern zuvor eine notarielle Vereinbarung getroffen, wonach die Betreuung des Kindes „nach dem sogenannten Wechselmodell ausgeübt werden" solle.[48] Der Betreuungsrhythmus sah dergestalt aus, dass sich das Kind an jedem zweiten Wochenende von Freitag bis Sonntag und zusätzlich an zwei Tagen in der Woche bei dem auf Unterhaltszahlung in Anspruch genommenen Vater aufhielt.[49] In einem Zeitraum von 14 Tagen wurde das Kind somit an sieben Tagen vom Vater und an den anderen sieben Tagen von der Mutter betreut, was auf den ersten Blick für eine hälftige Aufteilung der Betreuung spricht.

Die Vorinstanz (OLG Frankfurt) hatte eine Übersicht zu dem praktizierten Betreuungsrhythmus erstellt und kam zu dem Ergebnis, dass das Kind zwar sieben von 14 Tagen, aber nur vier von 14 Nächten im Haushalt des Vaters verbringe.[50] Der BGH berücksichtigte zudem, dass eine ganztägige Betreuung durch den Vater nur an dem Samstag des Besuchswochenendes bestand, an allen anderen Umgangstagen hielt sich das Kind entweder morgens oder abends noch im Haushalt der Mutter auf.[51] Ferner wurde das Kind zeitweise (in den Monaten März bis Juni 2012) nur für jeweils sieben Tage im Monat vollständig und an zwei darüber hinausgehenden Tagen im Monat etwa hälftig vom Vater betreut.[52] Diese Betreuung bewertete der BGH ebenso wie das OLG Frankfurt nicht als Wechselmodell sondern noch als Residenzmodell mit erweitertem Umgang.[53]

Das OLG Frankfurt führte in seiner Entscheidung zudem aus, dass sich der Vater bereits deshalb nicht auf die notarielle Vereinbarung berufen könne, weil diese ausschließlich einen sorge- und umgangsrechtlichen Inhalt habe.[54] Ohne Mitwirkung eines Familiengerichts entfalten Vereinbarungen über die elterliche Sorge jedoch keine Wirkung, sodass für die Beurteilung des Betreuungsmodells auf die konkreten Aufenthaltszeiten abzustellen sei.[55] Der Einwand des Vaters, der zeitliche Betreuungsvorsprung der Mutter beruhe im Wesentlichen auf der Mehrzahl der in ihrem Haushalt stattfindenden Übernachtungen des Kindes, weshalb von einem Wechselmodell ausgegangen werden müsse, überzeugte den BGH nicht.[56] Denn

47 BGH, FamRZ 2015, 236, 238.
48 BGH, FamRZ 2014, 917.
49 A.a.O.
50 OLG Frankfurt, FamRZ 2014, 46.
51 BGH, FamRZ 2014, 917, 918.
52 A.a.O.
53 A.a.O. Kritisch hierzu *Wohlgemuth*, FuR 2014, 556.
54 OLG Frankfurt, FamRZ 2014, 46.
55 A.a.O.
56 BGH, FamRZ 2014, 917, 918.

hierbei berücksichtigte er, dass auch die Strukturierung des Tagesablaufs des Kindes in den Morgen- und Abendstunden eine wichtige Betreuungsaufgabe darstellt.[57]

In einem anderen Verfahren hatten die Eltern durch gerichtliche Vereinbarung den Aufenthalt ihrer Kinder in der Weise geregelt, dass (1.) die Kinder ihren Lebensmittelpunkt bei der Mutter haben und (2.) der Vater mit ihnen an jedem zweiten Wochenende Umgang von Freitag nach der Schule bis Montag zur Schule sowie in den Wochen dazwischen montags nach der Schule bis 18:00 Uhr und jeden Mittwoch nach der Schule bis 18:00 Uhr hat.[58] Das Gericht sah darin eine Betreuung im Residenzmodell, da der Haushalt der Mutter als Lebensmittelpunkt zugewiesen war und der Schwerpunkt der Betreuung bei der Mutter lag. Hierbei berücksichtigte das OLG Brandenburg insbesondere, dass die Kinder innerhalb von 14 Tagen nur drei Mal beim Vater übernachteten, was insg. weniger als 25 % der Übernachtungen entspreche.[59] Im Gegensatz zur Vorinstanz bewertete das Berufungsgericht die Betreuung durch den Vater als überobligationsmäßig und ging somit von einem erweiterten Umgang aus.[60]

In zwei weiteren Verfahren betreuten die auf Unterhaltszahlung verklagten Väter die Kinder an fünf von 14 Tagen, was ebenfalls nicht für die Annahme eines Wechselmodells ausreichte.[61] Das Kammergericht führte in einem im Oktober 2009 entschiedenen Verfahren aus, dass die praktizierte Betreuungsaufteilung im Verhältnis von drei zu vier Tagen einem Wechselmodell sehr nahe komme.[62] Grundlegend anders entschied das KG in einem Verfahren aus dem Jahr 2002, wo es (ohne konkrete Zuordnung zu einem Betreuungsmodell) die Obhut eines Elternteils im Sinne des § 1629 Abs. 2 S. 2 BGB und somit das Vorliegen des Betreuungsschwerpunkts eines Elternteils bei einer Aufteilung von 1/3 zu 2/3 ablehnte.[63]

Betrachtet man die gesamte obergerichtliche Rechtsprechung zum Wechselmodell seit dem Jahr 2000, so lässt sich insgesamt feststellen, dass die Gerichte in aller Regel nur in den Fällen von einer Betreuung im Wechselmodell sprechen, in denen die Aufenthaltszeiten des Kindes zwischen den Eltern hälftig aufgeteilt waren. Dabei handelt es sich überwiegend um Verfahren aus dem Sorge- und Umgangsrecht, in denen ein wöchentlicher Aufenthaltswechsel des Kindes gegeben ist.[64]

---

57 A.a.O.

58 OLG Brandenburg, FamRZ 2007, 1354.

59 A.a.O.

60 OLG Brandenburg, FamRZ 2007, 1354, 1355.

61 OLG Schleswig, FuR 2008, 567, 568; OLG München, Urt. v. 25.09.2007 – 4 UF 75/07.

62 KG, FamRZ 2010, 1169, 1170.

63 KG, FamRZ 2003, 53.

64 So in den folgenden Entscheidungen: OLG Brandenburg, Beschl. v. 21.10.2013 – 13 UF 195/13; OLG Düsseldorf, Beschl. v. 07.11.2012 – II-6 UF 191/12; KG, FamRZ 2012, 886; OLG Nürnberg, FamRZ 2011, 1803. Ein Wechselmodell wurde ferner angenommen in: KG, FamRZ 2010, 1447 (zum Betreuungsunterhalt); OLG Düsseldorf, NJW 2001, 3344 (zur Geltendmachung des Kindesunterhalts); OLG Düsseldorf, FamRZ 2014, 567 (zur Anrechnung des Kindergeldes).

Die Rechtsprechung erkennt ein Wechselmodell daher nur bei einer paritätischen Aufteilung der Betreuungszeiten an und beurteilt dies in einem ersten Schritt nach den bei beiden Elternteilen verbrachten Tagen, berücksichtigt aber als Korrektiv auch die Anzahl der Übernachtungen. Eine paritätische Aufteilung der Betreuung liegt nach der Rechtsprechung im Ergebnis somit nur dann vor, wenn sowohl die Anzahl der Tage als auch der Nächte, die das Kind bei beiden Elternteilen verbringt, in etwa gleich hoch ist.

b) Berücksichtigung von Zeiten der Fremdbetreuung

Zum Teil taucht in der Rechtsprechung auch die Frage auf, wie die Zeiten der Fremdbetreuung, d. h. die Zeiträume in denen sich das Kind im Kindergarten, dem Hort oder der Schule aufhält, zu berücksichtigen sind. So in einer vor dem OLG Koblenz verhandelten Sache: Die Eltern hatten die Kindesbetreuung dergestalt geregelt, dass sich das Kind von montagnachmittags bis freitagmorgens im Haushalt der Mutter aufhielt und für die Zeit von freitagmittags bis montagmorgens in den Haushalt des Vaters wechselte. Das Kind war dienstags, mittwochs und donnerstags in einem Ganztagskindergarten untergebracht, sodass sich die Betreuung der Mutter an diesen Tagen auf die Nachmittage und Nächte beschränkte. Das OLG Koblenz kam unter Abzug der Kindergartenzeiten zu dem Ergebnis, dass das Kind 65 Stunden bei der Mutter und 68, 5 Stunden beim Vater verbringe, weshalb sich ein Schwerpunkt der Betreuung nicht ausmachen lasse.[65] Aus diesem Anlass führte das Gericht aus, dass Kindergarten- und Grundschulzeiten grundsätzlich aus wechselseitigen Betreuungsanteilen nicht als neutrale Zeiten heraus zu rechnen seien, da sich der betreuende Elternteil auch an diesen Tagen um das Aufstehen, die Bekleidung, das Frühstück und den sicheren Kindergartenweg kümmern müsse. Daher seien diese Zeiten als Obhutszeiten des jeweils betreuenden Elternteils zu werten.[66] In dem zu entscheidenden Fall bestand jedoch die Besonderheit darin, dass die Eltern sich bewusst für einen Ganztagskindergarten entschieden haben, weil die schwerpunktmäßige Betreuung durch die Mutter nicht gesichert werden konnte. Nehmen Eltern somit eine Fremdbetreuung bewusst zuhilfe, um die Betreuung durch einen Elternteil auf diese Weise zu reduzieren, ist es nach Auffassung des OLG Koblenz gerechtfertigt, hinsichtlich der Betreuungszeiten der Eltern ausschließlich auf die Zeiträume außerhalb des Ganztagskindergartens abzustellen.[67]

c) Betreuungsrhythmus

Was die Frage der Ausgestaltung des Betreuungsrhythmus bei Praktizierung eines paritätischen Wechselmodells anbelangt, ist festzustellen, dass in dem weitaus größten Anteil der vor Gericht verhandelten Verfahren ein wöchentlicher Wechsel des

65 OLG Koblenz, Beschl. v. 03.07.2008 – 11 WF 547/08.
66 A.a.O. So auch OLG Schleswig, FuR 2008, 567, 568.
67 OLG Koblenz, Beschl. v. 03.07.2008 – 11 WF 547/08.

Kindes von dem Haushalt des einen zum anderen Elternteil stattfand.[68] In wenigen Verfahren fanden häufigere Wechsel mit kurzen Aufenthalten von drei bis vier Tagen statt.[69] Als weitere, wenn auch in der Rechtsprechung seltener anzutreffende Ausgestaltung, wird ein 14-tägiger Aufenthaltswechsel praktiziert.[70]

3. Wahrnehmung von Verantwortung für die Kindesbetreuung

Dem zeitlichen Umfang kommt indizielle Bedeutung zu, er ist aber nicht allein maßgeblich. Das zeigte sich in dem bereits zitierten, am 12.03.2014 erlassenen Beschluss des BGH zum Wechselmodell. Denn neben dem zeitlich (wenn auch nur geringfügig) größeren Einsatz der Mutter, stützte der BGH seine Entscheidung auch auf weitere Kriterien. Der Antragsgegner war als Polizeibeamter im Schichtdienst tätig. Dabei weigerte er sich, der Kindesmutter seine Dienstpläne zur Verfügung zu stellen.[71] Ferner führte sein Dienstherr häufig Veränderungen und Erweiterungen der Dienstpläne durch, weshalb die Übernahme der Betreuung durch den Vater nur kurzfristig abgesprochen werden konnte.[72] Die als Lehrerin tätige Mutter hatte geregelte Arbeitszeiten und war aufgrund des Schichtdienstes des Vaters dazu gehalten, sich jederzeit für die Kindesbetreuung zur Verfügung zu stellen. Dass der Vater somit keine verlässlichen, auch langfristig planbaren Betreuungszeiten zusagen konnte, sprach nach Auffassung des BGH für ein Mehr an Verantwortung der Mutter, die sich stets auf kurzfristige Absagen bei der Betreuung durch den Vater einrichten musste.[73]

Ein weiterer Aspekt, der in diesem Verfahren für die Hauptverantwortung der Mutter sprach, war ein Vorsprung ihrerseits bei der Organisation der Kindesbetreuung. So berücksichtigte der BGH, dass sie bedeutsame organisatorische Aufgaben der Kindesbetreuung weitgehend allein erledigte, wozu die Beschaffung von Kleidung und Schulutensilien ebenso wie die Regelung der Teilnahme an außerschulischen Aktivitäten zählte.[74]

---

68 OLG Brandenburg, Beschl. v. 21.10.2013 – 13 UF 195/13; OLG Düsseldorf, Beschl. v. 20.06.2013 – II-7 UF 45/13; Beschl. v. 07.11.2012 – II-6 UF 191/12; OLG Brandenburg, ZKJ 2013, 31; OLG Brandenburg, FF 2012, 457; KG, FamRZ 2012, 886; OLG Sachsen-Anhalt, Beschl. v. 18.10.2011 – 8 UF 204/11; OLG Nürnberg, FamRZ 2011, 1803; OLG Brandenburg, Beschl. v. 18.10.2010 – 9 UF 20/10; Beschl. v. 31.03.2010 – 13 UF 41/09; KG, FamRZ 2010, 1447; OLG Köln, FamRZ 2010, 138; OLG Köln, Beschl. v. 15.06.2005 – 27 UF 272/04; OLG Dresden, FamRZ 2005, 125.

69 OLG Stuttgart, FamRZ 2007, 205; OLG Karlsruhe, Beschl. v. 22.03.2006 – 16 WF 46/06; OLG Düsseldorf, NJW 2001, 3344.

70 OLG Dresden, Beschl. v. 30.12.2013 – 20 WF 1043/13; OLG Dresden, FamRZ 2011, 1741; OLG Brandenburg, FamRZ 2011, 120; OLG Brandenburg, FamRZ 2003, 1949.

71 BGH, FamRZ 2014, 917, 918.

72 A.a.O.

73 A.a.O.

74 BGH, FamRZ 2014, 917, 919.

III. Ansichten in der Literatur: Asymmetrisches Wechselmodell

In der Literatur wird der Begriff des Wechselmodells nicht zwingend mit einer hälftigen Aufteilung der Aufenthalts- und Betreuungszeiten gleichgesetzt. Bei der Umschreibung des Begriffs wird häufig darauf abgestellt, dass das Kind in periodischen Abständen zwischen den Haushalten der Eltern wechselt bzw. teils bei einem von ihnen, teils beim anderen lebt.[75] Maßgebliches Kriterium ist danach ein zeitabschnittsweiser, nicht notwendigerweise zeitparitätischer Aufenthaltswechsel des Kindes.[76] Nach Auffassung von *Saathoff* schließen sich das Wechselmodell und ein Schwergewicht der Betreuung bei einem Elternteil mit der Rechtsfolge seiner Befreiung von der Barunterhaltspflicht nach § 1606 Abs. 3 S. 2 BGB zudem nicht aus.[77] Das paritätische Wechselmodell, wie es in der Rechtsprechung angenommen wird, wird in der Regel als echtes oder striktes Wechselmodell bezeichnet.[78]

Born unterscheidet zwischen dem Wechselmodell in seiner „reinen Form", bei welchem sich das Kind hälftig bei beiden Elternteilen aufhält[79] und „Mischformen" des Wechselmodells, im Rahmen dessen auch ein eindeutiger Betreuungsschwerpunkt bei einem Elternteil liegen und zugunsten dessen dann § 1606 Abs. 3 S. 2 BGB greifen kann.[80] *Vogel*, ehemaliger Richter am Amtsgericht Berlin, spricht in seiner Anmerkung zu einem Urteil des OLG München vom 12.08.2003 davon, dass die am Verfahren beteiligten Eltern bei einer Betreuung ihres Kindes im Verhältnis von 5/7 zu 2/7 ein striktes Wechselmodell mit unterschiedlichen Betreuungsleistungen praktizierten.[81]

Horndasch vertritt die Auffassung, dass auch bei einer Aufteilung während der Woche in drei Tagen bei einem zu vier Tagen bei dem anderen Elternteil noch ein Wechselmodell angenommen werden müsse und zieht die Untergrenze zum Residenzmodell bei Betreuungsanteilen von 1/3 zu 2/3.[82] *Balloff* spricht aus psychologischer Sicht von dem Erfordernis eines flexiblen Wechselmodells im Gegensatz zu einer starren Hälfte-Hälfte-Regelung.[83] Das flexible Wechselmodell umfasse danach die Bandbreite von Umgangskontakten für wenige Stunden oder Tage im Monat bis zur hälftigen Aufteilung des Aufenthalts und ermögliche daher eine Anpassung an die Bedürfnisse des Kindes in den jeweiligen Altersphasen.[84]

---

75 MüKo/*Hennemann*, § 1671 Rn. 91; Staudinger/*Coester*, §§ 1671 Rn. 145.
76 Staudinger/*Rauscher*, § 1684 Rn. 189.
77 NK-BGB/*Saathoff*, § 1606 Rn. 17.
78 Palandt/*Götz*, § 1629 Rn. 26; *Wellenhofer*, JuS 2007, 873; Hoppenz/Hülsmann/*Hülsmann*, § 1606 Rn.15; *Frauenknecht*, NJW-Spezial 2014, 68.
79 MüKo/*Born*, § 1606 Rn. 35.
80 MüKo/*Born*, § 1606 Rn. 36.
81 *Vogel*, FamRZ 2003, 1316.
82 *Horndasch*, FuR 2011, 593, 594.
83 *Balloff*, FPR 2006, 284.
84 *Balloff*, FPR 2006, 284, 287.

Spangenberg fordert eine neue Definition des Wechselmodells und sieht die Auffassung des BGH, welcher nur das paritätische Wechselmodell anerkennt, kritisch.[85] Maßgeblich auf den zeitlichen Umfang der Betreuung abzustellen führe dazu, dass die Eltern über ihre Anteile an der Kindesbetreuung vor Gericht streiten, da derjenige Elternteil, der einen, wenn auch minimalen Betreuungsvorsprung nachweisen könne, nach der Rechtsprechung des BGH von der Barunterhaltspflicht befreit werde.[86] Dieses „zähe Ringen zwischen den Eltern um Betreuungsanteile im Unterhaltsverfahren" führe wiederum zu einer zusätzlichen Arbeitsbelastung der Gerichte und habe nachteilige Auswirkungen auf die Beziehung der Eltern.[87] Entscheidender als der Zeitfaktor sei die Übernahme gleicher Verantwortlichkeit an der Lebensgestaltung des Kindes.[88] Auch *Wohlgemuth* befürchtet bei dem vom BGH praktizierten Abstellen auf den zeitlichen Faktor eine Ungleichbehandlung mit Fällen, in denen trotz unterschiedlicher zeitlicher Betreuungsanteile der Eltern eine gleichgewichtige Verantwortungsübernahme für das Kind gegeben ist.[89]

Sünderhauf definiert das Wechselmodell anhand von drei Aspekten: der Zeitverteilung zwischen den Eltern, wonach das Kind einen substantiellen Teil seiner Zeit mit jedem Elternteil verbringt, dem Verständnis des Kindes bei beiden Eltern ein Zuhause zu haben und die gleichberechtigt zwischen den Eltern geteilte Verantwortung in Grundsatz- wie in Alltagsfragen.[90] Sie plädiert für eine Abwägung im Einzelfall und gegen eine starre Zeitgrenze, da diese zu einer „kleinlichen Stundenzählerei" führe und den Bedürfnissen unterschiedlicher Familien, sei es aus beruflichen oder aus kindbezogenen Gründen, nicht gerecht werde.[91] Der zeitliche Betreuungsumfang beim Residenzmodell gestalte sich dabei wie folgt: beim Residenzmodell mit normalem Umgang legt *Sünderhauf* einen Umgang an jedem zweiten Wochenende mit zwei Übernachtungen sowie die Hälfte der Schulferien zugrunde und kommt dabei zu einem Betreuungsverhältnis von 23 % zu 77 %. Beim Residenzmodell mit sog. „großzügigem" Umgang geht sie von 2, 5 Tagen am Wochenende sowie einem Nachmittag pro Woche und der Hälfte der Schulferien aus, was einem Betreuungsverhältnis von 31 % zu 69 % entspreche.[92] Um eine Grenzziehung zum Residenzmodell zu schaffen, erachtet die Autorin daher einen Zeitanteil von mindestens 30 % als substantiell im Sinne der o.g. Definition des Wechselmodells.[93] Die von *Sünderhauf* vorgeschlagene Begriffsbestimmung hat zur Folge, dass eine Betreuungsaufteilung von 30:70 unterhaltsrechtlich genauso behandelt würde wie eine hälftige Aufteilung der Betreuungszeiten. Die Autorin argumentiert dahingehend, dass das bei einer

---

85 *Spangenberg*, FamRZ 2014, 88, 89.
86 A.a.O.
87 *Spangenberg*, FamFR 2010, 125, 126.
88 *Spangenberg*, FamRZ 2014, 88, 89.
89 *Wohlgemuth*, FPR 2013, 157.
90 *Sünderhauf*, Wechselmodell, S. 87.
91 *Sünderhauf*, Wechselmodell, S. 66 f.
92 *Sünderhauf*, Wechselmodell, S. 73 f.
93 *Sünderhauf*, Wechselmodell, S. 75.

hälftigen Betreuung anfallende Mehr an Zusatzkosten nicht ins Gewicht falle.[94] Das gleich gelte für die bei beiden Betreuungsverhältnissen erforderliche Einschränkung der Arbeitszeit oder zusätzliche Fremdbetreuung.

Auf dem vom 18.09.2013 bis zum 21.09.2013 stattgefundenen 20. Deutschen Familiengerichtstag (DFGT) hat sich der Arbeitskreis 7 unter Leitung von *Sünderhauf* mit dem Thema „Umgang zwischen Wochenend- und Wechselmodell" befasst. In seiner These 1 legte der Arbeitskreis für die weitere Diskussion eine eigene Definition des Wechselmodells zugrunde. Danach sei „das paritätische Wechselmodell (Doppelresidenz) ein Betreuungsmodell für Kinder getrennt lebender Eltern, in dem 1. Kinder möglichst gleich viel Zeit bei jedem Elternteil leben, 2. in beiden Elternhäusern zu Hause sind und 3. Mutter und Vater die elterliche Verantwortung wahrnehmen".[95] Weiter wird in These 1 ausgeführt, dass „bei einer Betreuung von mindestens einem substantiellen Anteil von 30 % (Alltag und Freizeit) von einem Wechselmodell mit asymmetrischer Zeitverteilung gesprochen werden könne, wenn die Voraussetzungen gemeinsamer elterlicher Verantwortung und *Zuhause sein* bei beiden Eltern vorliege".[96] Der Vorstand des DFGT distanzierte sich in seinen Empfehlungen vom 10.01.2014[97] von dieser Begriffsbestimmung und vertritt – im Anschluss an die Rechtsprechung des BGH – die Auffassung, dass kein Anlass bestünde, ein nur erweitertes Umgangsrecht begrifflich gleichfalls als Wechselmodell einzuordnen.[98]

IV. Definition der Ständigen Fachkonferenz 3 des DIJuF

In ihrer 16. Sitzung am 16.01.2012 und 17. Sitzung am 17.09.2012 hat sich die Ständige Fachkonferenz 3 („Familienrecht und Beistandschaft, Amtsvormundschaft") des Deutschen Instituts für Jugendhilfe und Familienrecht e.V. (DIJuF) unter anderem mit dem Wechselmodell beschäftigt.[99] Thema war die Berücksichtigung von Kosten des Umgangs beim erweiterten Umgang und beim Wechselmodell im Kindesunterhaltsrecht. In der Stellungnahme zu den Sitzungen hat die SFK 3 unter III. auch eine Definition zum Wechselmodell formuliert. Danach könne von einem echten Wechselmodell nur gesprochen werden, wenn die Eltern sich über alles geeinigt haben, auch über die finanziellen Auswirkungen des Wechselmodells. Unabhängig

---

94 *Sünderhauf*, Wechselmodell, S. 533.

95 20. DFGT, Ergebnisse des Arbeitskreises 7.

96 A.a.O. Auch der 15. Arbeitskreis des 20. DFGT ordnet einen nur erweiterten Umgang als asymmetrisches Wechselmodell ein, vgl. 20. DFGT, Ergebnisse des Arbeitskreises 7. So auch *Salzgeber*, NZFam 2014, 921, 922.

97 Die Empfehlungen des Vorstands des DFGT richten sich an Rechtsberatung, Rechtsprechung, Gesetzgebung und Verwaltung. Sie fassen die zentralen Arbeitsergebnisse unter Beachtung ihrer Praktikabilität und Gesetzeskonformität zusammen, vgl. 20. DFGT, Empfehlungen des Vorstands.

98 A.a.O.

99 Zum Folgenden: Stellungnahme der SFK 3 des DIJuF v. 26.11.2012, abgedruckt in FamRZ 2013, 346.

von der tatsächlichen Ausgestaltung der Betreuung liegt nach Auffassung der SFK 3 des DIJuF kein Wechselmodell vor, sofern sich die Eltern nicht über die wirtschaftliche Seite geeinigt haben.[100]

Begründet wird diese Ansicht mit dem Umstand, dass Absprachen der Eltern über alle Facetten der Betreuung im Wechselmodell erforderlich seien, um die mit dem ständigen Wechsel verbundenen Belastungen für das Kind gering zu halten. Unter Punkt IV ihrer Stellungnahme führt die SFK 3 zudem aus, dass von einem erweiterten Umgang ausgegangen werden kann, wenn eine erhebliche Abweichung der Umgangsfrequenz oder der Umgangsdauer vom Normalfall vorliege, was dann gegeben sei, wenn sich das Kind im Schnitt mehr als 10 Tage im Monat beim anderen Elternteil aufhalte.

Auch die Rechtsprechung hat sich zumindest am Rande mit der Definition der SFK 3 auseinandergesetzt. Das OLG Frankfurt berief sich in dem am 06.03.2013 entschiedenen Verfahren bei der Ablehnung des Wechselmodells im konkreten Fall auf die Definition des DIJuF und verlangte neben dem (in diesem Fall nicht gegebenen) gleichen zeitlichen Betreuungsumfang auch, dass die finanziellen Bedürfnisse des Kindes (Ausstattung mit Kleidung, Schulutensilien etc.) bei einer in paritätischer Verantwortung ausgeübten Betreuung geregelt sein müssen.[101] An einer solchen Absprache fehlte es in diesem Fall, nach Auffassung des OLG Frankfurt reiche es auch nicht aus, dass während etwaiger Aufenthalte Wohnraum und Nahrung zur Verfügung gestellt werden, da auch die o.g. Bedürfnisse gedeckt werden müssten.[102] In der auf die Rechtsbeschwerde gegen den Beschluss des OLG Frankfurt ergangenen Entscheidung des BGH nahm dieser hierauf Bezug und erachtete es als zweifelhaft, bei fehlender Einigung der Eltern über die wirtschaftlichen Folgen des Wechselmodells unabhängig von den konkreten Betreuungszeiten von vornherein nur von einem erweiterten Umgang auszugehen.[103] Nach Auffassung des BGH ist der Ansatz der SFK 3 des DIJuF bereits deshalb nicht tragfähig, weil im Falle einer tatsächlich hälftig ausgeübten Betreuung ohne Vereinbarung über die finanzielle Folgen überhaupt nicht bestimmt werden könnte, welcher Elternteil dann als Residenzelternteil die Obhut über das Kind hat und welcher der umgangsberechtigte Elternteil ist.[104]

In seiner überarbeiteten Stellungnahme zum Kindesunterhalt beim Wechselmodell gelangt das DIJuF zu dem Ergebnis, dass hinsichtlich der Bestimmung einer Betreuung als Wechselmodell nach vereinfachenden Zuordnungen zu suchen sei und schlägt die Anzahl der Übernachtungen des Kindes in den Haushalten der jeweiligen Elternteile als Bemessungskriterium für die Bestimmung der zeitlichen

100 Befürwortend: Eschenbruch/*Schmidt/Kohne*, Kap. 2 Rn. 521.

101 OLG Frankfurt, FamRZ 2014, 46, 47.

102 A.a.O.

103 BGH, Beschl. v. 12.03.2014 – XII ZB 234/13.

104 A.a.O.

Betreuungsanteile vor.[105] Danach sei bei monatlich 15 Übernachtungen bei jedem Elternteil eine (zumindest in zeitlicher Hinsicht) gleichberechtigte Betreuung gegeben. Wechselt das Kind seinen Aufenthalt innerhalb einer Woche, betreut derjenige Elternteil überwiegend, bei dem das Kind mindestens vier der sieben Nächte verbringt.[106]

V. Zwischenfazit

In der Rechtsprechung und juristischen Literatur variieren die Anknüpfungspunkte für eine Definition des Wechselmodells. Die Rechtsprechung stellt maßgeblich auf den Zeitfaktor ab und erkennt faktisch nur ein paritätisches Wechselmodell an, wobei auch die Anzahl der Übernachtungen zu berücksichtigen ist und Zeiten der Fremdbetreuung grundsätzlich als Obhutszeiten des jeweils betreuenden Elternteils gewertet werden. Darüber hinaus setzt die Rechtsprechung für die Annahme eines Wechselmodells voraus, dass die Eltern gleichermaßen Verantwortung für die Kindesbetreuung übernehmen, was sich auch in der Verlässlichkeit und Planbarkeit der Betreuungsübernahme sowie der Organisation des Kindesalltags zeige. Von Seiten der Literatur wird auch ein asymmetrisches Wechselmodell anerkannt und eine differenziertere Betrachtung im Einzelfall für notwendig erachtet. Mit dem Erfordernis einer elterlichen Vereinbarung u. a. über die wirtschaftlichen Folgen der wechselnden Betreuung wählte die SFK 3 des DIJuF in der ersten Stellungnahme eine grundlegend andere Betrachtungsweise für eine Begriffsbestimmung.

Festzuhalten bleibt zunächst, dass eine Definition des Wechselmodells in der Praxis vor allem für die Beurteilung der Unterhaltspflicht der Eltern erforderlich ist. Da sich die Definition für das Wechselmodell unmittelbar auf den Kindesunterhalt auswirkt, kann die Begriffsbestimmung nicht ohne eine Auseinandersetzung mit der Unterhaltsberechnung beim Wechselmodell beurteilt werden. Daher soll in Kapitel 5 eine abschließende Stellungnahme zur Definition des Wechselmodells erfolgen.

C. Nestmodell

Bei einer Betreuung im sog. Nestmodell hat das Kind seinen ständigen Aufenthaltsort in einer Wohnung, wobei die Eltern es dort wechselseitig betreuen.[107] Im Gegensatz zum Wechselmodell sind es beim Nestmodell somit die Eltern, die zwischen zwei Aufenthaltsorten hin und her wechseln. Zum Teil wird diese Betreuungsalternative daher auch als Nestwechselmodell bezeichnet [108] oder als Unterfall des Wechselmodells im engeren Sinne angesehen.[109] Der Vorteil besteht darin, dass

---

105 DIJuF – Themengutachten (TG-1086), S. 6 f. Vgl. hierzu auch Stellungnahme der SFK 3 des DIJuF v. 23.10.2014, abgedruckt in JAmt 2014, 555.

106 A.a.O.

107 MüKo/*Hennemann*, § 1671 Rn. 91.

108 OLG Bamberg, FamRZ 2001, 1310.

109 Kinderrechtekommission des DFGT, FamRZ 2014, 1157.

das Kind einen festen Wohnort und ein stabiles Umfeld hat während sich nur die Betreuungsperson ändert. In der Praxis hat das Nestmodell jedoch eine geringe Bedeutung und kommt nur sehr selten vor, da der finanzielle Aufwand im Vergleich zu einer Betreuung im Residenz- oder Wechselmodell wesentlich höher ist.[110] Denn es müssen insgesamt die Kosten für drei Wohnungen getragen werden. Zudem besteht ein Nachteil darin, dass beide Elternteile während ihrer Betreuungsphase immer wieder in den Privatbereich des jeweils anderen eindringen.[111] Mangels praktischer Relevanz dieser Betreuungsform beschränkt sich die Arbeit daher auf das Wechselmodell im Sinne eines periodischen Wechsels des Kindes zwischen den Haushalten der Eltern.

D. Zusammenfassung und Fazit zu Kapitel 1

Den Eltern stehen nach Trennung und Scheidung verschiedene Betreuungsmodelle offen, die Varianten reichen von einem Residenzmodell mit nur seltenen Umgangskontakten bis zu einer hälftigen Aufteilung der Betreuung im Wechsel- oder Nestmodell. Das Residenzmodell stellt mit ca. 85 % bis 95 % den tatsächlichen Regelfall dar, während die Verbreitung des Wechselmodells einschließlich des Nestmodells als Unterfall auf 2,4 % bis 16 % geschätzt wird. Die Rechtsprechung stellt bei der Abgrenzung der Betreuungsmodelle maßgeblich auf den zeitlichen Umfang des Kindesaufenthalts bei beiden Elternteilen ab und bezeichnet nur eine hälftige Aufteilung als Betreuung im Wechselmodell. Dreh- und Angelpunkt für die Abgrenzung des Wechselmodells zum Residenzmodell mit erweitertem Umgang ist in der Praxis die Frage der Anwendbarkeit der auf das Residenzmodell zugeschnittenen Regelungen der §§ 1629 Abs. 2 S. 2, 1606 Abs. 3 S. 1 BGB. Die Voraussetzungen für das Vorliegen eines Wechselmodells können daher nicht bestimmt werden, ohne die damit verbundenen Folgen im Unterhaltsrecht einer Gesamtbetrachtung zu unterziehen. Für die folgenden Ausführungen gilt zunächst, dass mit Wechselmodell grundsätzlich das vom BGH anerkannte paritätische Wechselmodell gemeint ist.

110 *Völker/Clausius*, § 1 Rn. 319; *Rakete-Dombek*, FF 2002, 16.

111 *Salzgeber*, Familienpsychologische Gutachten, Rn. 538; *ders.*, NZFam 2014, 921, 923.

Zweites Kapitel: Rechtstatsächliche und psychologische Grundlagen

A. Das Wechselmodell vor dem Hintergrund gesellschaftlicher Veränderungen

Die Ausgestaltung der Kindesbetreuung ist einerseits eng geknüpft an die Rahmenbedingungen, die durch staatliche Leistungen und gesetzliche Vorgaben geschaffen werden und andererseits auch Ausfluss der Elternvorstellungen zu Geschlechterrollen und ihrer jeweiligen Erwerbsbeteiligungen innerhalb der Familie. Welche gesellschaftlichen und gesetzlichen Entwicklungen in diesem Kontext zu berücksichtigen sind und welche Prognose daraus für die Bedeutung des Wechselmodells in Zukunft gestellt werden kann, ist Gegenstand des folgenden Abschnitts.

I. Verbreitung des Wechselmodells

Das Wechselmodell wird als Betreuungsalternative in der juristischen, sozialwissenschaftlichen und psychologischen Literatur vermehrt diskutiert. Auffällig ist hierbei, dass häufig von einem zunehmenden Interesse der Eltern an einer wechselseitigen Betreuung die Rede ist.[112] In wie viel Prozent der Scheidungs- bzw. Trennungsfälle mit Kindern die Betreuung anschließend im Wechselmodell stattfindet, lässt sich zum jetzigen Zeitpunkt nicht feststellen.[113] Eine in den 90er Jahren durchgeführte Auswertung von Sorgerechtsentscheidungen des Familiengerichts Hamburg-Mitte kam zu dem Ergebnis, dass in 11 % der Fälle die Entscheidung zugunsten eines Wechselmodells ausfiel.[114] 2002 sollen höchstens 11 bis 16 % der Familien nach Trennung oder Scheidung im Wechselmodell gelebt haben.[115] Andere gehen davon aus, dass das Kind 2001 in ca. 2,4 % der Trennungsfamilien zwischen den Haushalten der Eltern wechselte, in ca. 85 % seinen Lebensmittelpunkt bei der Mutter und in ca. 10 % bei dem Vater hatte.[116] Aktuelle statistische Erfassungen zur Frage der Verbreitung des Wechselmodells als Betreuungsform in Deutschland existieren hingegen nicht. Denn häufig werden sich die Eltern nach der Trennung außergerichtlich über diese

112 Laut dem DIJuF-Rechtsgutachten, JAmt 2004, 366 verständigen sich immer mehr Eltern auf das Wechselmodell. So auch *Balloff*, FPR 2006, 50, 51 und *Fichtner/Salzgeber*, FPR 2006, 278. *Spangenberg* zieht diese Schlussfolgerung aus seiner Erfahrung als Mediator, vgl. *Spangenberg*, FamRZ 2014, 88.

113 *Salzgeber*, FamRZ 2015, 2018, 2020.

114 *Oelkers/Karsten/Oelkers*, FamRZ 1994, 1080, 1082.

115 *Rakete-Dombek*, FF 2002, 16, 17.

116 In den restlichen Fällen machten die Eltern entweder keine Angaben oder das Kind wurde bei Verwandten untergebracht, vgl. *Proksch – BMJ*, Begleitforschung zur Umsetzung der Neuregelungen zur Reform des Kindschaftsrechts, S. 25 f.

Art der Betreuung einigen und ohne Hinzuziehung gerichtlicher oder familienbetreuender Hilfe praktizieren. Es existiert daher keine Institution oder Anlaufstelle, die für den Fall, dass sich Eltern für eine Betreuung im Wechselmodell entschließen, regelmäßig damit betraut wird und somit eine zahlenmäßige Erfassung ermöglichen würde. Ein Anhaltspunkt für die Zunahme des Wechselmodells in der Praxis ergibt sich zumindest aus der stark gestiegenen Anzahl obergerichtlicher Entscheidungen zu diesem Thema.[117] Denn während im Zeitraum von 2000 bis 2008 lediglich 28 OLG-Entscheidungen ergingen, wurden zwischen 2009 und 2015 rund 98 Entscheidungen mit Bezug zum Wechselmodell veröffentlicht.

II. Gesellschaftliche Entwicklungen

1. Zunehmende Erwerbsbeteiligung der Mütter

Die Beteiligung der Mütter am Erwerbsleben hat unmittelbaren Einfluss auf die Aufteilung der Kindesbetreuung zwischen den Eltern und unterliegt seit geraumer Zeit einem Wandel. 1996 gingen 55% der Mütter von minderjährigen Kindern einer Erwerbstätigkeit nach.[118] Bei den Vätern waren es hingegen knapp 90 %. Bereits 2013 hat sich diese Verteilung in Richtung einer zunehmenden Erwerbstätigkeit der Mütter verändert. Denn während die Erwerbstätigenquote bei den Müttern auf 61 % stieg, sank diese bei den Vätern auf 84 %. Dabei zeigt sich auch, dass mit steigendem Kindesalter die Erwerbstätigkeit bei den Müttern zunimmt: 2013 waren ca. 62 % der Mütter mit Kindern von drei bis fünf Jahren und rund 72 % der Mütter mit Kindern von 10 bis 14 Jahren erwerbstätig. Auf das Erwerbsleben der Väter hat das Heranwachsen der Kinder hingegen keinen Einfluss: Die Erwerbstätigenquote bei den Vätern betrug im Jahr 2012 unabhängig vom Alter des Kindes zwischen 82 % und 85 %.

Was die Verteilung der Erwerbsbeteiligung unter Paargemeinschaften mit Kindern anbelangt, zeichnen sich seit den letzten zwanzig Jahren ebenfalls Veränderungen ab. Erfasst sind im Folgenden Ehepaare und nichteheliche Lebensgemeinschaften, bei denen das jüngste im Haushalt lebende Kind unter 18 Jahre alt ist.[119] Im Jahr 1996 lebten noch 40 % der Paare mit Kindern in der traditionellen Rollenverteilung, bei welcher ausschließlich der Vater erwerbstätig ist und die Mutter die Kindesbetreuung übernimmt.[120] 50,2 % der Paare mit Kindern im Jahr 1996 bildeten eine sog. Doppelverdiener-Familie, in welcher beide Elternteile erwerbstätig sind.[121] Rund 17 Jahre später haben sich die Zahlen bereits verändert: 2013

---

117 So auch *Hammer*, FamRZ 2014, 1002.

118 Zum Folgenden: Statistisches Bundesamt, Vereinbarkeit von Familie und Beruf, Tabelle 1.

119 Statistisches Bundesamt, Vereinbarkeit von Familie und Beruf, S. 740.

120 Statistisches Bundesamt, Vereinbarkeit von Familie und Beruf, Tabelle 3.

121 A.a.O.

waren nur noch ca. 29 % der Paare mit Kindern eine sog. Alleinverdiener-Familie, wohingegen bei rund 55 % beide Elternteile einer Erwerbstätigkeit nachgingen.[122]

Interessant sind hierbei auch die Zahlen zu den konkreten Erwerbsanteilen der Paare mit Kindern im Doppelverdiener-Modell. 1996 gingen noch bei 44 % der Paargemeinschaften beide einer Vollzeittätigkeit nach.[123] Im Jahr 2013 gingen nur noch bei 24,5 % der Paare beide einer Vollzeittätigkeit nach wohingegen mit 70,5 % bei dem Großteil der Vater in Vollzeit und die Mutter in Teilzeit tätig waren (bei verheirateten Eltern als Zuverdienstehe bezeichnet[124]).[125] Während die Erwerbstätigkeitsquote bei Müttern allgemein und auch bei Müttern in einer Paargemeinschaft gestiegen ist, ist somit die Zahl der vollzeitbeschäftigten Mütter zugunsten einer starken Zunahme der teilzeittätigen Mütter gesunken. Hierbei gaben 70 % der teilzeittätigen Mütter die Betreuung von Kindern oder pflegebedürftigen Menschen als Gründe für ihre Teilzeittätigkeit an, weitere 21 % begründeten diese mit persönlichen oder anderen familiären Gründen.[126]

2. *Zunehmendes Betreuungsinteresse der Väter*

a) *Änderung der Vaterrolle*

Einhergehend mit der Aufgabe der klassischen Rollenverteilung zwischen Männern und Frauen in Familien mit Kindern ist in den letzten Jahren auch die Veränderung der Vaterrolle in den öffentlichen Blickpunkt gerückt. Von den „Neuen Vätern“, welche losgelöst von der traditionellen Rollenverteilung aktiv Anteil am alltäglichen Leben ihrer Kinder nehmen wollen, ist die Rede.[127] Danach sollen sich insb. die Einstellungen und Werthaltungen der Väter hin zu einem egalitären Rollenkonzept verändert haben. Neben der Mitverantwortlichkeit für die Erziehung und alltägliche Betreuung des Kindes ist auch ein Wandel der Vorstellungen von der Vaterrolle insofern zu beobachten, als seine soziale Vaterfunktion in der Form, dass er dem Kind ein Beziehungspartner ist und seine soziale Entwicklung beeinflusst, hervorgehoben wird.[128] Die aus dem traditionellen Rollenverständnis herrührende sog. Versorgerfunktion der Väter mit der zentralen Aufgabe der Sicherung des Familieneinkommens ist dabei nicht abgelöst worden. Von ihnen wird vielmehr erwartet, dass sie

---

122 A.a.O.
123 Statistisches Bundesamt, Vereinbarkeit von Familie und Beruf, Tabelle 4.
124 Staudinger/*Voppel*, § 1360 Rn. 23.
125 Statistisches Bundesamt, Vereinbarkeit von Familie und Beruf, Tabelle 4.
126 Statistisches Bundesamt, Geburtentrends und Familiensituation in Deutschland, S. 44.
127 BMFSFJ, Facetten der Vaterschaft, S. 29; *Oberndorfer/Rost*, ZfF 2005, 50. Vertiefend zur Väterbeteiligung nach der elterlichen Trennung in Europa vgl. *Marten*, in: Scheiwe/Wersig, S. 95 ff.
128 BMFSFJ, Facetten der Vaterschaft, S. 31.

einen angemessenen Ausgleich zwischen beruflichen und familiären Verpflichtungen schaffen und innerhalb dessen dem Familienleben den Vorrang einräumen.[129]

Das Engagement der Väter bei der Kinderbetreuung hat sich damit über die Jahre hinweg erhöht, wobei ihre Ernährerfunktion mangels abnehmender Erwerbsorientierung beibehalten wurde.[130] Dies wird auch dadurch bestätigt, dass die Väter ausweislich der o.g. Statistiken trotz zunehmender Erwerbsbeteiligung der Mütter in der Regel immer noch in Vollzeit arbeiten und die meisten Familien in Deutschland das Zuverdienstmodell wählen. Es bringen sich somit heute beide Elternteile intensiv bei der Kinderbetreuung ein und zwar zusätzlich zu ihrer Erwerbstätigkeit.[131] Vor dem Hintergrund der weiterhin bestehenden Versorgerfunktion der Väter kommt die sozialwissenschaftliche Forschung zu dem Ergebnis, dass es sich bei dem beschriebenen Wandel der Vaterrolle mehr um eine Einstellungsänderung als eine Verhaltensänderung handelt.[132] Der Grund wird dabei u. a. in den Arbeitsmarktungleichheiten zwischen Männern und Frauen gesehen; wegen der häufig bestehenden niedrigeren Einkommensmöglichkeiten von Frauen habe die Unterbrechung der beruflichen Tätigkeit der Väter aus ökonomischer Sicht mehr Nachteile als Vorteile.[133]

b) Elterngeldbezug durch Väter

Durch das zum 01.01.2007 in Kraft getretene Bundeselterngeld- und Elternzeitgesetz (BEEG) wurde das Elterngeld eingeführt, welches das vorher geltende Erziehungsgeld nach dem Bundeserziehungsgeldgesetz ablöste.[134] Ziel der Gesetzesänderung war es, Familien bei der Sicherung ihrer Lebensgrundlage zu unterstützen und die Wahlfreiheit zwischen Familie und Beruf zu fördern.[135] Gemäß § 4 Abs. 4 S. 1 BEEG haben die Eltern insgesamt einen Anspruch auf Elterngeld für 12 Monatsbeträge, wobei ein Monatsbetrag auch auf zwei Monate aufgeteilt werden kann (Elterngeld Plus, vgl. § 4 Abs. 3 BEEG). Es kommen nach § 4 Abs. 4 S. 2 BEEG zwei weitere Monate hinzu, wenn für diese Zeit eine vor der Geburt des Kindes ausgeübte Erwerbstätigkeit eingeschränkt oder unterbrochen wird. Der Bezug dieser zusätzlichen, auch als Partnermonate bezeichneten, zwei Monatsbeträge setzt voraus, dass beide Elternteile für jeweils mindestens zwei Monate Elterngeld erhalten und sich für zwei Bezugsmonate ein Erwerbseinkommen mindert.[136] Die Einführung der

129 BMFSFJ, Facetten der Vaterschaft, S. 33.
130 *Grunow*, in: Mühling/Rost, Väter im Blickpunkt, S. 70.
131 *Grunow*, in: Mühling/Rost, Väter im Blickpunkt, S. 71.
132 *Oberndorfer/Rost*, ZfF 2005, 50, 54; *Hofäcker*, in: Mühling/Rost, Väter im Blickpunkt, S. 197 f.
133 *Hofäcker*, in: Mühling/Rost, Väter im Blickpunkt, S. 197, 199; *Oberndorfer/Rost*, ZfF 2005, 50, 54.
134 BGBl. I, 2748.
135 BT-Drs. 16/2454, S. 1 f.
136 Rancke/*Lenz*, § 4 BEEG Rn. 17.

Partnermonate bezweckte und förderte eine stärkere Einbeziehung der Väter in die Kindesbetreuung.

21 % der Väter von den im Jahr 2008 geborenen Kindern haben Elterngeld bezogen.[137] Für im Jahr 2009 geborene Kinder betrug der Anteil der Väter 23,6 %[138], für im Jahr 2010 geborene Kinder bereits 25,3 %.[139] Für die im Jahr 2013 geborenen Kinder erhöhte sich der Väteranteil beim Elterngeldbezug auf sogar 32 %.[140] Bei der Bezugsdauer ist interessanterweise eine leicht gegenläufige Entwicklung bemerkbar. Während die durchschnittliche Bezugsdauer der Väter für im Jahr 2008 geborene Kinder 3,7 Monate betrug,[141] sank die Zahl auf 3,5 Monate für im Jahr 2009 geborene Kinder,[142] auf 3,3 Monate für im Jahr 2010 geborene Kinder[143] und auf 3,1 Monate für im Jahr 2013 geborene Kinder.[144]

III. Situation Alleinerziehender

Im Zusammenhang mit der Kindesbetreuung nach Trennung der Eltern steht auch die Berücksichtigung der Situation Alleinerziehender in Deutschland. Der Begriff des oder der Alleinerziehenden erfasst nach der Definition der amtlichen Statistik Mütter oder Väter, die ohne Ehe oder Lebenspartnerin bzw. partner mit mindestens einem ledigen Kind unter 18 Jahren in einem Haushalt zusammenleben, wobei nicht auf die Frage des Sorgerechts für das Kind, sondern auf den alltäglichen Lebens- und Haushaltszusammenhang abzustellen ist.[145] Legt man diese Definition zugrunde, dürfte im Falle einer wechselseitigen Betreuung, im Rahmen welcher das Kind seinen Alltag gleichermaßen bei beiden Elternteilen verbringt, kein Elternteil alleinerziehend sein.[146] Bedeutung erlangt dieser Umstand bei der allgemeinen schlechteren wirtschaftlichen Situation von Alleinerziehenden und somit auch der in ihrem Haushalt lebenden Kindern.

Vor diesem Hintergrund sind die Daten zu Anzahl und finanzieller Situation Alleinerziehender in Deutschland zu sehen. Von 1996 bis 2012 ist die Anzahl der Alleinerziehenden in Deutschland von 1,3 Millionen auf 1,6 Millionen gestiegen.[147] Hierbei ist zu berücksichtigen, dass die Gesamtzahl der Familien mit minderjährigen Kindern

137 Statistisches Bundesamt, Elterngeld für Geburten 2008 nach Kreisen, S. 5.
138 Statistisches Bundesamt, Elterngeld – Wer, wie lange und wie viel?, Tabelle L15.
139 Statistisches Bundesamt, Pressemitteilung Nr. 221/12 v. 27.06.2012.
140 Statistisches Bundesamt, Elterngeld für Geburten 2013 nach Kreisen, S. 7.
141 Statistisches Bundesamt, Elterngeld – Wer, wie lange und wie viel?, S. 14.
142 Statistisches Bundesamt, Elterngeld – Wer, wie lange und wie viel?, Tabelle ZR4.
143 Statistisches Bundesamt, Elterngeld – Wer, wie lange und wie viel?, Tabelle L2.
144 Statistisches Bundesamt, Elterngeld für Geburten 2013 nach Kreisen, S. 14.
145 BMFSFJ, Alleinerziehende in Deutschland – Lebenssituation und Lebenswirklichkeit von Müttern und Kindern, S. 9.
146 *Sünderhauf*, Wechselmodell, S. 32.
147 BMFSFJ, Alleinerziehende in Deutschland – Lebenssituation und Lebenswirklichkeit von Müttern und Kindern, S. 5.

in diesem Zeitraum von 9,4 Millionen auf 8,2 Millionen zurückgegangen ist, woraus sich im Verhältnis ein überproportionaler Anstieg von Alleinerziehenden ergibt.[148]

Vergleicht man die finanzielle Situation der Kinder von Alleinerziehenden mit der von Kindern in Paarfamilien, ergibt sich folgendes Bild: Im Jahr 2010 bezogen 56,7 % der Alleinerziehenden ihren überwiegenden Lebensunterhalt aus Erwerbstätigkeit und 33,2 % aus Transferzahlungen.[149] Mit Transferzahlungen sind dabei in erster Linie Sozialhilfe und Hartz-IV-Leistungen gemeint.[150] In den Paarfamilien waren 2010 hingegen nur bei 4 % Transferzahlungen die Quelle des überwiegenden Lebensunterhalts, während 92,4 % von ihnen den Lebensunterhalt aus Erwerbstätigkeit bezogen.[151] Zudem sind Kinder von Alleinerziehenden häufiger von Armut betroffen. Für Personen in Haushalten mit Kindern insgesamt betrug die Armutsgefährdungsquote[152] im Jahr 2008 rund 13 %.[153] Mit einer Armutsgefährdungsquote von 37,5 % war diese 2008 für Personen in Haushalten von Alleinerziehenden nahezu dreimal so hoch.[154] Für das Jahr 2013 betrug die Armutsgefährdungsquote für Personen in Haushalten von Alleinerziehenden 35,2 % und für das Jahr 2014 29,4 %.[155]

IV. Ausbau staatlicher Kinderbetreuung

Die Beteiligung von Müttern am Erwerbsleben und die Abkehr von dem Hausfrauenmodell funktionieren nicht ohne die Inanspruchnahme von Fremdbetreuung in Form von Kindertagesstätten und mitunter auch Ganztagsschulen. Der Ausbau von staatlichen Einrichtungen zur Kindesbetreuung diente damit der besseren Vereinbarkeit von Familie und Beruf und trägt auf diese Weise auch zur weiteren Förderung der Erwerbsbeteiligung von Müttern bei.

1. Kinderförderungsgesetz (KiföG)

Seit dem 01.01.1996 hat ein Kind, das das dritte Lebensjahr vollendet hat, bis zum Schuleintritt Anspruch auf Förderung in einer Tageseinrichtung (§ 24 Abs. 3 SGB VIII). Mit Einführung des Gesetzes zur Förderung von Kindern unter drei Jahren in Tageseinrichtungen und in Kindertagespflege (Kinderförderungsgesetz – KiföG) vom 10.12.2008 wurde dieser Rechtsanspruch auf Kleinkinder ausgeweitet.

---

148 A.a.O.
149 Statistisches Bundesamt, Wie leben Kinder in Deutschland?, S. 20.
150 A.a.O.
151 A.a.O.
152 Gemäß der EU-Definition erfasst die Armutsgefährdungsquote den Anteil der Personen, der mit weniger als 60 % des mittleren Einkommens der gesamten Bevölkerung auskommen muss, vgl. Statistisches Bundesamt, Gemeinschaftsstatistik über Einkommen und Lebensbedingungen (EU-SILC).
153 Statistisches Bundesamt, Wie leben Kinder in Deutschland?, S. 22.
154 A.a.O.
155 Statistisches Bundesamt, Armutsgefährdungsquote nach Sozialleistungen.

§ 24 SGB wurde mit Wirkung zum 01.08.2013 dahingehend geändert, dass ein Kind, das das erste Lebensjahr vollendet hat, bis zur Vollendung des dritten Lebensjahres Anspruch auf frühkindliche Förderung in einer Tageseinrichtung oder in Kindertagespflege hat (§ 24 Abs. 2 SGB VIII). Zudem wurden die Träger der öffentlichen Jugendhilfe zum stufenweisen Ausbau des Förderangebots für Kinder unter drei Jahren verpflichtet, wenn sie das zur Erfüllung der Verpflichtung nach § 24 Abs. 3 SGB VIII erforderliche Angebot noch nicht vorhalten können (§ 24a SGB VIII). Neben dem Zweck der Förderung der Kindesentwicklung sollen die Rechtsansprüche auf Kindertagesbetreuung den Eltern dabei helfen, Erwerbstätigkeit und Kindererziehung besser miteinander vereinbaren zu können (§ 22 Abs. 2 Nr. 3 SGB VIII).

2. *Finanzielle Förderung*

Eine steigende finanzielle Förderung der Kindertagesbetreuung durch die öffentliche Hand lässt sich seit 2010 ebenfalls verzeichnen. Während Bund, Länder und Gemeinden im Jahr 2010 insg. 17,8 Milliarden Euro für die Kindertagesbetreuung ausgaben, stiegen die Investitionen in den folgenden Jahren kontinuierlich an.[156] So betrugen sie für die Kindertagesbetreuung 2011 rund 19 Milliarden Euro (62 % der insg. für Kinder- und Jugendhilfe aufgewendeten Mittel)[157]. 2013 gaben Bund, Länder und Gemeinden 23 Milliarden Euro für die Kindertagesbetreuung aus, was 65 % der Gesamtbruttoausgaben für die Kinder- und Jugendhilfe ausmachte.[158] Berücksichtigt man den Abzug der Einnahmen wie Gebühren und Teilnahmebeträge wurden netto 21,4 Milliarden Euro für die Kindertagesbetreuung ausgegeben, was eine Steigerung zum Vorjahr von 13,2 % bedeutet.[159]

3. *Erhöhung der Betreuungsquote*

Entsprechend der gesetzlichen Änderungen und finanziellen Förderungen hat die Inanspruchnahme von Kindertageseinrichtungen für unter Dreijährige in den letzten Jahren deutlich zugenommen. Im Jahr 2006 nahmen Eltern von rund 287 000 Kindern unter drei Jahren ein Angebot der Kindertagesbetreuung als Ergänzung zur eigenen Betreuung in Anspruch.[160] Im Verhältnis zu der Gesamtzahl an Kindern in dieser Altersgruppe entsprach dies einem Anteil von ca. 14 % (Betreuungsquote).[161] Nach den Ergebnissen des fünften KiföG-Berichtes[162] aus dem Berichtsjahr 2014 stieg die Betreuungsquote von 2008 mit 17,6 % bis 2014

---

156 Statistisches Bundesamt, Pressemitteilung Nr. 022 v. 18.01.2012.
157 Statistisches Bundesamt, Pressemitteilung Nr. 32/13 v. 25.01.2013.
158 Statistisches Bundesamt, Pressemitteilung Nr. 026 v. 23.01.2015.
159 A.a.O.
160 Statistisches Bundesamt, Wie leben Kinder in Deutschland?, S. 25.
161 A.a.O.
162 Mit Einführung des Kinderförderungsgesetzes wurde geregelt, dass die Bundesregierung dem Deutschen Bundestag jährlich einen Bericht über den Stand des

auf 32,3 % kontinuierlich an.[163] Somit hat sich die Betreuungsquote für unter Dreijährige innerhalb von acht Jahren mehr als verdoppelt hat.

4. *Ausbau von Ganztagsschulen*

Auch und insbesondere bei Kindern im Schulalter kann vor dem Hintergrund des Ausbaus von Ganztagsschulen in den letzten 10 Jahren von einem Trend zur Inanspruchnahme zusätzlicher Betreuungshilfen für Eltern gesprochen werden. Denn während 2002 lediglich 9,8 % der Schüler(innen) der Grundschule und Sekundarstufe I in Deutschland eine Ganztagsschule besuchten, waren es im Schuljahr 2012/2013 bereits 32,3 % (insg. 2,4 Millionen Schüler).[164] Im Schuljahr 2012/2013 waren insg. 55,9 % und somit mehr als die Hälfte aller öffentlichen und privaten Schulen Ganztagsschulen.[165] Ermöglicht und forciert wurde dieser Ausbau durch das Investitionsprogramm „Zukunft Bildung und Betreuung (IZBB)", im Rahmen dessen von 2003 bis 2009 insg. 4 Milliarden Euro in Neu -und Umbauten von Schulgebäuden zum Zwecke der Nutzung als Ganztagsschulen investiert wurden.[166] Dabei bleibt das derzeitige Angebot an Ganztagsschulen sogar noch hinter der Nachfrage der Eltern zurück. Denn nach einer Umfrage einer bildungsstatistischen Analyse wünschen sich 70 % der Eltern in Deutschland eine Betreuung ihrer Kinder in Ganztagsschulen.[167] Hierbei spielt insbesondere der Wunsch, auf diese Weise eine bessere Vereinbarkeit von Familie und Beruf zu erreichen, eine große Rolle.[168] Vor diesem Hintergrund wird ein neuer Anschub für den Ausbau von Ganztagsschulen für erforderlich erachtet.[169]

V. Änderungen im nachehelichen Unterhaltsrecht

Das Unterhaltsrechtsänderungsgesetz trat am 01.01.2008 in Kraft und bewirkte unter anderem eine Stärkung der wirtschaftlichen Eigenverantwortung nach der Scheidung.[170] Dadurch sollte das Unterhaltsrecht der geänderten Rollenverteilung

---

Ausbaus des Förderangebots vorzulegen hat (sog. KiföG-Berichte), vgl. § 24a Abs. 5 SGB VIII.

163 BMFSFJ, KiföG-Bericht, Berichtsjahr 2014, S. 6.

164 *Klemm*, Ganztagsschulen in Deutschland – eine bildungsstatistische Analyse im Auftrag der Bertelsmann-Stiftung, S. 6; *ders.*, Ganztagsschulen in Deutschland: Die Ausbaudynamik ist erlahmt, S. 7.

165 *Klemm*, Ganztagsschulen in Deutschland: Die Ausbaudynamik ist erlahmt, S. 12.

166 BMBF, Gut angelegt – das Investitionsprogramm Zukunft, Bildung und Betreuung, S. 6, 7.

167 *Klemm*, Ganztagsschulen in Deutschland – eine bildungsstatistische Analyse im Auftrag der Bertelsmann-Stiftung, S. 15.

168 *Klemm*, Ganztagsschulen in Deutschland – eine bildungsstatistische Analyse im Auftrag der Bertelsmann-Stiftung, S. 18.

169 *Klemm*, Ganztagsschulen in Deutschland: Die Ausbaudynamik ist erlahmt, S. 24.

170 BT-Drs. 16/1830, S. 1; BGBl. I, 3189.

innerhalb der Ehe und zunehmenden Erwerbstätigkeitsquote bei den Müttern angepasst werden.[171] Allem voran wurde der Grundsatz der Eigenverantwortung durch Neufassung der amtlichen Überschrift in § 1569 BGB als Leitprinzip des nachehelichen Unterhalts besonders betont.[172]

1. *Änderung des Betreuungsunterhalts*

Zu der wesentlichsten Neuerung zählt die Senkung der Arbeitsschwelle für den geschiedenen, betreuenden Elternteil im Rahmen des Betreuungsunterhaltsanspruchs in § 1570 Abs. 1 BGB. Vor Einführung des UÄndG konnte dieser Unterhalt verlangen, solange und soweit von ihm wegen der Pflege oder Erziehung eines gemeinschaftlichen Kindes eine Erwerbstätigkeit nicht erwartet werden kann (§ 1570 BGB a.F.). Nach dem durch die Rechtsprechung des BGH entwickelten schematisch angewandtem Altersphasenmodell bedeutete dies in der Praxis, dass bei Betreuung eines Kindes bis zum achten Lebensjahr eine Erwerbstätigkeit in der Regel nicht erwartet werden konnte und bis zum etwa elften Lebensjahr des Kindes die konkreten Umstände des Einzelfalls maßgeblich waren, wobei zwischen dem elften und 15. Lebensjahr eine Teilzeitbeschäftigung bis zur Halbtagstätigkeit zu erwarten war.[173] Erst mit Heranwachsen des Kindes in das Alter von 15 oder 16 Jahren war nach der BGH-Rechtsprechung die Aufnahme einer Vollzeitbeschäftigung zumutbar.[174]

Anknüpfend an den in § 24 Abs. 1 SGB VIII geregelten Anspruch auf einen Kindergartenplatz entschied sich der Gesetzgeber mit Änderung des § 1570 BGB für die Gewährung eines Basisunterhalts wegen Betreuung des gemeinsamen Kindes bis zu dessen dritten Lebensjahr. Gemäß § 1615l Abs. 2 S. 3 BGB gilt dies auch für nichteheliche Kinder. Eine zeitliche Verlängerung des Unterhaltsanspruchs wegen Kindesbetreuung kommt seit der Reform nur aus kindbezogenen (§ 1570 Abs. 1 S. 2, 3 BGB) oder elternbezogenen (§ 1570 Abs. 2 BGB) Billigkeitsgründen in Betracht. Im Rahmen der Billigkeitsprüfung nach § 1570 Abs. 1 S. 2, 3 BGB sind insb. die bestehenden Kinderbetreuungsmöglichkeiten in Form der konkreten Betreuungssituation vor Ort, sowie die im Einzelfall in der Person des Kindes liegenden, einen höheren Betreuungsaufwand rechtfertigenden Gründe zu berücksichtigen.[175] Dabei ist der betreuende Elternteil grundsätzlich auch dazu verpflichtet, ein ernsthaftes und verlässliches Betreuungsangebot des Unterhaltspflichtigen wahrzunehmen.[176]

Folglich führte die Änderung des Betreuungsunterhalts zu einer deutlich früher einsetzenden Erwerbsobliegenheit des betreuenden Elternteils, also in der Regel der Mütter. Mit Vollendung des dritten Lebensjahres des Kindes ist diesem eine

---

171 BT-Drs. 16/1830, S. 1.
172 BT-Drs. 16/1830, S. 16.
173 BGH, FamRZ 1982, 25; 1995, 291; Hoppenz/Hülsmann/*Hülsmann*, § 1570 a.F. Rn. 13; Palandt/*Brudermüller*, § 1570 Rn. 8 m.w.Nw.
174 BGH, FamRZ 1985, 50, 51; 1997, 671; BGH, NJW 1991, 224, 225.
175 Palandt/*Brudermüller*, § 1570 Rn. 13, 14; MüKo/*Maurer*, § 1570 Rn. 25 f.
176 Heiß/Born/*Heiß/Heiß*, Erster Teil, Kap. 1 Rn. 7c.

Erwerbstätigkeit grundsätzlich zuzumuten,[177] da der Vorrang der Fremdbetreuung gegenüber der persönlichen Betreuung mit diesem Zeitpunkt eintritt.[178] Zudem trägt für die Voraussetzungen einer Verlängerung des Unterhaltsanspruchs aus kind- oder elternbezogenen Gründen nunmehr der Unterhaltsberechtigte die Darlegungs- und Beweislast.[179] Nach dem Willen des Gesetzgebers und der BGH-Rechtsprechung soll mit dem dritten Lebensjahr des Kindes zwar kein abrupter Wechsel von der elterlichen Betreuung zu einer Vollzeiterwerbstätigkeit stattfinden, das Gesetz ermöglicht vielmehr einen gestuften Übergang bis zu einer vollschichtigen Erwerbstätigkeit.[180] Jedoch ist ein solcher gestufter Übergang auch nur dann möglich, wenn der Unterhaltsberechtigte seiner Darlegungs- und Beweispflicht nachkommt und Gründe vortragen kann, die einer Vollzeiterwerbstätigkeit mit Vollendung des dritten Lebensjahres entgegenstehen.[181] Daher verwundert es nicht, dass von Seiten des Schrifttums im Zusammenhang mit der Änderung des Betreuungsunterhalts vielfach vor der Gefahr der Überbelastung des betreuenden Elternteils durch eine vollschichtige Erwerbstätigkeit und der alleinigen Bewältigung der Kindesbetreuung gewarnt wird.[182]

2. *Abkehr von der Lebensstandardgarantie*

Eine weitere Neuerung bestand in der Herabsetzung des Unterhalts auf die angemessenen Lebensverhältnisse. Im Rahmen des Anspruchs auf nachehelichen Unterhalt wegen Erwerbslosigkeit gemäß § 1573 Abs. 1 BGB wurde die Bedeutung der Erwerbsobliegenheit durch Änderung der Formulierung und Systematik des § 1574 BGB verstärkt.[183] Für die Beurteilung der Angemessenheit einer Erwerbstätigkeit ist das Merkmal der früheren Erwerbstätigkeit als grundsätzlich angemessener Beruf neu aufgenommen worden. Die ehelichen Lebensverhältnisse, welche zuvor ein gleichrangiges Kriterium zu den in § 1574 Abs. 2 BGB aufgeführten waren und nach alter Rechtslage dazu führen konnten, dass die erlernte Tätigkeit als nicht angemessen einzustufen ist, ist seit der Reform als Korrektiv in Form einer Billigkeitsabwägung in § 1574 Abs. 2 S. 1 BGB vorhanden und an der Voraussetzung der Unzumutbarkeit zu messen.[184]

Mit Einfügung des § 1578b BGB sollte ferner die Herabsetzung und zeitliche Beschränkung von Unterhaltsansprüchen anhand objektiver Billigkeitsmaßstäbe

---

177 Heiß/Born/*Heiß/Heiß*, Erster Teil, Kap. 1 Rn. 5h; Palandt/*Brudermüller*, § 1570 Rn. 1; Staudinger/*Verschraegen*, § 1570 Rn. 89.

178 MüKo/*Maurer*, § 1570 Rn. 27; Heiß/Born/*Heiß/Heiß*, Erster Teil, Kap. 1 Rn. 7c.

179 BGH, FamRZ 2012, 1040; 2009, 1392; 2009, 770, 772; 2008, 1739, 1748.

180 BGH, FamRZ 2010, 1880, 1882; 2009, 1391, 1393; BT-Drs. 16/6980, S. 9.

181 Heiß/Born/*Heiß/Heiß*, Erster Teil, Kap. 1 Rn. 5f.

182 *Wellenhofer*, FamRZ 2011, 685, 688; *Hütter*, FamRZ 2011, 1772, 1773; *Heiderhoff*, FamRZ 2012, 1604, 1608; *Meier*, FamRZ 2008, 101, 103 f.

183 *Born*, NJW 2008, 1, 5.

184 BT-Drs. 16/1830, S. 17; *Born*, NJW 2008, 1, 5.

erleichtert werden.[185] Entscheidend ist hierbei, ob der Unterhaltsberechtigte aufgrund sog. „ehebedingter Nachteile“, wie bspw. aus der Betreuung eines gemeinsamen Kindes, der Arbeitsteilung während der Ehe und der Dauer der Ehe, über ein geringeres Einkommen als der Unterhaltspflichtige verfügt.[186] Daraus folgt, dass insb. bei kurzen Ehen dem Unterhaltsberechtigten seit der Unterhaltsrechtsreform die Rückkehr zum erlernten Beruf unter Inkaufnahme eines niedrigeren Lebensstandards eher zumutbar ist.[187] Entsprechendes gilt nach § 1578b Abs. 2 S. 2 BGB für die zeitliche Begrenzung des Unterhaltsanspruchs.

VI. Stärkung des gemeinsamen Sorgerechts

Ein gemeinsames Sorgerecht der Eltern nach Trennung oder Scheidung ist keine rechtliche Voraussetzung für die Praktizierung des Wechselmodells. Da das Wechselmodell jedoch überwiegend ein hohes Maß an Kooperation der Eltern erfordert, stellt eine gemeinsame Sorge zumindest eine realistische Basis für eine wechselseitige gleichmäßige Betreuung dar.[188] Vor diesem Hintergrund sind auch die Sorgerechtsreformen der letzten beiden Jahrzehnte zu betrachten.

1. Reform des Kindschaftsrechts (1998)

Vor Einführung des Kindschaftsrechtsreformgesetz (KindRG) unterschied das Gesetz zwischen der elterlichen Sorge für eheliche Kinder (5. Titel, §§ 1626 ff. BGB a.F.) und der elterlichen Sorge für nichteheliche Kinder (6. Titel, §§ 1705 ff. BGB a.F.). Wie auch heute noch bestand das gemeinsame Sorgerecht für die zum Zeitpunkt der Geburt des Kindes miteinander verheirateten Eltern automatisch kraft Gesetzes (s. Systematik der §§ 1626 ff. BGB neue und alte Fassung). Im Falle der Scheidung musste das Familiengericht jedoch von Amts wegen das Sorgerecht einem der beiden Elternteile zuweisen (§ 1671 Abs. 1 und 4 BGB a.F.). Nach § 1672 BGB a.F. galt dies entsprechend, wenn die Eltern nicht nur vorübergehend getrennt lebten. Waren die Eltern zum Zeitpunkt der Geburt des Kindes bereits nicht miteinander verheiratet, so war nach § 1705 BGB a.F. ausschließlich die Mutter allein sorgeberechtigt. Ein gemeinsames Sorgerecht von nicht miteinander verheirateten Eltern war somit nach alter Rechtslage von Gesetzes wegen ausgeschlossen.

Mit Urteil vom 07.05.1991 erklärte das BVerfG den generellen Ausschluss des gemeinsamen Sorgerechts für Eltern nichtehelicher Kinder wegen Verstoßes gegen Art. 6 Abs. 2 und Abs. 5 GG für verfassungswidrig.[189] Der Gesetzgeber reagierte hierauf mit der Einführung des KindRG zum 01.07.1998, welches u.a. auch einen Beitrag zur Gleichstellung von nichtehelichen mit ehelichen Kindern leistete. Im

---

185 BT-Drs. 16/1830, S. 18.
186 *Ehinger*, FPR 2009, 105, 106; BT-Drs. 16/1830, S. 19.
187 *Born*, NJW 2008, 1, 6.
188 *Jokisch*, FuR 2013, 679; *Schilling*, FPR 2006, 291.
189 BVerfG, FamRZ 1991, 913, 915.

Recht der elterlichen Sorge hatte dies zur Folge, dass von nun an weder Trennung noch Scheidung automatisch zu einer Änderung des Sorgerechts für die aus der Ehe bzw. Partnerschaft hervorgegangenen Kinder führten. § 1671 Abs. 1 und 4 BGB a.F. wurde dahingehend geändert, dass es keine obligatorische Sorgerechtsregelung bei Scheidung mehr gab, sondern das gemeinsame Sorgerecht fortdauert.[190] Neben dem Fall der Kindeswohlgefährdung (§ 1666 BGB) setzt seitdem eine gerichtliche Regelung über das Sorgerecht gemäß § 1671 BGB immer einen Antrag eines der beiden Elternteile voraus.

Damit wurde die gemeinsame Sorge nach Trennung oder Scheidung – zumindest gesetzessystematisch – die Regel.[191] Gleichzeitig wies der Gesetzgeber in der amtlichen Begründung zum Regierungsentwurf darauf hin, dass daraus nicht geschlossen werden soll, dass dem gemeinsamen Sorgerecht in der Zukunft generell ein Vorrang zukommt oder etwa eine gesetzliche Vermutung dafür, dass ein gemeinsames Sorgerecht im Zweifel für das Kind besser sei als die Alleinsorge eines Elternteils, bestünde.[192]

Dennoch bleibt festzuhalten, dass das KindRG das gemeinsame Sorgerecht getrennter bzw. geschiedener Eltern wesentlich gestärkt hat. Auch wenn nach der Regelung des § 1671 BGB die gemeinsame Sorge zur Alleinsorge in keinem Regel-Ausnahme-Verhältnis steht, so hat die Einführung des Antragssystems bei familiengerichtlichen Sorgerechtsregelungen dazu geführt, dass es in der Mehrzahl der Fälle von Scheidung und Trennung bei dem gemeinsamen Sorgerecht der Eltern verbleibt.[193] Während es im Jahr 2000 in 76 % der Fälle bei der gemeinsamen Sorge blieb, waren es im Jahr 2010 bereits insg. 95 %.[194] Die Stärkung der gemeinsamen Sorge sollte nach dem Ziel des KindRG zum einen die durch den vorher geltenden Zwangsverbund begünstigte Konfliktverschärfung zwischen den Eltern aufheben.[195] Zum anderen wirkte der Verlust des Sorgerechts für die Väter häufig demotivierend, sodass sie infolgedessen ihr Umgangsrecht nicht mehr wahrnehmen wollten.[196] Daher sollte durch den Fortbestand der gemeinsamen Sorge die Chance für das Kind, mit beiden Elternteilen Kontakt zu halten, erhöht und die mit der Alleinsorge meist verbundene Entfremdung zwischen dem Kind und dem nicht sorgeberechtigten Elternteil vermieden werden.[197]

190 *Schwab,* FamRZ 1998, 457, 458.
191 *Schwab,* FamRZ 1998, 457, 462.
192 BT-Drs. 13/4899, S. 63.
193 MüKo/*Hennemann*, § 1671 Rn. 11; Statistisches Bundesamt, Wie leben Kinder in Deutschland?, S. 10.
194 Statistisches Bundesamt, Wie leben Kinder in Deutschland?, S. 10.
195 BT-Drs. 13/4899, S. 62.
196 A.a.O.
197 A.a.O.

2. *Reform des Sorgerechts nicht miteinander verheirateter Eltern (2013)*

Vor der Reform des Sorgerechts nicht miteinander verheirateter Eltern im Jahr 2013 war die elterliche Sorge von Eltern, die zum Zeitpunkt der Geburt des Kindes nicht miteinander verheiratet waren, in § 1626a BGB a.F. folgendermaßen geregelt: Grundsätzlich stand das alleinige Sorgerecht gemäß § 1626a Abs. 2 BGB a.F. der Mutter zu. Ein gemeinsames Sorgerecht der Eltern trat nur dann ein, wenn sie entweder erklärten, dass sie die Sorge gemeinsam übernehmen (§ 1626a Abs. 1 Nr. 1 BGB) oder einander heirateten (§ 1626a Abs. 1 Nr. 2 BGB). Bestand das Alleinsorgerecht der Mutter nach § 1626a Abs. 2 BGB a.F., hatte der Vater zudem nach § 1672 Abs. 1 BGB a.F. die Möglichkeit mit Zustimmung der Mutter zu beantragen, dass ihm das Familiengericht die elterliche Sorge oder einen Teil der elterlichen Sorge allein überträgt. Nach § 1672 Abs. 2 BGB a.F. konnte das Familiengericht, soweit eine Übertragung nach § 1672 Abs. 1 BGB a.F. stattgefunden hat, auf Antrag eines Elternteils mit Zustimmung des anderen entscheiden, dass die elterliche Sorge den Eltern gemeinsam zusteht, wenn dies dem Wohl des Kindes nicht widerspricht. Aus Sichtweise der Väter war die Erlangung des Sorgerechts für ihr Kind – sei es als gemeinsame Sorge mit der Mutter oder als (teilweise) Alleinsorge – somit grundsätzlich von dem Einverständnis der Mutter abhängig.

Der EGMR entschied am 03.12.2009, dass der im deutschen Gesetz bestehende allgemeine Ausschluss einer gerichtlichen Überprüfung der ursprünglichen Übertragung der Alleinsorge auf die Mutter Art. 14 iVm. Art. 8 EMRK verletze.[198] Das BVerfG erklärte mit Urteil vom 21.07.2010 die §§ 1626a Abs. 1 Nr. 1, 1672 Abs. 1 BGB wegen Verstoßes gegen Art. 6 Abs. 2 GG für verfassungswidrig.[199] Der Gesetzgeber reagierte auf die Rechtsprechung des BVerfG mit der Einführung des Gesetzes zur Reform der elterlichen Sorge nicht miteinander verheirateter Eltern vom 16.04.2013, welches am 19.05.2013 in Kraft trat.[200] Seitdem steht die elterliche Sorge den Eltern auch dann gemeinsam zu, wenn ihnen das Familiengericht diese auf Antrag eines Elternteils überträgt (§ 1626a Abs. 1 Nr. 3, Abs. 2 BGB). Die Mutter hat betreffend der Erlangung des gemeinsamen Sorgerechts folglich kein faktisches Vetorecht mehr.[201] Der Gesetzgeber statuierte eine negative Kindeswohlprüfung in § 1626a Abs. 2 S. 1 BGB, wonach eine Übertragung des Sorgerechts auf beide Elternteile gemeinsam erfolgt, wenn diese dem Kindeswohl nicht widerspricht.[202]

Seit der Reform besteht eine gesetzliche Vermutung für die Kindeswohldienlichkeit der gemeinsamen Sorge, sofern der andere Elternteil keine Gründe vorträgt, die dem entgegenstehen können, und solche Gründe auch sonst nicht ersichtlich sind (§ 1626a Abs. 2 S. 2 BGB). Nach der Überzeugung des Gesetzgebers entspricht die gemeinsame elterliche Sorge grundsätzlich den Bedürfnissen des Kindes nach

---

198 EGMR, NJW 2010, 501, 504.

199 BVerfG, FamRZ 2010, 1403.

200 BGBl. I, 795.

201 *Bruns,* FamFR 2013, 217.

202 MüKo/*Huber*, § 1626a Rn. 1; *Heilmann,* NJW 2013, 1473, 1474.

Beziehungen zu beiden Elternteilen und verdeutlicht dem Kind, dass beide Eltern dazu bereit sind, Verantwortung zu übernehmen.[203]

VII. Zusammenfassung und Fazit

Die heutigen Lebensentwürfe von Frauen mit Kindern sind in der Regel nicht mehr mit einer klassischen Rollenverteilung in der Partnerschaft zu vereinbaren. Gleichzeitig haben sich auch die Vorstellungen der Väter von ihrer Rolle innerhalb der Familie zugunsten eines größeren Interesses an der Kinderbetreuung gewandelt. Die dargestellten gesellschaftlichen und gesetzlichen Entwicklungen lassen daher insgesamt eine Tendenz zur Angleichung der Verantwortungsbereiche von Müttern und Vätern erkennen. Dass eine vollständige Gleichstellung noch lange nicht erreicht ist, zeigt sich darin, dass die meisten Mütter nur in Teilzeit arbeiten und den Vätern daher die Versorgerfunktion, wenn auch in abgeschwächter Form, immer noch zukommt. Festhalten lässt sich jedoch, dass heute beide, Mütter wie Väter, am Erwerbsleben teilnehmen und gleichzeitig einen größtmöglichen Beitrag zur Kindesbetreuung leisten möchten. Mit der Förderung der Einrichtungen zur Kinderbetreuung wurden dafür die erforderlichen Rahmenbedingungen geschaffen.

Was bedeutet das nun für die Zukunft des Wechselmodells? Während der noch bestehenden Ehe bzw. Partnerschaft wird die konkrete Ausgestaltung der Kindesbetreuung stark von den Vorstellungen der Eltern zu Geschlechterrollen und auch der Erwerbsbeteiligungen der Partner beeinflusst. Trennen sich die Eltern, werden sie in der Regel das Bedürfnis haben, die Kindesbetreuung zumindest in ähnlicher Art und Weise wie während der Partnerschaft zu gestalten. Mit zunehmender Angleichung der Betreuungsanteile von Müttern und Vätern während der Ehe bzw. Partnerschaft käme im Falle der Trennung eine gleichmäßig ausgestaltete Betreuung mit wechselndem Aufenthalt des Kindes dem am nächsten.

Einen weiteren wichtigen Aspekt bei der Wahl der Betreuungsform vor und nach der Trennung der Eltern betrifft die finanzielle Situation der Mütter. Durch die Änderung des Betreuungsunterhalts und der Abkehr von der Lebensstandardgarantie ist Frauen die Pflicht zu mehr Eigenverantwortung in Sachen finanzieller Absicherung auferlegt worden. Das Bewusstsein hierfür führt zum einen dazu, dass sich Frauen bemühen werden bereits während der Ehe weniger Einbußen bei ihrer Karriereplanung hinzunehmen. Zum anderen wird der alleinbetreuende Elternteil, in der Regel also die Mutter, im Falle der Scheidung mit Verweis auf Möglichkeiten einer Fremdbetreuung des Kindes in der Regel für einen nur kurzen Zeitraum Betreuungsunterhalt erhalten können. Um eine mit der Kindesbetreuung und Erwerbstätigkeit verbundene Doppelbelastung des betreuenden Elternteils zu vermeiden, wird für diesen seit der Unterhaltsrechtsreform eine Betreuung im Wechselmodell daher zunehmend attraktiv geworden sein. Dies gilt erst Recht vor dem Hintergrund der schlechten wirtschaftlichen Situation von Alleinerziehenden. Mit der schrittweisen

203 BT-Drs. 17/11048, S. 17.

Stärkung des gemeinsamen Sorgerechts hat der Gesetzgeber zudem die rechtlichen Rahmenbedingungen für eine Betreuung im Wechselmodell geschaffen. Gleichzeitig spiegelt sich in dieser gesetzlichen Entwicklung auch das zunehmende Interesse der Väter an einer aktiven Teilhabe im Leben ihrer Kinder wieder.

Festzuhalten bleibt, dass das Residenzmodel zurzeit stark vorherrschend ist und das Wechselmodell wahrscheinlich nur von einem kleinen Kreis praktiziert wird. Die gesellschaftlichen und gesetzlichen Entwicklungen legen jedoch den Schluss nahe, dass das Wechselmodell für getrennt lebende Eltern zunehmend attraktiv wird. Die Vereinbarkeit von Beruf und Kinderbetreuung ist und bleibt eine wichtige Herausforderung. Im Falle der Scheidung bzw. Trennung stellt die Betreuung im Wechselmodell zumindest eine Möglichkeit dar, Familie und Beruf unter einen Hut zu bringen, ohne dass ein Elternteil einseitig und doppelt belastet wird. Losgelöst von der Frage, ob das Wechselmodell im Einzelfall die dem Wohl des Kindes am besten entsprechende Betreuungsform ist, wird es aus den genannten Gründen voraussichtlich in Zukunft für viele Eltern zumindest eine Option sein, die sie bei ihrer Entscheidung in Betracht ziehen werden. Um für diesen Fall eine geeignete Entscheidungsgrundlage zu schaffen, ist daher eine nähere Beleuchtung der psychologischen Auswirkungen auf das Kind als auch der rechtlichen Folgen des Wechselmodells unabdingbar.

B. Das Wechselmodell aus psychologischer Sicht

I. Wechselmodell und Bindungsforschung

1. Grundlagen der Bindungstheorie

Bereits im Laufe des ersten Lebensjahres bauen Kinder zu den Personen, die ihnen am nächsten stehen, also in der Regel den Eltern, Bindungsbeziehungen auf.[204] Eine sichere Bindung des Kindes zu seinen Hauptbezugspersonen gibt diesem Stabilität und das Gefühl von Sicherheit und Geborgenheit.[205] Vor allem in neuen oder belastenden Situationen zeigt sich die Bedeutung der Bindungspersonen, da das Kind in diesen Zuständen die Nähe zu den Bindungspersonen sucht und sich an sie klammert (Aktivierung des Bindungssystems)[206]. Entscheidenden Einfluss auf die Qualität der Bindungen des Kindes hat die elterliche Feinfühligkeit.[207] Die Eltern verhalten sich feinfühlig gegenüber ihrem Kind, wenn sie seine Bedürfnisse wahrnehmen und auf diese angemessen eingehen und bei emotionalen Belastungen verfügbar sind. Das Kind kann sich in dieser Weise auf die Zuwendung seiner Eltern verlassen und entwickelt eine sichere Bindung zu ihnen. Dadurch erlangt das Kind psychische Sicherheit, was ihm ermöglicht, auch mit negativen Gefühlen

---

204 *Unzner*, FPR 2006, 274, 275.
205 *Grossmann/Grossmann*, Bindungen, S. 185.
206 *Fichtner/Salzgeber*, FPR 2006, 278, 280.
207 *Grossmann/Grossmann*, Bindungen, S. 184 f.

konstruktiv umzugehen.[208] Verhalten sich die Eltern weniger bis gar nicht feinfühlig, passt sich das Kind dem an, indem es keinen Trost oder Nähe bei den Eltern sucht; oder es reagiert in Belastungssituationen besonders aufgeregt und lässt sich auch dann nur schwer von den Bindungspersonen trösten. Diese Verhaltensweisen sind Zeichen von Bindungsunsicherheiten.[209]

Sichere Bindungen im Säuglings- und Kleinkindalter legen einen grundlegenden Baustein für eine gesunde frühkindliche Entwicklung und eine psychische Sicherheit im Erwachsenenalter.[210] Auch wenn Bindungsunsicherheiten nicht automatisch zu psychischen Störungen führen, stellen sie doch hohe Risikofaktoren für eine gesunde Entwicklung dar. Eine sichere Bindung hingegen gilt als Schutzfaktor für das Kind.[211] Die Auswirkungen von unsicherer Bindung als Risikofaktor und sicherer Bindung als Schutzfaktor zeigen sich insb. bei Hinzutreten weiterer äußerer Faktoren im Verlaufe des Lebens: Sicher gebundene Kinder kommen auch im Erwachsenenalter mit Rückschlägen oder Schicksalsschlägen besser zu Recht und können diese bewältigen, während bei unsicher gebundenen Kindern eine größere Verletzlichkeit gegenüber kritischen Lebensereignissen besteht.[212]

2. *Elternkontakte und Bindungssicherheit des Kindes*

a) *Kontakte zu beiden Elternteilen*

Trennung und Scheidung der Eltern bedeuten für die Kinder immer einen schwerwiegenden Einschnitt in ihre Lebensqualität.[213] Sie werden in ihrem Vertrauen zu den Eltern verunsichert, da ihre sichere Basis bedroht wird.[214] Daher sind Scheidungskinder häufig unsicher gebunden.[215] In der Folge stellt sich die Frage, welcher Betreuungsmodus dem Kind nach der Scheidung die größtmögliche Stabilität gewährleisten kann.

Grundsätzlich entspricht es dem Wohl des Kindes am besten, wenn ihm der Kontakt zu seinen Bindungspersonen, also sowohl Mutter als auch Vater, aufrechterhalten bleibt. Bindungsforscher gehen davon aus, dass die Entwicklung einer psychischen Sicherheit eines Kindes gleichermaßen durch seine Bindungen zu Mutter und Vater beeinflusst wird.[216] Grundsätzlich wird dem Umgang des Kindes mit dem Vater nach der Scheidung ein positiver Einfluss auf die kindliche Entwicklung zugesprochen.[217] Daher wird zum Teil auch eine intensive Mitbetreuung von

---

208 *Grossmann/Grossmann*, Bindungen, S. 347.
209 *Unzner*, FPR 2006, 274, 275.
210 *Unzner*, FPR 2006, 274, 276.
211 *Unzner*, FPR 2006, 274, 275.
212 *Grossmann/Grossmann*, Bindungen, S. 670; *Unzner*, FPR 2006, 274, 275.
213 *Fichtner/Salzgeber*, FPR 2006, 278, 279; *Salzgeber*, FamRZ 2015, 2018, 2023.
214 *Fichtner/Salzgeber*, a.a.O.; *Unzner*, FPR 2006, 274, 275.
215 *Grossmann/Grossmann*, Bindungen, S. 562; *Unzner*, FPR 2006, 274, 276.
216 *Grossmann/Grossmann*, Bindungen, S. 435 f.
217 *Unzner*, FPR 2006, 274, 277; *Amato*, Journal of marriage and the family 2000, 1269, 1280.

Säuglingen und Kleinkindern durch den Vater befürwortet, damit er ein feinfühliges Verhalten gegenüber dem Kind erlernen und auf diese Weise eine Bindung zum Kind aufbauen kann.[218]

Aus sozialwissenschaftlicher Sicht wird teilweise die Auffassung vertreten, dass nur ein Aufenthalt im Verhältnis von 50 % bei beiden Elternteilen dem Umgangsrecht des Kindes gerecht werde und das Kind daher mit Mutter als auch Vater so oft und so lange zusammen sein solle wie möglich.[219] Nach psychologischen Erkenntnissen sollte sich die Betreuungsaufteilung nach der Trennung an dem während des Zusammenlebens praktizierten Betreuungsumfang orientieren, um dem Kind die bisher gelebte Beziehungskontinuität zu erhalten.[220]

Zu berücksichtigen ist, dass für den Aufbau einer sicheren Bindung zum Vater, anders als bei der Mutter, nicht zwangsläufig auch ein in zeitlicher Hinsicht umfangreicher Kontakt Voraussetzung ist. Entscheidend ist vielmehr, welche Qualität und Intensität der Vater-Kind-Umgang aufweist.[221] Beschäftigen sich Väter beim Spielen mit dem Kind intensiv mit diesem, entstehen auch durch diese wenigen Zeitintervalle sichere Bindungen.[222] Dies resultiert aus der bei Mutter und Vater unterschiedlich ausgestalteten, für die Bindungsentwicklung notwendigen Feinfühligkeit gegenüber ihrem Kind. Während die Bindung zur Mutter durch ein feinfühliges Versorgungsverhalten aufgebaut wird, geschieht dies bei dem Vater eher durch feinfühlige Spielsituationen.[223] Mit feinfühligem Versorgungsverhalten ist gemeint, dass die Mutter für das Kind eine zuverlässige Sicherheitsbasis darstellt, es versorgt und vor Bedrohungen beschützt. Die Bindung zum Vater hingegen entsteht eher dadurch, dass dieser das Kind herausfordert und als interessanter Interaktionspartner zu Neuem und Aufregendem ermutigt sowie als Lehrer und Mentor dem Kind sein Wissen vermittelt.[224] Idealerweise ergänzen sich die Eltern in ihren unterschiedlichen Funktionen.[225] Der Bindungsaufbau durch das Spielverhalten erfolgt jedenfalls auch in kürzeren, aber intensiven Interaktionen zwischen Vater und Kind.

b) Übernachtungen im Kleinkindalter

Das Wechselmodell impliziert, dass das Kind regelmäßig bei beiden Elternteilen übernachtet. Im Mittelpunkt der Diskussion um die Auswirkungen einer Betreuung im Wechselmodell auf das Kindeswohl steht häufig die Frage, wie sich Übernachtungen in zwei verschiedenen Umgebungen und mit wechselnder Bezugsperson,

---

218 *Fichtner/Salzgeber*, FPR 2006, 278.
219 *Klenner*, ZKJ 2006, 8, 10.
220 *Dettenborn/Walter*, Familienrechtspsychologie, S. 226.
221 *Unzner*, FPR 2006, 274, 276.
222 A.a.O.
223 *Fichtner/Salzgeber*, FPR 2006, 278, 280.
224 *Grossmann/Grossmann*, Bindungen, S. 233 f.
225 *Grossmann/Grossmann*, Bindungen, S. 234.

insb. im Säuglings- und Kleinkindalter, auf das Verhalten und die Entwicklung der Kinder auswirkt. Hierzu existiert eine Reihe von ausländischen Studien.

aa) Studie 2 von *McIntosh/Smyth/Kelaher/Wells/Long*

Australische Sozialforscher führten 2011 zwei Studien zu Betreuungsarrangements nach Trennung der Eltern durch, unter anderem unter Einbeziehung von Familien, in denen die Kinder von beiden Elternteilen betreut wurden. Eine Betreuung in sog. „shared care" kommt dem Wechselmodell in Deutschland zumindest nahe und wird angenommen, wenn das Kind mindestens vier Nächte innerhalb von zwei Wochen und somit mindestens 35 % der Nächte im Jahr bei beiden Elternteilen verbringt.[226]

Untersuchungsgegenstand der zweiten Studie war die psychische und emotionale Entwicklung von Säuglingen und Kleinkindern abhängig von der Häufigkeit der Übernachtungen bei dem nicht überwiegend betreuenden Elternteil.[227] Die Daten basierten auf einer mit 10.000 Kindern und Familien aus Australien durchgeführten Längsschnittstudie.[228] Bei Kindern unter zwei Jahren wurde festgestellt, dass eine oder mehr Übernachtungen in der Woche Auswirkungen auf die Reizbarkeit des Kindes hatte, was sich u.a. darin äußerte, dass es unruhig beim Aufwachen und Schlafengehen wurde, Probleme hatte, sich selbst zu beschäftigen und trotz Besänftigung kontinuierlich weinte.[229] Kinder zwischen zwei und drei Jahren, bei denen die Eltern „shared care" praktizierten wiesen bei der Eltern-Kind-Interaktion ein verstörtes Verhalten auf.[230] Die Kinder im Alter von vier bis fünf Jahren, welche ebenfalls in „shared care" lebten, wiesen hingegen keine Anpassungsschwierigkeiten auf.[231]

bb) Studie von *Tornello/Emery/Rowen*

US-amerikanische Forscher führten 2012 eine Studie zu den Auswirkungen regelmäßiger Übernachtungen von Säuglingen (von der Geburt bis zum ersten Lebensjahr), Kleinkindern (ein bis drei Jahre alt) und Vorschulkindern (drei bis fünf Jahre alt) bei dem Nicht-Residenzelternteil durch. Sie stellten die Hypothese auf, dass kleine Kinder durch regelmäßige Übernachtungen bei dem Nicht-Residenzelternteil Bindungsunsicherheiten gegenüber dem Residenzelternteil entwickeln würden.[232] Die Daten der an der Studie teilnehmenden Nachtrennungsfamilien stammten aus einer Längsschnittstudie der Universtäten Princeton und Columbia über amerikanische Kinder in Ballungsgebieten, welche Kinder aus 20 Städten der USA mit einer

---

226 *McIntosh/Smyth/Kelaher/Wells/Long*, Family Matters 2011, 40, 44.
227 *McIntosh/Smyth/Kelaher/Wells/Long*, Family Matters 2011, 40, 44.
228 Longitudinal Study of Australian Children (LSAC).
229 *McIntosh/Smyth/Kelaher/Wells/Long*, Family Matters 2011, 40, 44.
230 *McIntosh/Smyth/Kelaher/Wells/Long*, Family Matters 2011, 40, 45.
231 A.a.O.
232 *Tornello/Emery/Rowen*, Journal of Marriage and Family 2012, 871, 874.

Bevölkerung von über 200.000 Personen erfasst.[233] Die Mütter und Väter wurden erstmals nach der Geburt des Kindes befragt und erneut, als das Kind ein Jahr, drei Jahre und fünf Jahre alt war.

Im Ergebnis bestätigte sich zum Teil die eingangs aufgestellte Hypothese. Aus den Befragungen der Eltern ergab sich, dass regelmäßige Übernachtungen von Säuglingen in Abwesenheit der primären Bindungsfigur mit größeren Bindungsunsicherheiten in Verbindung stehen.[234] In der Gruppe von Säuglingen, die mindestens eine Nacht pro Woche bei dem Vater als Nicht-Residenzelternteil verbrachten, wiesen 43 % Unsicherheiten in ihrer Bindung zur Mutter auf, wohingegen in der Gruppe von Säuglingen, die nur tagsüber Kontakt mit dem Vater hatten, der Anteil 25 % betrug.[235] Im Vergleich dazu wiesen in der Vergleichsgruppe von Säuglingen, die mindestens eine Nacht im Jahr aber weniger als eine Nacht pro Woche beim Vater übernachteten, mit nur 16 % die wenigsten Kinder Bindungsunsicherheiten gegenüber der Mutter auf.[236]

Die späteren Elternbefragungen im Kleinkindalter der Kinder ergaben, dass die Quote von Kindern mit Bindungsunsicherheiten bei denen am höchsten war, die regelmäßig, das heißt mindestens 35 % der Nächte, beim Nicht-Residenzelternteil übernachteten (37 %).[237] Ähnlich hoch war der Anteil in der Gruppe von Kleinkindern, die seltener aber mindestens einmal im Monat bei dem Nicht-Residenzelternteil übernachteten (33 %).[238] Erheblich niedriger war der Anteil jedoch bei denen, die höchstens eine Nacht pro Monat bei dem Nicht-Residenzelternteil übernachteten (22 %) oder nur tagsüber Kontakt zum ihm hatten (18 %).[239]

Als die Kinder drei und fünf Jahre alt waren, konnte hingegen kein signifikanter Einfluss von Übernachtungen beim Nicht-Residenzelternteil auf die Bindungssicherheit der Kinder festgestellt werden.[240] Eine Ausnahme gilt nur für die Befragungen zum Zeitpunkt, als die Kinder fünf Jahre alt waren: Die Kinder, die häufigere regelmäßige Übernachtungen beim anderen Elternteil verbrachten, zeigten im Alter von fünf Jahren ein positiveres Verhalten als die Kinder aus den Vergleichsgruppen in diesem Alter.[241] Die Forscher weisen jedoch darauf hin, dass dieses Ergebnis als Zufallsfund nicht überinterpretiert werden sollte.[242] Insgesamt kommen sie zu der Schlussfolgerung, dass keine Untersuchung bisher gezeigt hat, dass regelmäßige und häufige Übernachtungen von Säuglingen und Kleinkindern beim Nicht-Residenzelternteil mit einer besseren kindlichen Entwicklung in Verbindung steht.

---

233 Fragile Families and Child Wellbeing Study.
234 *Tornello/Emery/Rowen*, Journal of Marriage and Family 2012, 871, 882.
235 A.a.O.
236 A.a.O.
237 *Tornello/Emery/Rowen*, Journal of Marriage and Family 2012, 871, 873, 882.
238 A.a.O.
239 A.a.O.
240 *Tornello/Emery/Rowen*, Journal of Marriage and Family 2012, 871, 882.
241 A.a.O.
242 A.a.O.

Andererseits ergibt sich aus der vorliegenden Studie ein gewisses Anzeichen für eine erhöhte Bindungsunsicherheit bei diesen Kindern. Gleichzeitig hat bisher keine Studie, die vorliegende mit einbezogen, erhebliche Auswirkungen von regelmäßigen Übernachtungen auf die Bindungssicherheit von Säuglingen und Kleinkindern feststellen können.[243]

cc) Studie von *Solomon/George*

Eine ältere US-amerikanische Studie von 1999 kam zu ähnlichen Ergebnissen.[244] Untersucht wurden insg. 145 Kinder im zweiten und dritten Lebensjahr von verheirateten und getrennt lebenden Eltern: Bei 52 Kindern waren die Eltern verheiratet, bei den übrigen 93 Kinder waren die Eltern unverheiratet und getrenntlebend bzw. in keiner stabilen Partnerschaft, wovon wiederum 44 Kinder regelmäßig mindestens eine Nacht im Monat bei dem Vater als Nicht-Residenzelternteil verbrachten und 49 Kinder nur tagsüber Kontakte zum Vater hatten. Kinder getrennt lebender Eltern, die regelmäßig beim Vater übernachteten, wiesen häufiger Bindungsunsicherheiten zu der Mutter auf als die Kinder, die nur Besuche vom Vater erhielten. Die Kinder empfanden den häufigen Wechsel der Bezugsperson mithin als Stress. Dabei hatte der Übernachtungsmodus keinen Einfluss auf die Qualität der Vater-Kind-Bindung.

3. *Bedürfnis nach Stabilität und Kontinuität*

Die Gewährleistung von Stabilität im Leben des Kindes ist für dessen gesunde Entwicklung unverzichtbar. Diese Stabilität wird dem Kind durch ein eindeutiges Zuhause, regelmäßige Rituale im Alltag und einer vertrauensvollen Beziehung zu seinen Bindungspersonen gewährt. Bei einer Betreuung im Wechselmodell stellt sich die Frage, ob das Kind durch zwei feste Aufenthaltsorte bei seinen Eltern eine Bereicherung erfährt oder vielmehr das Gefühl hat, kein richtiges Zuhause zu haben. Befürworter des Wechselmodells sehen die Vorteile der hälftig aufgeteilten Betreuung darin, dass das Kind die Werte und den Lebensstil nicht nur eines (Residenz-) Elternteils miterlebt, sondern einen Einblick in die Lebensweisen beider Elternteile erlangt.[245]

Aus der Bindungsforschung kommt dagegen die Warnung, dass dem Kind die notwendige Stabilität eines eindeutigen Zuhauses durch den ständigen Wechsel genommen werde.[246] Das Miterleben des Alltags beider Elternteile ist zudem nicht durchweg positiv zu bewerten. Denn anders als bei zusammenlebenden Eltern finden zwischen den getrenntlebenden Eltern bei Meinungsverschiedenheiten kaum noch Kompromisslösungen statt; jeder Elternteil gestaltet sein Leben schließlich nach eigenen Werten und Vorstellungen. Es besteht die Gefahr, dass das Kind sich

243 *Tornello/Emery/Rowen*, Journal of Marriage and Family 2012, 871, 883.
244 Zum Folgenden: *Solomon/George*, Attachment and Human Development 1999, 1 ff.
245 *Sünderhauf*, Wechselmodell, S. 233; 16. DFGT, Ergebnisse des Arbeitskreises 3.
246 *Unzner*, FPR 2006, 274.

zwischen zwei Verhaltens- und Lebensweisen hin- und her gerissen fühlt und diese Wertediskrepanz innerpsychisch für sich lösen muss.[247] Durch die Aufrechterhaltung eines intensiven Kontakts zu beiden Elternteilen erlebt das Kind zudem auch Veränderungen im Leben beider Elternteile, wie neue Partnerschaften und evtl. Erweiterungen der Familie, berufliche Veränderungen, ein Umzug, intensiv mit. Das Kind muss sich diesen gravierenden Veränderungen auf beiden Seiten anpassen. Zu häufige Unterbrechungen von Kontinuitäten können dazu führen, dass sich das Kind ohnmächtig und ausgeliefert fühlt.[248] Abhängig vom Alter des Kindes und seiner Fähigkeit, Veränderungen zu verkraften sowie von der Betreuungsaufteilung in der Zeit vor der Scheidung, können zu häufige Wechsel daher belastend für das Kind sein.[249]

Weist das Kind bei einem Elternteil Erziehungsschwierigkeiten auf, so bestünde nach *Salzgeber* bei einer Betreuung im Wechselmodell latent die Gefahr, dass dieser Elternteil das Kind dazu auffordert, bei dem anderen Elternteil zu bleiben.[250] Die Aufteilung der Verantwortung kann mithin auch den negativen Effekt haben, dass sich keiner der beiden Elternteile für das Kind vollverantwortlich fühlt. Auf der anderen Seite kann aber auch das Kind dazu geneigt sein, sich vor Erziehungsmaßnahmen zu entziehen, indem es mit dem Verbleib bei dem anderen Elternteil droht.[251]

4. Zwischenergebnis

Es bleibt festzuhalten, dass nach der Bindungstheorie der Kontakt zu beiden Elternteilen grundsätzlich zu befürworten ist, wobei es der Aufbau und die Aufrechterhaltung der Bindung zum Vater nicht zwingendermaßen erfordern, dass dieser genauso viel Zeit wie die Mutter mit dem Kind verbringt. Eine Betreuung im Wechselmodell ist vor diesem Hintergrund nicht „erforderlich“, da auch das Residenzmodell mit Umgangskontakten dem Aufbau einer Vater-Kind-Bindung genügend Raum bietet. Andersherum dürfte ein umfangreicher Kontakt, sei es im Wechsel- oder Residenzmodell, keine Garantie für die Entwicklung einer Vater-Kind-Beziehung geben, da nicht die Quantität, sondern die Intensität der Interaktionen entscheidend ist. Vorsicht scheint bei der Statuierung eines Wechselmodells geboten, wenn das Kind unter vier Jahre alt ist, da die häufigen Übernachtungen Stresssituationen für das Kind bedeuten könnten.[252] Zum einen wurden Verhaltensauffälligkeiten im Zusammenhang mit den Fremdübernachtungen beobachtet, zum anderen aber auch

247 *Fichtner/Salzgeber*, FPR 2006, 278, 281; *Salzgeber/Schreiner*, FamPra.ch 2014, 66, 71.
248 *Salzgeber*, Familienpsychologische Gutachten, Rn. 546.
249 *Fichtner/Salzgeber*, FPR 2006, 278, 281; *Unzner*, FPR 2006, 274, 277; *Salzgeber* geht davon aus, dass zu häufige Wechsel Entwicklungsrisiken für das Kind bergen, wenn dieses jünger als fünf Jahre ist, vgl. *Salzgeber*, NZFam 2014, 921, 927.
250 *Salzgeber*, Familienpsychologische Gutachten, Rn. 548; *ders.*, NZFam 2014, 921, 926.
251 A.a.O.
252 Andere ziehen die Altersgrenze bereits bei drei Jahren, vgl. *Heilmann*, NJW 2015, 3346, 3347 m.w.Nw. und *Dettenborn/Walter*, Familienrechtspsychologie, S. 231.

eine sich abzeichnende Bindungsunsicherheit gegenüber der Mutter als Hauptbezugsperson. Die Frage, ob Kinder durch ständige Wechsel zu sehr belastet werden, kann nicht allgemein beantwortet werden. Anstrengungen dürften sich aus einer Betreuung im Wechselmodell für das Kind jedenfalls dann ergeben, wenn die Eltern sich nicht mehr in der gemeinsamen Verantwortung sehen. Bei konträren Erziehungs- und Lebensstilen der Eltern besteht bei dem Kind zudem die Gefahr der Desorientierung.

II. Kindeswille

Wie bei jeder Umgangsregelung ist auch bei der Vereinbarung des Wechselmodells der Wille des Kindes zu berücksichtigen. Nach *Salzgeber* wünschen sich Kinder nach der Scheidung ihrer Eltern auf Nachfrage nicht selten eine zwischen ihnen hälftig aufgeteilte Betreuung.[253] Dem sollte jedoch nicht ohne weiteres gefolgt werden, da Kinder dabei häufig nur ihren Wunsch nach Beibehaltung der Verhältnisse vor der Trennung der Eltern zum Ausdruck bringen.[254] In diesem Zusammenhang ist zudem zu berücksichtigen, dass Kinder ein ausgeprägtes Fairnessbedürfnis haben. Wenn sie sich nach der Trennung ihrer Eltern für den Verbleib bei einem Elternteil entscheiden, haben sie immer auch das Gefühl, sich gleichzeitig gegen den anderen Elternteil auszusprechen. Dies kann dann Schuldgefühle gegenüber dem ausgegrenzten Elternteil hervorrufen, weshalb sich Kinder nur ungern auf die Seite eines Elternteils stellen.[255]

Das Wechselmodell als konkretes Arrangement schlagen die Kinder meist nicht vor, sondern wägen ihre sozialen und schulischen Verpflichtungen mit der ihnen zur Verfügung stehenden Zeit ab und befürworten häufig einen Betreuungsmodus mit festen Rahmenbedingungen und flexiblen Aufenthaltsmöglichkeiten.[256] Wird eine Betreuung im Wechselmodell praktiziert, so sind die Interessen des Kindes bei der Ausgestaltung der Aufenthaltszeiten mit zu berücksichtigen.[257] Ab einem Alter von sieben bis acht Jahren verfügen Kinder über ausreichende kognitive Fähigkeiten, um eine eigene Position zur Aufteilung der verfügbaren Zeit zum Ausdruck zu bringen. Zunehmende Bedeutung gewinnt der Kindeswille zudem ab einem Alter von ca. elf Jahren, da Kinder dann zunehmend ein Bedürfnis nach eigener Beziehungsgestaltung entwickeln.[258]

Salzgeber/*Schreiner* sehen ein Entwicklungsrisiko durch eine Betreuung im Wechselmodell bei Kindern unter fünf Jahren als gegeben, vgl. FamPra.ch 2014, 66, 76.

253 *Salzgeber*, Familienpsychologische Gutachten, Rn. 549; *ders.*, NZFam 2014, 921, 926.

254 A.a.O.

255 *Klenner*, ZKJ 2006, 8, 9.

256 *Fichtner/Salzgeber*, FPR 2006, 278, 281.

257 *Heilmann*, NJW 2015, 3346, 3347.

258 A.a.O.

III. Äußere Rahmenbedingungen

Das Kind wird durch eine Scheidung der Eltern am wenigsten belastet werden, wenn sich sein Alltag so wenig wie möglich verändert.[259] Dazu zählen gleichbleibende materielle Belange, wie Spielzeug, Kleidung usw., ebenso wie psychologische Gesichtspunkte in Form der Beibehaltung von Ritualen. Stabilität kann dem Kind vor allem auch dadurch gewährt werden, dass sich sein soziales Umfeld (Kindergarten bzw. Schule, Freunde, Freizeit) infolge der Scheidung nicht verändert.[260]

Bei einer Betreuung im Wechselmodell ist eine geringe Entfernung zwischen den Wohnungen der beiden Elternteile erforderlich, um die mit den Wechseln verbundene Anstrengung möglichst gering zu halten.[261] Sobald das Kind einen Kindergarten oder Hort besucht bzw. in das Schulalter kommt, ist der gleiche Wohnort der Eltern Voraussetzung für die Praktizierung des Wechselmodells, da das Kind nur so seine Schule bzw. den Kindergarten von beiden Wohnungen aus erreichen kann. Auch die Aufrechterhaltung von Freundschaften und der Besuch von Vereinen sind für das Kind nur möglich, wenn die Eltern in derselben Stadt, bestenfalls in demselben Stadtteil leben.[262] Um dem Kind nicht das Gefühl zu geben, jede Woche umziehen zu müssen, ist zudem eine kindgerechte Ausstattung beider Elternwohnungen wichtig. Es sollte daher idealerweise in beiden Elternwohnungen ein eigenes Kinderzimmer mit ähnlicher Ausstattung an Spielzeug, Kleidung usw. haben. Zum Teil wird auch die Einräumung eines persönlichen Wohnbereichs und nicht notwendigerweise ein eigenes Kinderzimmer für ausreichend erachtet.[263]

IV. Erfahrungen mit dem Wechselmodell

Das Bundesfamilienministerium hat im Juni 2014 angekündigt, ein umfangreiches Forschungsprojekt zu den Auswirkungen von Umgangskontakten auf das Kindeswohl in Auftrag zu geben.[264] Untersucht werden soll, was das Kindeswohl nach Trennung der Eltern positiv beeinflusst, wobei auch die Auswirkungen des Wechselmodells beleuchtet werden sollen.[265] Bisher existieren nur wenige, überwiegend ausländische Studien zu den Betreuungsmodellen, vereinzelt auch zu den Folgen des Wechselmodells. Bei der Übernahme von empirischen Befunden aus dem Ausland für Deutschland ist zu berücksichtigen, dass diese auch stets von gesellschaftlichen

259 *Unzner*, FPR 2006, 274, 277.
260 A.a.O.
261 *Heilmann*, NJW 2015, 3346, 3347; 16. DFGT, Ergebnisse des Arbeitskreises 3; Grandel/Stockmann/*Seebach*, Familienrecht, S. 1513; *Fichtner/Salzgeber*, FPR 2006, 278.
262 Nach der Stellungnahme der Kinderrechtekommission des Deutschen Familiengerichtstags e.V. stellt das Wechselmodell daher im Wesentlichen ein „Großstadtmodell" dar, vgl. FamRZ 2014, 1157, 1158; so auch *Salzgeber*, NZFam 2014, 921, 923.
263 *Sünderhauf*, Wechselmodell, S. 79.
264 Pressemitteilung der CDU/CSU Fraktion v. 06.06.2014.
265 A.a.O.

Traditionen und Wertvorstellungen in den jeweiligen Ländern geprägt sind.[266] Dennoch vermitteln die Studien einen Eindruck von den Anforderungen, möglichen Auswirkungen sowie den Vor- und Nachteilen einer Betreuung im Wechselmodell.

1. *Studie 1 von* McIntosh/Smyth/Kelaher/Wells/Long

Untersuchungsgruppe der ersten Studie von *McIntosh, Smyth, Kelaher, Wells* und *Long* aus dem Jahr 2011 waren Eltern, die eine sehr konfliktbehaftete Scheidung hinter sich hatten und deren Kinder sich im Schulkind-Alter befanden. Insgesamt wurden 169 Familien über einen Zeitraum von vier Jahren in regelmäßigen Abständen befragt. Die Forscher kamen dabei zu dem Ergebnis, dass die wechselseitige Betreuung („shared care") häufig wieder zugunsten einer Rückkehr zum Residenzmodell („primary care") aufgegeben wurde, sie sich somit als weniger beständig auszeichnete.[267] Der Schlüssel für eine dauerhafte wechselseitige Betreuung sei eine gute Kooperationsfähigkeit zwischen den Eltern. Was die Zufriedenheit der beteiligten Familienmitglieder anbelangt, kam die Studie zu dem Ergebnis, dass die im Wechsel betreuten Kinder am wenigsten zufrieden mit dem Betreuungsarrangement waren, dies vor allem bei starren Aufenthaltsregelungen.[268] Ferner wurde bei diesen Kindern eine größere Einbeziehung in die Konflikte der Eltern als bei den im Residenzmodell betreuten Kindern festgestellt.[269] Nach mehr als vier Betreuungsjahren wurden bei den im Wechsel betreuten Kindern Aufmerksamkeits- und Konzentrationsprobleme sowie Schwierigkeiten bei der Bewältigung von Aufgaben festgestellt. Am meisten von mangelnder Konzentration bzw. Hyperaktivität betroffen waren Jungen, die in einem starren Wechselmodell betreut wurden.[270]

Unter Berücksichtigung der Ergebnisse dieser Studie sowie der Studie 2 zu den Auswirkungen von Übernachtungen bei Kleinkindern[271] kommen die Forscher zu dem Ergebnis, dass eine Betreuung in „shared care" als Ausgangspunkt bzw. Regelmodell für die Nachtrennungsfamilie mit Kindern unter vier Jahren nicht zu befürworten ist.[272] Bei älteren Kindern könnten die Vorteile der wechselseitigen Betreuung die Nachteile im Einzelfall überwiegen. Entscheidend sei, dass alle Betreuungsmöglichkeiten an die Entwicklung des Kindes in regelmäßigen zeitlichen Abständen angepasst werden müssten. Flexibilität sowie Ansprechbarkeit der Eltern seien der Schlüssel für das Wohlergehen des Kindes.[273] Während manche Familien

---

266 Kinderrechtekommission des DFGT, FamRZ 2014, 1157, 1158; *Salzgeber/Schreiner*, FamPra.ch 2014, 66, 68.

267 *McIntosh/Smyth/Kelaher/Wells/Long*, Family Matters 2011, 40, 42. So auch *Salzgeber*, FamRZ 2015, 2018, 2021.

268 A.a.O.

269 *McIntosh/Smyth/Kelaher/Wells/Long*, Family Matters 2011, 40, 43.

270 A.a.O.

271 Siehe oben unter B. I. 2. b) aa).

272 *McIntosh/Smyth/Kelaher/Wells/Long*, Family Matters 2011, 40, 47.

273 A.a.O.

für das Wechselmodell bereit und geeignet seien, könnten sich andere Familien nur schrittweise und mit Unterstützung dahin entwickeln. Für eine kleine Gruppe von Familien könne das Wechselmodell hingegen niemals das geeignete Betreuungsmodell sein.[274]

2. *Studie von* Maccoby/Mnookin

In ihrer im Jahr 1994 veröffentlichten Studie haben *Maccoby* und *Mnookin* über einen Zeitraum von drei Jahren Befragungen mit 1100 Scheidungsfamilien aus Kalifornien durchgeführt sowie deren Gerichtsakten ausgewertet.[275] Die erste Befragung führten sie kurz nach Einreichung des Scheidungsantrags, die zweite Befragung ein Jahr und die letzte Befragung drei Jahre nach der Scheidung durch.[276] In einer von sechs Familien übten die Eltern ihr Sorgerecht in sog. „joint physical custody" in der Weise aus, dass die Kinder zwischen einem Drittel und der Hälfte ihrer Zeit (welche nach Übernachtungen bemessen ist) bei beiden Elternteilen verbrachten, indem sie in der Regel alle zwei Wochen zwischen den Haushalten der Eltern wechselten.[277]

Die Vereinbarung einer Doppelresidenz-Betreuung als auch die einer Hauptbetreuung durch den Vater erwies sich als weniger stabil gegenüber der Hauptbetreuung durch die Mutter. Rückblickend betrachtet hatten fünf von sechs Kindern, die zum Zeitpunkt der letzten Befragung bei der Mutter lebten, dies auch bereits zum Zeitpunkt der ersten Befragung getan.[278] Bei der Gruppe der wechselnden Betreuung als auch der Hauptbetreuung durch den Vater war es hingegen nur die Hälfte.[279] Die Auswertung der Elternbefragungen ergab, dass die Doppelresidenz des Kindes für Eltern den Vorteil hat, für eine bestimmte Zeit regelmäßig von den elterlichen Verpflichtungen befreit zu sein, aber andererseits auch besondere Anforderungen an sie stellt.[280] Die Vereinbarung und Durchführung der Aufenthaltswechsel des Kindes, die Anpassung an Veränderungen im Leben beider Elternteile durch bspw. Umzug oder einen neuen Partner koste Mühe und Zeit. Nach der Feststellung von *Maccoby* und *Mnookin* entscheiden sich Eltern, die mehr als ein Kind haben oder ein

---

274 A.a.O.

275 *Maccoby/Mnookin*, FamRZ 1995, 1.

276 A.a.O.

277 In der Studie wird zwischen „joint legal custody", was im deutschen Familienrecht dem elterlichen Sorgerecht entspricht, und „joint physical custody", womit die Wahrnehmung der tatsächlichen gemeinsamen Sorge, jedoch nicht zwingend auch die hälftige zeitliche Aufteilung gemeint ist, unterschieden *(Maccoby/Mnookin*, FamRZ 1995, 1). In der deutschen Übersetzung wird die dem Wechselmodell am nächsten kommende Betreuungsform als Doppelresidenz des Kindes bezeichnet, vgl. *Maccoby/Mnookin*, FamRZ 1995, 1, 3.

278 *Maccoby/Mnookin*, FamRZ 1995, 1, 6.

279 A.a.O.

280 *Maccoby/Mnookin*, FamRZ 1995, 1, 7.

Kind haben, das noch sehr klein ist, seltener für das Wechselmodell.[281] Zudem raten *Maccoby* und *Mnookin* von einer gerichtlichen Anordnung dieses Modells ab: Bei den Familien, in denen zumindest ein Elternteil die Doppelresidenz ablehnte, war die Prognose für eine Kooperation der Eltern bei der Betreuung äußerst schlecht.[282]

Ein weiteres Thema der Studie war die Qualität der ko-elterlichen Interaktion. Die Forscher konnten nach Durchführung ihrer Studie die elterlichen Beziehungen in den Familien, in denen sich die Kinder abwechselnd in beiden Haushalten aufhielten, in drei unterschiedliche Kategorien unterteilen: das kooperative, das konfliktträchtige und das losgelöste Muster.[283] Zum Zeitpunkt der letzten Befragung war die Losgelöstheit das häufigste Muster. Dieses zeichnet sich durch einen parallelen Rollenvollzug bei geringer Kommunikation aus. Interessanterweise kam diese Art der elterlichen Interaktion bei Familien mit Säuglingen, Klein- und Vorschulkindern weniger häufig vor als bei Familien mit älteren Kindern. Die Befragung der Eltern von kleinen Kindern ergab dabei, dass sie mehr Vereinbarungen und Absprachen treffen mussten und demzufolge mehr Kommunikation und mehr Streit hatten. Wechselten Kinder im Schulalter regelmäßig zwischen den Haushalten der Eltern hin und her, übernahmen diese einen Teil der Absprachen, was weniger Kommunikation zwischen den Eltern erforderlich machte.[284]

Zu den Auswirkungen der unterschiedlichen Muster der ko-elterlichen Interaktionen auf das Kindeswohl führen die Forscher weiter aus, dass eine gute Kooperation zwischen den Eltern für die Kinder psychologische, soziale als auch ökonomische Vorteile habe, während die Kinder bei einer konfliktträchtigen Beziehung der Eltern leicht zwischen die Fronten geraten.[285] Ein losgelöstes Verhältnis, bei dem die Kinder aufgrund der geringen Kommunikation der Eltern auch weniger Konflikte miterleben, sei besser als ein konfliktbeladenes Verhältnis, jedoch schlechter als ein kooperatives.[286] Insgesamt konnte kein Zusammenhang zwischen der Qualität der Beziehung der Eltern und der Wahl des Betreuungsmodells festgestellt werden; die drei Muster der elterlichen Interaktion waren gleichmäßig unter den Betreuungsmodellen verteilt. Insbesondere konnte die Annahme, dass kooperative Eltern häufiger die Doppelresidenz für das Kind wählten, nicht bestätigt werden.[287] Tatsächlich wählten sogar 44 % der an der Studie teilnehmenden als Hochkonflikt-Familien eingestuften Familien das Wechselmodell als Betreuungsform, was darauf hindeutet, dass eine wechselseitige Betreuung häufig als Konfliktlöser genutzt wurde.[288] Führte der elterliche Konflikt zu einer gerichtlichen oder außergerichtlichen Verhandlung über das Sorgerecht für das Kind und dessen Betreuung, so näherte sich

281 A.a.O.
282 *Maccoby/Mnookin*, Dividing the child, S. 242 f.
283 A.a.O.
284 A.a.O.
285 A.a.O.
286 A.a.O.; *dies.*, FamRZ 1995, 1, 11.
287 A.a.O.
288 *Maccoby/Mnookin*, Dividing the child, S. 152.

das Betreuungsverhältnis am Ende der Konfliktpyramide einer 50:50-Aufteilung zwischen den Eltern.[289] Die Praktizierung dieses Betreuungsmodells führte aber weder zu weniger Konflikten noch zu einer verbesserten Kooperation zwischen den Eltern.[290] *Maccoby* und *Mnookin* äußern schwere Bedenken gegenüber einer Betreuung im Wechselmodell, wenn die Beziehung der Eltern konfliktgeladen ist, da die Kinder auf diese Weise in den elterlichen Konflikt hineingezogen würden.[291]

3. *Studie von* McKinnon/Wallerstein

Im Zeitraum von 1981 bis 1985 befragten die US-amerikanischen Forscherinnen *McKinnon* und *Wallerstein* 25 Familien aus Kalifornien, die eine Betreuung von Kindern im Alter von 14 Monaten bis unter fünf Jahre einvernehmlich im Wechsel[292] praktizierten.[293] Die Eltern entschlossen sich aus unterschiedlichen Beweggründen zu einer Betreuung im Wechselmodell. Für ein Drittel der Eltern war das entscheidende Motiv, dem Kind den größtmöglichen Kontakt zu beiden Elternteilen zu ermöglichen.[294] Bei anderen spielten auch praktische und ökonomische Gründe eine Rolle, so zum Beispiel, dass keiner der beiden Elternteile das eigene Berufs- oder Sozialleben für die Kindesbetreuung einschränken wollte und daher auf eine Mitbetreuung durch den anderen Elternteil angewiesen war.[295] Erfolgte die Scheidung nicht einvernehmlich, sahen manche Elternteile in dem Wechselmodell einen Weg, an der Beziehung zum anderen festzuhalten bzw. diejenigen, die aufgrund der Scheidung Schuldgefühle hatten, ein Mittel zur Wiedergutmachung.[296]

Insgesamt kamen die Forscherinnen zu dem Ergebnis, dass eine gute Kooperationsbereitschaft und enge Zusammenarbeit zwischen den Eltern besonders wichtig, aber auch selten war.[297] Die Gefahren des Wechselmodells bestünden darin, dass sich infolge der Aufteilung der Betreuung beide Elternteile nicht mehr in der Verantwortung für das Kind sehen und dieses von beiden Elternteilen vernachlässigt würde.[298]

---

289 *Maccoby/Mnookin*, FamRZ 1995, 1, 5. So auch *Dettenborn/Walter*, Familienrechtspsychologie, S. 228.

290 *Maccoby/Mnookin*, Dividing the child, S. 248; *dies.*, FamRZ 1995, 1, 7.

291 *Maccoby/Mnookin*, FamRZ 1995, 1, 11 f.

292 Die wechselseitige Betreuung wird in der Studie allgemein als „joint custody" bezeichnet. In den meisten Familien bestand eine Betreuungsaufteilung von nahezu 50:50, häufig verbrachte das Kind drei Tage bei dem einen und 4 Tage bei dem anderen Elternteil. Andere Kinder wechselten wöchentlich, zweiwöchentlich oder änderten ihre Aufenthaltszeiten von Woche zu Woche. Zwei Familien praktizierten die wechselseitige Betreuung in Form des Nestmodells, vgl. *McKinnon/Wallerstein*, Behavioral Sciences & the Law 1986, 170, 171.

293 *McKinnon/Wallerstein*, Behavioral Sciences & the Law 1986, 170.

294 *McKinnon/Wallerstein*, Behavioral Sciences & the Law 1986, 170, 172.

295 *McKinnon/Wallerstein*, Behavioral Sciences & the Law 1986, 170, 173.

296 *McKinnon/Wallerstein*, Behavioral Sciences & the Law 1986, 170, 173 f.

297 *McKinnon/Wallerstein*, Behavioral Sciences & the Law 1986, 170, 176.

298 A.a.O.

Zudem könne die notwendige enge und harmonische Kooperation der Eltern sehr leicht durch neue Partnerschaften gestört werden.[299] Belastend für die Kinder sei die Betreuung dann gewesen, wenn die Eltern unterschiedliche Erziehungsstile hatten oder ihre Beziehung feindselig war.[300] Durch die gleichmäßige Betreuung konnten die Kinder zudem nicht von der durch die Scheidung der Eltern hervorgerufene Angst und Trauer bewahrt werden; diesbezüglich unterschieden sich die Wechselmodell-Kinder nicht von anderen Scheidungskindern.[301]

Entgegen der Erwartung der Forscherinnen erwiesen sich die zu Anfang der Betreuung vereinbarten Zeitpläne zum Wechsel der Kinder als relativ starr und wurden kaum an die Bedürfnisse der Kinder angepasst. Denn die Eltern waren aufgrund eigener Arbeitszeiten, der Kindergarten- und Schulzeiten, der Verfügbarkeit einer Fremdbetreuung sowie aufgrund eigener sozialer Pflichten (Freundschaften, neue Partner) in der Ausgestaltung der Betreuung stark eingeschränkt.[302] Nach eigener Aussage der Eltern, verliefen die Übergaben der Kinder stets problematisch, da die Kinder Angst hätten, in ihrer Abwesenheit hätte sich etwas verändert. Der ständige Wechsel zwischen zwei Elternhäusern, so *McKinnon* und *Wallerstein*, verstärke die Angst vor fehlender Bindung und Stabilität nur noch.[303] Überraschenderweise konnten die Kinder im Alter von unter drei Jahren besser mit den ständigen Wechseln umgehen als die Kinder, die zwischen drei und fünf Jahre alt waren. Den Grund hierfür vermuten die Forscherinnen in der steigenden Komplexität des Alltagslebens mit zunehmendem Alter des Kindes sowie dem größeren Bewusstsein älterer Kinder für die Veränderungen im Familienleben.[304]

4. *Abhandlung von* Fehlberg/Smyth

In einer Abhandlung der Universität Oxford von 2011 beschäftigten sich *Fehlberg* und *Smyth* mit den Vor- und Nachteilen des „shared parenting“[305]. Sie kommen zu dem Ergebnis, dass das Wohlergehen des Kindes nach einer Trennung seiner Eltern hauptsächlich von der Qualität der Betreuung, der Beziehung zwischen den Eltern sowie von äußeren Umständen, wie einem angemessenen Zuhause und Einkommen der Eltern, hingegen nicht von einer bestimmten Betreuungsform oder einem bestimmten zeitlichen Betreuungsumfang beeinflusst werde.[306] Die Qualität sei somit

299 *McKinnon/Wallerstein*, Behavioral Sciences & the Law 1986, 170, 178.
300 *McKinnon/Wallerstein*, Behavioral Sciences & the Law 1986, 170, 177.
301 *McKinnon/Wallerstein*, Behavioral Sciences & the Law 1986, 170, 178 f.
302 *McKinnon/Wallerstein*, Behavioral Sciences & the Law 1986, 170, 171 f.
303 *McKinnon/Wallerstein*, Behavioral Sciences & the Law 1986, 170, 179 f.
304 *McKinnon/Wallerstein*, Behavioral Sciences & the Law 1986, 170, 182 f.
305 Der in Großbritannien verwendete Begriff „shared parenting" meint die, unabhängig von der Ausgestaltung des elterlichen Sorgerechts bestehende, gleichmäßige Aufteilung der Betreuungszeiten und entspricht daher dem hier zugrunde gelegten Begriff des Wechselmodells, vgl. *Fehlberg/Smyth*, Family policy briefing 7, S. 2.
306 *Fehlberg/Smyth*, Family policy briefing 7, S. 6.

wichtiger als die Häufigkeit der Eltern-Kind-Kontakte.[307] Zudem ließe sich die Frage des optimalen zeitlichen Betreuungsumfangs nicht verallgemeinern, da alle Familien unterschiedlich sind und bei der Wahl des Betreuungsmodells auch berücksichtigt werden müsse, auf welche Weise sich die Eltern die Versorgung des Kindes vor ihrer Trennung aufgeteilt haben. Ein Zusammenhang zwischen einer Betreuung im Wechselmodell und sich damit verbessernden Auswirkungen auf die Kinder sei durch empirische Untersuchungen nicht festgestellt worden.[308] Ist die Beziehung der Eltern konfliktträchtig, wirke sich eine Betreuung im Wechselmodell sehr wahrscheinlich schädlich auf das Kind aus.[309] Zum Teil wird das sog. „parallel parenting" (die Eltern haben wenig Kontakt und vermeiden auch die direkte Übergabe des Kindes) als Mittel zur Eindämmung der Elternkonflikte vorgeschlagen. Kliniker seien sich jedoch einig, dass das Kind durch eine parallele Betreuung zusätzlichen Belastungen ausgesetzt sei.[310]

Insgesamt gelangen die britischen Forscher zu dem Ergebnis, dass sich jede Betreuungsform positiv und negativ auf das Kind auswirken könne und letztlich eine Frage der Umstände des Einzelfalls ist.[311] Eine Betreuung im Wechselmodell berge jedoch höhere Risiken als andere Betreuungsformen für das Kind, wenn der Verdacht von Gewaltausübungen innerhalb der Familie besteht, die Beziehung der Eltern von tiefgreifenden Konflikten bestimmt oder das Kind unter vier Jahre alt ist.[312]

5. *Studie von* Haugen

Norwegische Studien zum Wechselmodell kamen zu dem Ergebnis, dass bei bestehender Kooperationsbereitschaft der Eltern, einem niedrigen Konfliktgrad zwischen ihnen und einer geringen Entfernung ihrer Wohnungen das Wechselmodell am kindeswohlförderlichsten ausgeübt werde.[313] Die norwegische Soziologin *Haugen* führte 2010 Befragungen mit 15 Familien, die das Wechselmodell in verschiedenen

307 A.a.O.

308 A.a.O.

309 Zur überwiegend ablehnenden Haltung eines Wechselmodells bei einer hoch konflikthaften Elternbeziehung: *Rohmann*, FPR 2013, 307, 310; *Kostka*, FPR 2006, 271, 273; *Unzner*, FPR 2006, 274, 277. *Heilmann* zieht dies aus einem Erst-Recht-Schluss zu den Erkenntnissen aus der Umgangsforschung, wonach sich häufige Umgangskontakte im Falle eines hohen Konfliktniveaus negativ auf das Kind auswirken, vgl. *Heilmann*, NJW 2015, 3346, 3347. Anders hingegen *Fichtner/Salzgeber*, die in einer Erprobung des Wechselmodells bei hochkonflikthaften Eltern eine vorläufige Beruhigung der Eltern im Kampf um das Kind sehen, vgl. *Fichtner/Salzgeber*, FPR 2006, 278, 283 sowie *Salzgeber*, NZFam 2014, 921, 929.

310 *Fehlberg/Smyth*, Family policy briefing 7, S. 8.

311 Hierzu gelangt auch eine schwedische Studie von 2004, s. Nachweis bei *Singer*, Utrecht Law Review 2008, 35, 40.

312 *Fehlberg/Smyth*, Family policy briefing 7, S. 13.

313 *Haugen*, Children & Society 2010, 112, 114.

Variationen praktizierten, durch.[314] Neun der 15 Kinder im Alter von neun bis 18 Jahren wechselten ihren Aufenthalt wöchentlich von einem Elternteil zum anderen, während zwei Kinder jeweils im zweiwöchigen und ein Kind im monatlichen Rhythmus wechselte.[315] Drei im Wechselmodell betreute Brüder praktizierten häufigere Wechsel mit kurzen Aufenthalten von 3–4 Tagen.[316]

Entsprechend der Ergebnisse ihrer Befragungen unterteilte *Haugen* die Familien in drei Kategorien. Die Kinder der ersten Gruppe („flexible time-sharing group") hatten flexible Aufenthaltszeiten bei beiden Elternteilen, d.h. sie hatten jeden Tag die Freiheit, selbst zu entscheiden, wann sie sich bei welchem Elternteil aufhielten und zeigten eine große Zufriedenheit mit dem Betreuungsarrangement. Die Eltern aus der flexible time-sharing group verhielten sich gegenüber ihren Kindern sehr einfühlsam und respektierten ihre Entscheidungen. Die Kinder der zweiten Gruppe („ambiguous time-sharing group") schätzten die gleichmäßige Aufteilung der Aufenthaltszeiten bei beiden Elternteilen, brachten aber gleichzeitig eine gewisse Zwiegespaltenheit zum Ausdruck.[317] Dem Vorteil, beide Eltern häufig zu sehen, stünden nach Aussage der Kinder die Belastungen und Anstrengungen, die mit den Wechseln verbunden seien, gegenüber. Auch wenn die Eltern aus dieser Gruppe ausreichend kooperierten, erschien ihre Beziehung etwas konfliktbelasteter als die der Eltern aus Kategorie eins.[318]

Eine Kategorie für sich und damit die dritte Kategorie bildete eine der 15 Familien, welche als einzige ein Wechselmodell mit strikten Aufenthaltszeiten praktizierte („rigid time-sharing group").[319] Auch wenn es sich um einen Einzelfall handelt, zeigt die Geschichte dieser Familie, dass das Wechselmodell als Betreuungsform mitunter eingesetzt wird, um vordergründig die Interessen der Eltern zu Lasten der Kinder durchzusetzen.[320] Die Beziehung der Eltern war nach der Scheidung hoch konfliktgeladen. Es war beiden Eltern bewusst, dass die zum Zeitpunkt der Scheidung 11-jährige Tochter gerne im Haushalt der Mutter gelebt hätte.[321] Auf Druck des Vaters wurde jedoch eine Betreuung im Wechselmodell vereinbart. Die Mutter fühlte sich aufgrund der Tatsache, dass ausschließlich sie den Entschluss zur Scheidung getroffen hatte, in der Schuld des Vaters und akzeptierte dies. Der Vater beharrte

314 *Haugen*, Children & Society 2010, 112, 113.

315 A.a.O.

316 A.a.O.

317 *Haugen*, Children & Society 2010, 112, 116.

318 A.a.O.

319 *Haugen*, Children & Society 2010, 112, 117.

320 Auch eine niederländische Studie gelangt zu dem Ergebnis, dass die wechselnde Betreuung mehr Vorteile für die Eltern als für die Kinder bringe, da sie ihnen eine größere Freiheit bei der eigenen Lebensplanung unter Beibehaltung der Bindungen zum Kind ermögliche. Das Kind gewinne ebenfalls engere familiäre Bindungen, sei jedoch gleichzeitig erhöhtem Stress und Anstrengungen ausgesetzt, vgl. *Sodermans*, Parenting apart together, S. 196, 199.

321 *Haugen*, Children & Society 2010, 112, 118.

auf der Einhaltung strikter Aufenthaltszeiten und einen wöchentlichen Wechsel. Zum Zeitpunkt der Befragung war die Tochter 17 Jahre alt und lebte somit schon seit sechs Jahren in diesem Zustand, den sie selbst als anstrengend und belastend beschreibt.[322] Auch die Mutter, welche sich der Probleme ihrer Tochter bewusst war, sah sich nicht in der Lage die Betreuungssituation mit dem Vater neu zu verhandeln und führte aus, dass eine Veränderung zu großem Ärger mit ihm führen würde, was sie in jedem Fall zu vermeiden versuche.[323] Zudem genieße sie es, jede zweite Woche keine Verantwortung für jemand anderes tragen zu müssen, auch wenn sie die Tochter während ihrer Abwesenheit vermisse.[324]

Insgesamt zieht *Haugen* aus ihrer Untersuchung die Schlussfolgerung, dass Kinder aus Hochkonflikt-Familien nicht von einer Betreuung im Wechselmodell profitieren.[325] Zudem werde das Wechselmodell in der besten Weise für das Kind praktiziert, wenn dieses ein Mitspracherecht bei der Ausgestaltung habe und deren Meinung und Entscheidungen respektiert würden.[326]

6. *Studien von* Gebur *und* Frigger

Im Rahmen ihrer Bachelorarbeit von 2014 befragte *Gebur* fünf Elternpaare aus Berlin und Umgebung, die seit ihrer Trennung eine abwechselnde Betreuung im zeitlichen Verhältnis von 50:50 bis 40:60 praktizierten, zu ihren Erfahrungen mit dieser Betreuungsform.[327] Im Ergebnis bestätigt *Gebur* die Erkenntnisse von *Maccoby* und *Mnookin*, wonach eine bestehende Hochstrittigkeit zwischen den Eltern durch das Wechselmodell nicht abnahm, sondern eine Belastung für das Kind darstellte.[328] Den anhaltenden Kontakt zum anderen Elternteil empfanden die Eltern als problematisch.[329] Als Motive und Vorteile des Wechselmodells führten die Eltern überwiegend selbstbezogene Aspekte auf, wie etwa die Verbesserung von Chancen im Berufsleben, die Verringerung der Doppelbelastung durch Kinderbetreuung und Erwerbstätigkeit sowie der Gewinn von freier Zeit für sich während der kinderfreien Tage.[330]

Zu einem anderen Ergebnis gelangt *Frigger*, der im Rahmen seiner Diplomarbeit (2008) 15 Elternpaare, die eine Betreuung im Wechselmodell praktizierten und zum Teil als hochstrittig eingestuft wurden, befragte.[331] *Frigger* gelangt zu dem Fazit, dass auch in konflikthaften Familien eine Betreuung im Wechselmodell funktionierte, da die Eltern dennoch gut kooperieren und sich auf ihre Elternrolle konzentrieren

322 A.a.O.
323 *Haugen*, Children & Society 2010, 112, 118 f.
324 *Haugen*, Children & Society 2010, 112, 119.
325 A.a.O.
326 A.a.O.
327 *Gebur*, Erziehung im Wechselmodell, S. 33.
328 *Gebur*, Erziehung im Wechselmodell, S. 55.
329 *Gebur*, Erziehung im Wechselmodell, S. 54.
330 *Gebur*, Erziehung im Wechselmodell, S. 56.
331 Zum Folgenden *Frigger*, Heute hier, morgen dort?, S. 108.

konnten. Selbst bei einem großen Spannungsfeld in der Familie kämen die Kinder mit der Betreuung im Wechselmodell zurecht. Nur eine geringe Anzahl an Familien war derart zerstritten, dass eine Verschlechterung der Lebenssituation des Kindes angenommen werden konnte.

V. Zusammenfassung und Fazit

Die Frage, ob eine wechselseitige Betreuung durch die Eltern dem Kindeswohl dient, kann nicht einheitlich mit ja oder nein beantwortet werden.[332] Die von *Haugen*, *Gebur* und *Frigger* dargestellten Erfahrungen zeigen, in welch unterschiedlicher Weise sich eine Betreuung im Wechselmodell auf die Kinder und Eltern auswirken kann. Ob das Wechselmodell die richtige Betreuungsform für eine Familie darstellt, ist daher immer eine Frage des Einzelfalls.

Gleichfalls lassen sich gewisse Mindestvoraussetzungen definieren, ohne die sich die abwechselnde Betreuung negativ auf die Entwicklung und das Wohlergehen des Kindes auswirkt. Weitestgehende Einigkeit besteht bei dem Erfordernis einer Kooperationsbereitschaft sowie der Warnung vor einer Praktizierung des Wechselmodells in Hochkonfliktfamilien. Eine Deeskalierung bestehender Konflikte scheint durch eine wechselseitige Betreuung der Eltern nicht stattzufinden, vielmehr werden die Kinder in diese Konflikte hineingezogen, was sich auf Dauer negativ auf ihre Entwicklung auswirken kann. Bei der konkreten Ausgestaltung sollten die Interessen des Kindes im Mittelpunkt stehen, wobei eine ständige Anpassung der Aufenthaltszeiten an seine Bedürfnisse notwendig ist. Auf einheitliche Ablehnung stößt daher auch das starre Wechselmodell. Bei der Beurteilung der Vor- und Nachteile des Wechselmodells sollten die Elterninteressen nicht mit den Interessen des Kindes gleichgesetzt werden. In den Befragungen der Wechselmodell-Eltern kommt mitunter zum Ausdruck, dass die abwechselnde Betreuung vor allem für ihr Erwerbs- und Freizeitleben Vorteile bietet.

Als äußere Rahmenbedingungen sind eine räumliche Nähe zwischen den Elternwohnungen sowie eine kindgerechte Ausstattung beider Wohnungen unerlässlich, um die Belastungen für das Kind durch die häufigen Wechsel gering zu halten. Von der Statuierung eines Wechselmodells bei Kindern im Alter von unter vier Jahren ist abzuraten. Zum einen können Übernachtungen in diesem Alter zu Verhaltensauffälligkeiten des Kindes und einer Störung der Bindungssicherheit zur Mutter führen. Zum anderen muss in diesen Altersphasen eine häufige Kommunikation zwischen den Eltern stattfinden, weshalb sich eine schlechte Kommunikations- oder Kooperationsbereitschaft der Eltern noch stärker auf das Kind auswirkt.

Aufgrund der vielen Herausforderungen und Anforderungen, die mit einer Betreuung im Wechselmodell einhergehen, stellt das Wechselmodell zwar kein

332 So auch *Salzgeber*, NZFam 2014, 921, 924.

Regelmodell für die Kindesbetreuung nach Trennung und Scheidung dar.[333] Sofern die Eltern das Kind bereits vor ihrer Trennung gleichermaßen betreut haben sowie die Fähigkeit und Bereitschaft zur Zusammenarbeit aufweisen, keine Konflikte vor dem Kind austragen, das Kind zumindest im Kindergartenalter ist, die konkrete Ausgestaltung der Betreuung flexibel an dessen Bedürfnisse angepasst wird und die äußeren Rahmenbedingungen gegeben sind, dürfte sich das Wechselmodell jedenfalls nicht negativ auf das Kind auswirken.[334] Unter diesen Voraussetzungen könnte das Kind von einer Betreuung im Wechselmodell profitieren, da es zu beiden Elternteilen einen umfangreichen Kontakt aufrechterhalten kann. Durch die Vielzahl der Anforderungen kommt gleichzeitig zum Ausdruck, dass eine Betreuung im Wechselmodell höhere Risiken für das Wohlergehen des Kindes birgt, als dies bei einer Praktizierung des Residenzmodells der Fall ist. Wichtiger als die Wahl des Betreuungsmodells dürfte in diesem Zusammenhang jedoch immer die Qualität der elterlichen Betreuung sein.[335]

Überblick
Voraussetzungen für eine Betreuung im Wechselmodell

Anforderungen an die Eltern
- Kooperationsbereitschaft und Kommunikationsfähigkeit
- Bereitschaft zu häufigen Absprachen
- Angemessener Umgang mit Konflikten: Kein Wechselmodell in Hochkonfliktfamilien bzw. bei Austragung von Konflikten vor dem Kind
- Motive der Eltern für das Wechselmodell sind kindeswohlorientiert
- Gleichberechtigte Betreuung des Kindes durch beide Elternteile bereits vor der Trennung/Scheidung

Voraussetzungen bzgl. des Kindes
- Kindesalter von mindestens vier Jahren
- Stabile Beziehung zu beiden Elternteilen
- Berücksichtigung des Kindeswillens

---

333 *Salzgeber*, NZFam 2014, 921, 929; *Dettenborn/Walter* weisen darauf hin, dass eine gesetzlicher Verankerung des Wechselmodells als Regelfall gefährliche Konsequenzen für die Kinder haben könne, vgl. *Dettenborn/Walter*, Familienrechtspsychologie, S. 233.

334 So auch *Kostka*, FPR 2006, 271, 273. Eine Auflistung der eine Betreuung im Wechselmodell unterstützenden Faktoren findet sich auch bei *Salzgeber/Schreiner*, FamPra.ch 2014, 66, 72 sowie *Heilmann*, NJW 2015, 3346, 3347.

335 So auch *Salzgeber*, nach dessen Auffassung nicht anzunehmen sei, dass das Wechselmodell prinzipiell oder in der Regel dem Kindeswohl dient, vgl. *Salzgeber*, FamRZ 2015, 2018, 2024.

Äußere Rahmenbedingungen

- Räumliche Nähe der Elternwohnungen
- Kindgerechte Ausstattung beider Elternwohnungen
- Flexible Anpassung der Betreuungszeiten an veränderte Lebensverhältnisse der Eltern und des Kindes

Drittes Kapitel: Das Wechselmodell im Sorge- und Umgangsrecht

A. Rechtsvergleichender Überblick

In manchen europäischen als auch außereuropäischen Rechtsordnungen hat das Wechselmodell als Betreuungsform Eingang in das Gesetz gefunden.

In Australien ist die Möglichkeit einer wechselseitigen Kindesbetreuung nach Trennung der Eltern im Family Law Amendment Act 2006 (FLAA 2006) gesetzlich geregelt. Sind sich die Eltern über den Lebensmittelpunkt des Kindes uneinig, entscheidet das Gericht in der Regel, welchem Elternteil das Bestimmungsrecht zukommt.[336] Besteht ein gemeinsames Sorgerecht, kann das Gericht auf Antrag eines Elternteils auch anordnen, dass das Kind bei beiden Elternteilen gleichmäßig viel Zeit verbringt (Section 65DAA des FLAA 2006). Neben der Wohnortnähe und dem Kindeswillen ist bei dieser Entscheidung unter anderem zu berücksichtigen, ob die Eltern in der Lage sind, sich in Kindesangelegenheiten abzusprechen, ob sie in wesentlichen Erziehungsfragen übereinstimmen und Respekt voreinander als Elternteil haben.[337]

In Österreich ist in den §§ 179 Abs. 2, 180 Abs. 2 S. 3 AGBGB vorgeschrieben, dass nach der Trennung der Eltern festgelegt werden muss, in wessen Haushalt das Kind seinen hauptsächlichen Aufenthalt haben soll. Mit Entscheidung vom 09.10.2015 hat der österreichische Verfassungsgerichtshof (VfGH) entschieden, dass diese Regelungen wegen Art. 8 EMRK dahingehend auszulegen sind, dass auch die Festlegung einer Doppelresidenz des Kindes durch elterliche Vereinbarung oder gerichtliche Festlegung möglich ist, wenn dies dem Kindeswohl am besten entspricht.[338]

Auch in England und Wales kann das Gericht bestimmen, dass die Entscheidung über den Wohnort des Kindes beiden Elternteilen zusteht, sofern dies den Kindesinteressen dient.[339] Dem Gericht kommt dabei auch die Befugnis zu, die Aufenthaltszeiten des Kindes festzulegen.[340] Mit dem Children and Families Act 2014 wurde in Section 1 (2A) eine gesetzliche Vermutung für die Kindeswohldienlichkeit der Mitwirkung beider Elternteile am Leben des Kindes eingeführt. Darin ist jedoch keine gesetzliche Präferenz für ein bestimmtes Betreuungsmodell enthalten, da nach der Legaldefinition der elterlichen Mitwirkung in Section 1 (2B) jede Art der Beteiligung unabhängig von ihrem zeitlichen Umfang erfasst ist.[341]

---

336 Rieck/*Thistleton*, Länderteil Australien, S. 11.
337 Rieck/*Thistleton*, Länderteil Australien, S. 12.
338 Österr. VfGH, FamRZ 2016, 32.
339 So in dem Präzedenzfall D v D (Shared Residence Order) 2001 1 FLR 495, 20.11.2000.
340 Rieck/*Woelke*, Länderteil England und Wales, S. 12.
341 *Scherpe/Sloan*, FamRZ 2015, 1547, 1550.

Das französische Recht sieht bei Uneinigkeit der Eltern über den Wohnort des Kindes eine Möglichkeit zur vorläufigen Anordnung eines abwechselnden Aufenthalts bei beiden Elternteilen in Art. 373-2-9 Code civil vor. Erst nach Ablauf der Frist zur Erprobung des Wechselmodells entscheidet das Gericht endgültig über den Aufenthaltsort des Kindes, welcher bei einem Elternteil oder abwechselnd bei beiden Elternteilen festgelegt werden kann (Art. 373-2-9 Code civil). In der Schweiz können durch gerichtliche Entscheidungen eine geteilte Obhut der Eltern angeordnet und die konkreten Betreuungsanteile festgelegt werden (Art. 133 Abs. 1 Nr. 2 ZGB). Das Gericht hat hierbei alle Faktoren zu berücksichtigen, die für das Kindeswohl maßgeblich sind. Hierzu zählen u. a. Wohnortnähe und Kooperationsfähigkeit der Eltern, Bedürfnisse und Wille des Kindes und die bisherige Betreuungssituation.[342]

Das schwedische Familienrecht trennt die Frage des Sorgerechts von der Festlegung des Wohnortes des Kindes.[343] Sind sich die Eltern diesbezüglich uneinig, legt das Gericht auf Antrag eines Elternteils den Wohnort des Kindes fest.[344] Ein wechselweises Wohnen zu gleichen Anteilen bei beiden Elternteilen regelt das Gericht nur, sofern sich die Eltern darauf einigen.[345] Auch in Tschechien kann das Gericht anordnen, dass die Eltern sich bei der Betreuung des Kindes abwechseln, wenn dies den Bedürfnissen und Interessen des Kindes entspricht, beide Elternteile in der Lage sind, das Kind aufzuziehen und an der Erziehung interessiert sind (§ 26 Abs. 2 des tschechischen FamG).[346]

In Belgien ist seit einer Gesetzesänderung aus dem Jahr 2006 eine abwechselnde Betreuung durch beide Elternteile sogar als vorrangige Betreuungsform zu berücksichtigen, wobei auch hier das Kindeswohl maßgeblich ist (§ 2 Abs. 2 des Gesetzes 374 bBGB). Bis zu dieser Reform hatte das Kind in den meisten Fällen seinen Lebensmittelpunkt bei einem Elternteil, in der Regel bei der Mutter.[347] Aufgrund von Forderungen in der Politik für eine bessere Gleichberechtigung zwischen Vätern und Müttern in diesem Bereich wurde die abwechselnde Betreuung als Grundmodell gesetzlich verankert, von welchem nur mit entsprechender Begründung abgewichen werden kann.[348]

B. Rechtssystematische Einordnung des Wechselmodells

Maßgeblich für die Beurteilung der Umsetzung sowie einer evtl. gerichtlichen Anordnung des Wechselmodells ist seine rechtssystematische Einordung in den Bereich des Sorge- oder Umgangsrechts. Dies wird sowohl innerhalb der Rechtsprechung als auch der Literatur unterschiedlich betrachtet. Um die Zuordnung des

---

342 Rieck/*Woelke*, Länderteil Schweiz, S. 12.
343 Rieck/*Woelke*, Länderteil Schweden, S. 25.
344 A.a.O.
345 A.a.O.
346 Rieck/*Rombach*, Länderteil Tschechien, S. 13.
347 Bergmann/Ferid/Henrich/*Pintens*, Länderteil Belgien, S. 57.
348 A.a.O.

Wechselmodells in eine der beiden Bereiche beurteilen zu können, sind zunächst Inhalt und Zweck des Sorgerechts und des Umgangsrechts näher zu beleuchten.

I. Inhalt und Zweck der elterlichen Sorge

Das Sorgerecht umfasst die Vermögenssorge, mithin das Recht und die Pflicht zur unentgeltlichen Verwaltung des Kindesvermögens, und die Personensorge, welche gemäß § 1631 Abs. 1 BGB die Pflege, Erziehung, Beaufsichtigung und Aufenthaltsbestimmung sowie gemäß § 1632 Abs. 1, 2 BGB das Recht, den Umgang mit dem Kind zu bestimmen und die Herausgabe des widerrechtlich vorenthaltenen Kindes zu verlangen, beinhaltet. Elterliche Sorge meint die Fürsorge für das Kind als aktiv unterstützendes Tun und umfasst in beiden Sorgebereichen die gesetzliche Vertretung des Kindes (§ 1629 BGB) und die tatsächliche Sorge.[349] Sie ist einerseits subjektives Recht der Eltern und begründet gleichzeitig elterliche Pflichten gegenüber dem Kind (sog. pflichtgebundenes Recht).[350]

Die Elternverantwortung und der Pflichtcharakter stehen bei der elterlichen Sorge im Vordergrund.[351] Dem liegt die Leitlinie zugrunde, dass das Sorgerecht den Eltern nicht zur Verfolgung eigennütziger Interessen, sondern zum Zweck des Schutzes und der Förderung des Kindes erteilt wurde.[352] Über die in §§ 1631 Abs. 1, 1632 Abs. 1, 2 BGB enthaltenen Rechte und Pflichten hinaus beinhaltet die Personensorge eine Vielzahl von Einzelbefugnissen- und Pflichten, die zur Förderung, Entwicklung und Erziehung des Kindes zu einer eigenverantwortlichen und gemeinschaftsfähigen Persönlichkeit erforderlich sind.[353] Neben der Erziehung ist die Sorge um die Ausbildung des Kindes (vgl. § 1631a BGB) sowie um sein leibliches und geistiges Wohl von der Personensorge umfasst.[354] Die Elternverantwortung begründet zudem die Pflicht der Sorgeberechtigten im Rahmen ihrer Möglichkeiten den jeweils anderen Elternteil hinsichtlich der Erfüllung seiner Elternpflichten zu überwachen.[355]

II. Inhalt und Zweck des Umgangsrechts

Auch das Umgangsrecht der Eltern aus § 1684 Abs. 1 S. 2 BGB wurzelt im verfassungsrechtlich garantierten Elternrecht (Art. 6 Abs. 2 GG) und stellt ein sog. pflichtgebundenes Recht dar.[356] Der primäre Zweck des Umgangsrechts aus § 1684 Abs. 1 BGB besteht in dem Erhalt bzw. der Herstellung einer Beziehung zwischen

349 MüKo/*Huber*, § 1626 Rn. 6, 25.
350 MüKo/*Huber*, § 1626 Rn. 7.
351 Palandt/*Götz*, § 1626 Rn. 1.
352 MüKo/*Huber*, § 1626 Rn. 27.
353 MüKo/*Huber*, § 1626 Rn. 32.
354 A.a.O.
355 MüKo/*Huber*, § 1626 Rn. 18.
356 Palandt/*Götz*, § 1684 Rn. 1.

dem Kind und dem Elternteil, der nicht sorgeberechtigt ist oder sorgeberechtigt ist, aber vom betreuenden Elternteil und Kind getrennt lebt.[357] Es soll dem umgangsberechtigten Elternteil ermöglichen, sich von der Entwicklung und dem Wohlergehen des Kindes zu überzeugen und die zwischen beiden bestehenden natürlichen Bande zu pflegen, einer Entfremdung vorzubeugen sowie dem Liebesbedürfnis beider Seiten Rechnung zu tragen.[358] Das Umgangsrecht bezweckt hingegen nicht, dem umgangsberechtigten Elternteil eine gleichberechtigte Teilhabe am Leben des Kindes zu ermöglichen.[359] Ebenso wenig ist die Ausübung des Umgangsrechts darauf gerichtet, den anderen Elternteil zu überwachen oder das Kind zu erziehen.[360] Die in § 1684 Abs. 2 S. 1 BGB enthaltene „Wohlverhaltensklausel" verpflichtet den Umgangsberechtigten dazu, alles zu unterlassen, was die Erziehung durch den betreuenden Elternteil erschwert.[361]

Bedeutung kommt dem Umgangsrecht dann zu, wenn einem Elternteil nach der Trennung das alleinige Sorgerecht zugesprochen wurde oder beide Elternteile sorgeberechtigt sind, das Kind aber seinen Lebensmittelpunkt im Haushalt eines Elternteils hat.[362] In diesen Fällen können nur durch Umgangskontakte die persönlichen Beziehungen untereinander aufrechterhalten werden.[363] Ferner erfüllt das Umgangsrecht eine Vorsorgefunktion für einen evtl. Ausfall des Sorgeelternteils bzw. des betreuenden Elternteils.[364] In diesem Fall erleichtert die kontinuierliche Wahrnehmung von Umgangskontakten mit dem „Reserveelternteil" für das Kind eine Hinwendung zu diesem.[365]

III. Zuordnung des Wechselmodells

Einigkeit besteht dahingehend, dass die Regelung eines Wechselmodells weder eindeutig eine Sorgerechts- noch eine Umgangsregelung darstellt. Da es sich um ein Betreuungsmodell handelt und den Eltern grundsätzlich Gestaltungsfreiheit bei der Praktizierung der Kindesbetreuung zusteht, ist es zum einen im Gesetz nicht verankert. Zum anderen ist das Wechselmodell aufgrund der Statuierung des Residenzmodells als gesetzlichen Regelfall im Recht der elterlichen Sorge im weiteren Sinne auch nicht vorgesehen.

---

357 Bamberger/Roth/*Veit*, § 1684 Rn. 1; Staudinger/*Rauscher*, § 1684 Rn. 30.

358 BGHZ 42, 364; Bamberger/Roth/*Veit*, § 1684 Rn. 1; MüKo/*Hennemann*, § 1684 Rn. 8.

359 OLG Brandenburg, FamRZ 2010 1352, 133; Bamberger/Roth/*Veit*, § 1684 Rn. 1

360 Johannsen/Henrich/*Jaeger*, § 1684 Rn. 4; Palandt/*Götz*, § 1684 Rn. 1. Krit. hierzu *Rauscher*, der darauf hinweist, dass ein Umgangsrecht ohne erzieherische Einflüsse nicht vorstellbar sei und sich eine Überwachung des betreuenden Elternteils aus der elterlichen Verantwortung ergebe, vgl. Staudinger/*Rauscher*, § 1684 Rn. 41 f.

361 Palandt/*Götz*, § 1684 Rn. 5.

362 MüKo/*Hennemann*, § 1684 Rn. 2.

363 A.a.O.

364 *Völker/Clausius*, § 2 Rn. 6.

365 BGH FamRZ 1999, 651, 652; Staudinger/*Rauscher*, § 1684 Rn. 40.

Zum Teil wird die Auffassung vertreten, das Wechselmodell sei dem Bereich des Umgangsrechts zuzuordnen.[366] Dies zeige sich bereits darin, dass das Familiengericht im Rahmen einer Sorgerechtsentscheidung keine Anordnungen zur Ausübung des Aufenthaltsbestimmungsrechts machen dürfe.[367] Der primäre Zweck des Umgangsrechts als Besuchsrecht des nicht betreuenden Elternteils greift jedoch nicht für die Vereinbarung eines Wechselmodells, da es hierbei keinen nichtbetreuenden Elternteil gibt und eine Gefahr der Entfremdung des Kindes zu einem Elternteil nicht besteht.[368] Für die zusätzliche Vorsorgefunktion des Umgangs gilt dasselbe. Da sich die Notwendigkeit der Gewährung von Umgangsrechten der Eltern gerade aus einer Betreuung im Residenzmodell und der Gefahr des Kontaktverlusts zwischen dem Kind und nichtbetreuenden Elternteil ergibt, wäre es dogmatisch verfehlt, das Wechselmodell, welches diese Gefahren des Residenzmodells vorzubeugen versucht, dem Bereich des Umgangsrechts zuzuordnen. Fraglich ist zudem, ob bei einer Umsetzung des Wechselmodells durch eine Umgangsregelung die Wohlverhaltensvorschrift des § 1684 Abs. 2 S. 1 BGB Anwendung finden würde. Dies hätte zur Folge, dass sich im Falle abweichender Erziehungsstile beide Elternteile auf eine Beeinträchtigung oder Erschwerung der Erziehung des Kindes durch den anderen Elternteil berufen könnten. Die Folgen wiederholter erheblicher Pflichtverstöße im Rahmen des Umgangsrechts, nämlich die Möglichkeit der gerichtlichen Anordnung einer Umgangspflegschaft (§ 1684 Abs. 3 S. 3 BGB), zeigt einmal mehr auf, dass eine Betreuung im Wechselmodell nicht mit der Regelung des § 1684 BGB zu vereinbaren ist.

Die Gegenansicht ordnet das Wechselmodell m.E. zutreffend dem Sorgerecht zu, da dieses letztlich den Aufenthalt des Kindes festlegt und versteht es als Ausübung des Aufenthaltsbestimmungsrechts.[369] Die Zuordnung in den Bereich des Sorge- oder Umgangsrechts hängt nicht zuletzt davon ab, was genau unter einem Wechselmodell verstanden wird. Trotz unterschiedlich vertretener Ansichten zum Begriff des Wechselmodells sind sich Rechtsprechung und Literatur zumindest dahingehend einig, dass ein Wechselmodell nicht allein eine gleichwertige zeitliche Aufteilung der Betreuung voraussetzt, sondern zudem die gemeinsame Übernahme

---

366 KG, FamRZ 2012, 886, 887; OLG Hamm, FamRZ 2014, 1389; Johannsen/Henrich/*Jaeger*, § 1671 Rn. 19; *Gutjahr*, FPR 2006, 301, 302; *Gottschalk*, FamFR 2012, 286.

367 *Holzwarth*, NZFam 2012, 567.

368 *Faber*, jM 2014, 8, 9.

369 OLG Karlsruhe, FamRZ 2015, 1736; OLG Saarbrücken, FamRZ 2015, 62; OLG Brandenburg, Beschl. v. 07.06.2012 – 15 UF 314/11; Bamberger/Roth/*Veit*, § 1671 Rn. 36; *Völker/Clausius*, § 1 Rn. 324; *Jokisch*, FuR 2013, 679, 681; Erman/*Döll*, § 1684 Rn. 26; *Giers*, FamRB 2012, 383, 384; *Hammer*, FamRZ 2015, 1433, 1439; *ders.*, Elternvereinbarungen, S. 247; *Sünderhauf*, Wechselmodell, S. 386; *Sünderhauf/Rixe*, FamRB 2014, 418, 424 f. Nach den Ergebnissen des 20. Deutschen Familiengerichtstages ist das Wechselmodell zwar primär im Bereich der elterlichen Sorge anzusiedeln, gleichzeitig jedoch im umgangsrechtlichen Verfahren anzuordnen, vgl. 20. DFGT, Ergebnisse des Arbeitskreises 7.

von Erziehungs- und Versorgungsverantwortung.[370] Eine Umgangsregelung wäre vor diesem Hintergrund nicht ausreichend, um das vereinbarte Wechselmodell gerichtlich umzusetzen, da es nur die Aufenthaltszeiten des Kindes ohne die sorgerechtliche Komponente der gleichwertigen Betreuung regelt.[371] Außen vor blieben dabei Fragen der Elternkompetenzen wie der Vertretungsmacht (§ 1629 BGB) und der Entscheidungsbefugnisse (§ 1687 BGB).

Siedelt man das Wechselmodell im Umgangsrecht an, hat dies ferner zur Folge, dass ein solches auch bei Alleinsorge eines Elternteils angeordnet werden kann. Dies steht in Widerspruch zum Wesen des Wechselmodells als Modell einer gleichberechtigten Kindesbetreuung.[372] Vor allem bei einem Einvernehmen der Eltern über eine Betreuung im Wechselmodell ist anzunehmen, dass sie sich hierbei bewusst für die Wahrnehmung einer gemeinsamen Elternverantwortung entschieden haben. Dem würde die im Umgangsrecht geltende Unterscheidung zwischen Hauptbetreuungs- und Besuchselternteil nicht gerecht werden.[373] Für den allein sorgeberechtigten Elternteil stellt sich zudem das Problem, dass er dazu verpflichtet ist, sicherzustellen, dass die Betreuung und Versorgung der Kinder auch während der Aufenthaltszeiten bei dem anderen Elternteil ihrem Wohl entspricht.[374]

C. Umsetzung des Wechselmodells bei Einvernehmen der Eltern

I. Umsetzung durch Elternvereinbarung

1. Inhalt und Grenzen

Die Ausgestaltung des Sorgealltags durch Festlegung des Aufenthalts und der Betreuung des Kindes sowie ggf. durch Regelung von Umgangskontakten können die Eltern frei, z. B. durch Abschluss einer privaten Elternvereinbarung, regeln. Dieses Recht steht ihnen aufgrund der Elternautonomie aus Art. 6 Abs. 2 GG zu, dem die Vermutung zugrunde liegt, dass die Eltern grundsätzlich am besten entscheiden können, was dem Kindeswohl dient.[375] Nach der Leitbildfunktion des § 1627 S. 1 BGB haben die Eltern das gemeinsame Sorgerecht in eigener Verantwortung und

370 Siehe Kapitel 1, B.

371 Kinderrechtekommission des DFGT, FamRZ 2014, 1157, 1161. Nach *Faber* ist die reine Festlegung der Aufenthaltszeiten streng genommen gar nicht als Wechselmodell zu qualifizieren, vgl. *Faber*, jM 2014, 8, 10.

372 *Sünderhauf*, Wechselmodell, S. 386.

373 A.a.O.

374 So der Einwand eines alleinsorgeberechtigten Vaters, er könne bei Anordnung einer gerichtlichen Umgangsregelung im Sinne des Wechselmodells seine Pflichten aus der elterlichen Sorge nicht ordnungsgemäß erfüllen, vgl. OLG Schleswig, Beschluss v. 19.12.2013 – 15 UF 55/13.

375 *Hammer*, FamRZ 2005, 1209, 1210.

in gegenseitigem Einvernehmen auszuüben. Begrenzt wird die elterliche Gestaltungsfreiheit durch das Umgangsrecht des Kindes aus § 1684 Abs. 1, 1. Hs. BGB (vgl. § 1626 Abs. 3 S. 1 BGB) sowie dem staatlichen Eingriff bei Kindeswohlgefährdung nach § 1666 Abs. 1 BGB. Eine Verletzung des Rechts des Kindes auf Umgang mit beiden Elternteilen ist bei einer vereinbarten Betreuung im Wechselmodell nicht gegeben, da dieses gerade den Zweck hat, den Kontakt des Kindes zu beiden Elternteilen aufrechtzuerhalten. Nach einhelliger Auffassung stellt eine Betreuung im Wechselmodell in aller Regel auch keine Kindeswohlgefährdung im Sinne des § 1666 BGB dar.[376]

Sind sich die Eltern über eine Betreuung im Wechselmodell einig und möchten sie die konkrete Ausgestaltung der Betreuung außergerichtlich regeln, können sie eine entsprechende Vereinbarung treffen. Einzige Voraussetzung ist, dass zumindest ein Elternteil sorgeberechtigt ist.[377] Während für eine Betreuung im Residenzmodell in der Regel nur der Aufenthaltsort des Kindes und die Umgangszeiten mit dem nichtbetreuenden Elternteil geregelt werden, besteht für das Wechselmodell ein größerer Regelungsbedarf.[378] Statt Festlegung der Hauptbetreuungsperson und der Umgangszeiten sind die Betreuungszeiträume beider Elternteile zu regeln. Empfohlen wird die Durchführung eines Probemonats vor Abschluss der Elternvereinbarung sowie der Aufnahme einer Änderungsklausel und einem Mitbestimmungsrecht des Kindes.[379] Dadurch kann bereits auf eine stetige Anpassung der Betreuungszeiten an das Alter und die Bedürfnisse des Kindes hingezielt werden.

2. *Bindung und Vollstreckbarkeit*

Nach überwiegender Auffassung hat die privat vereinbarte Elternvereinbarung rechtsgeschäftlichen Charakter und entfaltet für die Eltern untereinander Bindungswirkung.[380] Sie sind demnach solange daran gebunden, bis sie entweder einvernehmlich eine neue Vereinbarung treffen oder eine gerichtliche Entscheidung ergeht, ein einseitiger Widerruf ist nicht möglich.[381] Verstöße gegen die Elternvereinbarung können zudem Schadensersatzansprüche auslösen.[382] Möchte sich ein Elternteil von der Vereinbarung lösen und leitet er zu diesem Zweck ein Sorgerechtsverfahren nach § 1671 BGB oder ein Umgangsverfahren nach § 1684 BGB ein, so begründet die zuvor getroffene Elternvereinbarung zumindest eine Indizwirkung

---

376 Kinderrechtekommission des DFGT, FamRZ 2014, 1157, 1160 f.; *Giers*, FamRB 2012, 383; *Gutjahr*, FPR 2006, 301.

377 Palandt/*Götz*, § 1684 Rn. 40.

378 *Hammer*, FamRB 2006, 275, 278.

379 *Hammer*, FamRB 2006, 275, 280.

380 MüKo/*Hennemann*, § 1684 Rn. 15; *Hammer*, FamRZ 2005, 1209, 1216; Palandt/*Götz*, § 1684 Rn. 40; Staudinger/*Rauscher*, § 1684 Rn. 128. A.A. Johannsen/Henrich/*Jaeger*, § 1684 Rn. 12.

381 MüKo/*Hennemann*, a.a.O.; *Hammer*, a.a.O.; Staudinger/*Rauscher*, a.a.O.

382 *Hammer*, Elternvereinbarungen, S. 295.

für die richterliche Entscheidung, da nach Auffassung der Rechtsprechung eine im elterlichen Konsens getroffene Entscheidung vermuten lässt, dass sie dem Kindeswohl entspricht.[383] Zum Teil wird auch die Ansicht vertreten, eine Abänderung der privaten Elternvereinbarung im gerichtlichen Verfahren sei unter analoger Anwendung des § 1696 Abs. 1 BGB nur aus triftigen, das Wohl des Kindes nachhaltig berührenden Gründen angezeigt.[384]

Vollstreckbar sind ohne gerichtliche Mitwirkung verfasste Elternvereinbarungen nicht. Eine Umgangsvereinbarung der Eltern erlangt nur in Form eines gerichtlich gebilligten Vergleichs Vollstreckbarkeit (§§ 86 Abs. 1 Nr. 2, 156 Abs. 2 FamFG). Eine Sorgerechtsentscheidung wird erst durch Bestätigung in einem gerichtlichen Beschluss zur Vollstreckungsgrundlage (§ 86 Abs. 1 Nr. 1 FamFG). Eine Sorgerechtsentscheidung beinhaltet dann einen vollstreckungsfähigen Inhalt, wenn sie einen Aufenthaltswechsel des Kindes vorsieht, sodass der berechtigte Elternteil auf dieser Grundlage die Herausgabe des Kindes (§ 1632 Abs. 1 BGB) verlangen kann.[385] Gerichtlich gebilligte Umgangsvereinbarungen müssen die Art (begleiteter oder unbegleiteter Umgang), den genauen Ort und die Zeit des Umgangs bestimmen, um den Anforderungen eines vollstreckungsfähigen Titels zu genügen.[386] Bei Zuwiderhandlungen gegen die Regelung von Umgang oder die Herausgabe des Kindes erfolgt die Vollstreckung durch die in § 89 Abs. 1 FamFG genannten Ordnungsmittel. Eine Prüfung des Kindeswohls findet im Vollstreckungsverfahren nicht mehr statt, sondern erfolgt ausschließlich im Erkenntnisverfahren. Ist ein Elternteil mittlerweile der Auffassung, dass die einmal vereinbarte Umgangsregelung nicht mehr dem Kindeswohl entspricht, ist er gehalten eine Abänderung der Entscheidung unter den Voraussetzungen des § 1696 Abs. 1 BGB i.V.m. § 166 Abs. 1 FamFG herbeizuführen.

II. Gerichtliche Anordnung

1. *Beispielsfall*

Nach der Scheidung der Eltern ist es bei dem gemeinsamen Sorgerecht für ihre 6-jährige Tochter geblieben. Die Tochter lebt im Haushalt der Mutter und besucht ihren Vater jedes zweite Wochenende, wo sie sich von Samstagvormittag bis Sonntagabend aufhält (Residenzmodell). Der Vater wünscht sich einen weitaus umfangreicheren Kontakt zu seiner Tochter und schlägt eine Betreuung im Wechselmodell vor, was die Mutter jedoch zunächst ablehnt. Daraufhin stellt der Vater beim Familiengericht einen Antrag auf Übertragung des alleinigen Aufenthaltsbestimmungsrechts als Teil des Sorgerechts (§ 1671 Abs. 1 BGB). Die Mutter widerspricht dem und stellt ihrerseits einen Antrag auf Übertragung des alleinigen Aufenthaltsbestimmungsrechts. Im Laufe des Verfahrens

383 BGH, NJW 2011, 2360, 2365; OLG Brandenburg, FamRZ 2009, 1683, 1684; *Völker/Clausius*, § 1 Rn. 337.
384 *Hammer*, FamRZ 2005, 1209, 1216; OLG Brandenburg, FamRZ 2008, 2055, 2056.
385 MüKo/*Hennemann*, § 1671 Rn. 163.
386 MüKo-FamFG/*Schumann*, § 156 Rn. 26.

können sich die Eltern durch die Vermittlungsbemühungen des Gerichts (§ 156 Abs. 1 FamFG) über eine Betreuung im Wechselmodell einigen.

Sofern die Eltern infolgedessen an einem gemeinsamen Sorgerecht festhalten wollen, könnten sie ihre Anträge zurücknehmen (§ 22 Abs. 2 S. 1 FamFG) oder eine übereinstimmende Beendigungserklärung (§ 22 Abs. 3 FamFG) abgeben. Damit würde das Verfahren ohne gerichtliche Entscheidung beendet. Die Umsetzung des Wechselmodells bliebe den Eltern nach Beendigung des Verfahrens durch Abschluss einer privaten Elternvereinbarung selbst überlassen. Gleiches gilt bei bloßer Abweisung der Sorgerechtsanträge durch das Gericht. Wenn die Eltern ihre Vereinbarung vollstreckungsfähig machen möchten, werden sie ihre Anträge hingegen nicht zurücknehmen. Es stellt sich die Frage, ob und auf welche Weise eine Umsetzung des Wechselmodells im Rahmen des bereits anhängigen Sorgerechtsverfahrens möglich ist. Außerdem ist an den Fall zu denken, dass sich die Eltern von vornherein über eine wechselseitige Betreuung einig sind und das Bedürfnis haben diese vollstreckbar zu machen. Dann stellt sich die Frage, auf welche Weise die Eltern am besten ein gerichtliches Verfahren einleiten.

2. *Sorgerechtsverfahren (§ 1671 Abs. 1 S. 2 Nr. 1 BGB)*

a) Allgemeines

Bei bestehendem Elternkonsens über die Installierung eines Wechselmodells ist an die Umsetzung durch eine Sorgerechtsentscheidung nach § 1671 Abs. 1 S. 2 Nr. 1 BGB zu denken. Eine gerichtliche Kindeswohlprüfung findet bei einem Einvernehmen der Eltern grundsätzlich nicht statt. Hierzu ist das Gericht nur verpflichtet, wenn das Kind bereits das 14. Lebensjahr vollendet hat und der Sorgerechtsentscheidung widerspricht.

Das Gericht entscheidet in den Verfahren nach § 1671 BGB ausschließlich über die Inhaberschaft des Sorgerechts oder Teilsorgerechts eines bzw. beider Elternteile. Davon zu unterscheiden ist die tatsächliche Ausübung des Sorgerechts, womit die konkrete Ausgestaltung der Betreuung des Kindes gemeint ist. Die Sorgeausübung und Entscheidung über das „Wie" der Wahrnehmung des Sorgerechts ist Bestandteil der Elternautonomie (Art. 6 Abs. 2 GG) und muss daher den Sorgeberechtigten überlassen bleiben.[387] Dies zeigt sich bereits in den Grenzen der gerichtlichen Regelungskompetenz in einem Verfahren nach § 1628 BGB. Denn danach überträgt das Gericht einem Elternteil auf Antrag die Entscheidungsbefugnis in einzelnen Angelegenheiten der elterlichen Sorge, ist jedoch nicht dazu befugt, diese Entscheidung selbst zu treffen und somit das Sorgerecht anstelle der Eltern auszuüben.[388] Die Festlegung der Ausübung des Sorgerechts in Form einer wechselseitigen Betreuung

387 Kinderrechtekommission des DFGT, FamRZ 2014, 1157, 1160 f.; *Coester*, FF 2010, 10, 12.

388 BVerfG, FamRZ 2003, 511.

überschreitet daher die gerichtliche Regelungskompetenz und kann nicht Regelungsgegenstand eines Sorgerechtsverfahrens sein.[389]

Der Rückschluss von Sünderhauf/Rixe, die Ausübung des Sorgerechts könne Gegenstand des Sorgerechtsverfahrens sein, da auch durch eine gerichtliche Umgangsregelung in das Aufenthaltsbestimmungsrecht eingegriffen werde, geht fehl.[390] Denn zum einen ist der mit einer Umgangsregelung verbundene Eingriff in die Elternautonomie durch die Notwendigkeit, einen Kontaktverlust zwischen Kind und Umgangselternteil zu vermeiden, gerechtfertigt. Zum anderen unterliegt sie aufgrund dessen auch Einschränkungen betreffend des Umfangs.

b) Zeitliche Aufteilung der elterlichen Sorge

Als Instrument zur rechtlichen Umsetzung des Wechselmodells wird zum Teil die Zuweisung eines periodisch wechselnden Sorgerechts befürwortet.[391] Eine Alternative hierzu stellt das periodisch wechselnde Aufenthaltsbestimmungsrecht unter Belassung der gemeinsamen elterlichen Sorge im Übrigen dar.[392] Im Ausgangsfall müssten die Eltern ihre Anträge in der Weise ändern, dass beide das alleinige (Teil) Sorgerecht für jeweils abwechselnde Zeiträume beantragen. Da sich die Eltern einig sind, erginge eine Entscheidung nach § 1671 Abs. 1 S. 2 Nr. 1 BGB, in deren Rahmen – bspw. für den Fall des wöchentlichen Aufenthaltswechsels des Kindes – einem Elternteil das alleinige (Teil)Sorgerecht für alle geraden Kalenderwochen und dem anderen Elternteil das alleinige (Teil)Sorgerecht für alle ungeraden Kalenderwochen zugewiesen würde. Das (Teil)Sorgerecht wechselt auf diese Weise mit den Aufenthaltswechseln des Kindes von einem Elternteil zum anderen Elternteil mit. Eine Abänderung der Entscheidung könnte nur nach § 1696 Abs. 1 BGB erfolgen.

---

389 Kinderrechtekommission des DFGT, FamRZ 2014, 1157, 1160 f.; Staudinger/*Coester*, § 1671 Rn. 51; *Marchlewski*, FF 2015, 98, 105; Bamberger/Roth/*Veit*, § 1671 Rn. 38; *Jokisch*, FuR 2013, 679, 680. Bedenklich daher OLG Dresden, FPR 2004, 619.

390 *Sünderhauf/Rixe*, FamRB 2014, 418, 421.

391 Staudinger/*Coester*, § 1671 Rn. 262; *Gutjahr*, FPR 2006, 301, 302; *Hammer*, FamRZ 2015, 1433, 1437; *ders.*, Elternvereinbarungen, S. 247; *Sünderhauf*, Wechselmodell, S. 377; *Sünderhauf/Rixe*, FamRB 2014, 418, 420.

392 A.a.O. So in einem Verfahren vor dem OLG Saarbrücken, in welchem ein Elternteil eine Betreuung im Wechselmodell anstrebte und beantragte, „1. den Eltern das Aufenthaltsbestimmungsrecht für die beiden Kinder zu jeweils gleichen Teilen zu übertragen, 2. dem Antragssteller das Aufenthaltsbestimmungsrecht für die Kinder in den geraden Kalenderwochen von Montag 8:00 Uhr bis Montag 8:00 Uhr der nächsten Woche zu übertragen, 3. der Antragsgegnerin das Aufenthaltsbestimmungsrecht für die Kinder in den ungeraden Kalenderwochen von Montag 8:00 Uhr bis Montag 8:00 Uhr der nächsten Woche zu übertragen“, vgl. OLG Saarbrücken, Beschl. v. 13.10.2014 – 6 UF 93/14. Zum ähnlich lautenden Formulierungsvorschlag von *Hammer* vgl. FamRZ 2015, 1433, 1444.

Ein Teil der elterlichen Sorge i.S.d. § 1671 Abs. 1 S. 1 BGB kann nur ein sachlicher Teilbereich der Vermögens- oder Personensorge sein.[393] Damit ist hingegen keine zeitliche Beschränkung des Sorgerechts gemeint.[394] Eine einverständliche zeitliche Aufspaltung des Sorgerechts ist grundsätzlich zulässig.[395] Damit ist zunächst der Fall gemeint, dass die elterliche Sorge befristet übertragen wird und bspw. ab einem bestimmten Alter des Kindes auf den anderen Elternteil übergeht.[396] Eine auf kurze zeitliche Abschnitte beschränkte und regelmäßig wechselnde elterliche Sorge ist dem Gesetz und Sorgerechtsverfahren hingegen bisher fremd. Für eine Umsetzung des Wechselmodells auf diese Weise spricht, dass auch das Residenzmodell durch Übertragung des Aufenthaltsbestimmungsrechts auf den betreuenden Elternteil bei Beibehaltung der gemeinsamen Sorge im Übrigen und evtl. zusätzlicher Umgangsvereinbarung gerichtlich umgesetzt wird.[397] Konsequenterweise müsste eine aufgeteilte Betreuung mit einem aufgeteilten Aufenthaltsbestimmungsrecht einhergehen. Dagegen wird zutreffend eingewandt, dass eine zeitliche Aufteilung des Aufenthaltsbestimmungsrechts noch keine verbindliche Etablierung des Wechselmodells begründe, da die tatsächliche Festlegung des Kindesaufenthalts dem jeweils bestimmungsberechtigten Elternteil überlassen bliebe.[398] Zweifelhaft ist ferner die Zulässigkeit eines solchen Antrags. Denn ausweislich des Wortlauts von § 1671 Abs. 1 BGB kann das Verfahren nur mit einem Antrag auf Übertragung der (teilweisen) elterlichen Sorge auf den Antragssteller allein eingeleitet werden.[399] Nicht möglich ist hingegen ein Antrag auf Übertragung des Alleinsorgerechts auf den anderen Elternteil.[400] Eine solche wäre aber in einem Antrag auf Zuweisung eines sich fortlaufend wechselnden Sorgerechts inzident enthalten.

Zudem steht ein wechselndes Sorgerecht in Widerspruch zu dem im Sorgerechtsverfahren geltenden Kontinuitätsgrundsatz, nach welchem die Einheitlichkeit, Gleichmäßigkeit und Stabilität der Erziehungsverhältnisse im Interesse des Kindes anzustreben sind.[401] Dem trägt auch § 1696 BGB Rechnung, wonach die Abänderung einer gerichtlichen Sorgerechtsentscheidung nur aus triftigen, das Kindeswohl nachhaltig berührenden Umständen möglich ist. Zwar kann man dagegen anführen, dass ein Mangel an Kontinuität dem Wechselmodell immanent ist und es sich insofern um die bereits erörterte Frage, ob und unter welchen Voraussetzungen

393 NK-BGB/*Rakete-Dombek*, § 1671 Rn. 39.
394 *Finke*, NZFam 2014, 865, 868.
395 Johannsen/Henrich/*Jaeger*, § 1671 Rn. 19.
396 Palandt/*Götz*, § 1671 Rn. 56; krit. *Hennemann*, zeitliche Abstufungen seien wenig sinnvoll, da bei einem gebotenen Wechsel des Sorgerechtsinhabers Abänderungsanträge gestellt werden könnten, vgl. MüKo/*Hennemann*, § 1671 Rn. 48.
397 *Hammer*, FamRZ 2015, 1433, 1435; *ders.*, Elternvereinbarungen, S. 246.
398 *Marchlewski*, FF 2015, 98, 104; Bamberger/Roth/*Veit*, § 1671 Rn. 39.
399 Eine zeitliche Aufteilung daher ablehnend: Johannsen/Henrich/*Jaeger*, § 1671 Rn. 19.
400 Palandt/*Götz*, § 1671 Rn. 3; Staudinger/*Coester*, § 1671 Rn. 50.
401 Johannsen/Henrich/*Jaeger*, § 1671 Rn. 65.

eine Betreuung im Wechselmodell dem Kindeswohl dient, handelt. Die hohen Voraussetzungen, die der Gesetzgeber an die Abänderung eines einmal zugewiesenen Sorgerechts gestellt hat, würden jedenfalls umgangen werden.

Ein Wechsel nicht nur des Aufenthaltsbestimmungsrechts, sondern des gesamten Sorgerechts dürfte in der praktischen Umsetzung problematisch sein.[402] Danach hätte der jeweils betreuende Elternteil während seiner Betreuungszeiten alle alleinigen Entscheidungsbefugnisse- und Pflichten. Würden beide Elternteile hiervon regelmäßig Gebrauch machen, könnten sie die Entscheidungen des jeweils anderen Elternteils in wichtigen Belangen des Kindes ständig abändern. Dies könnte dazu führen, dass bspw. für das Kind in der Aufenthaltswoche bei einem Elternteil längerfristige medizinische Maßnahmen veranlasst werden, der andere Elternteil für die Dauer seiner Betreuungszeit kraft seines alleinigen Sorgerechts diese hingegen einstellen könnte.

In Betracht kommt folglich nur ein zwischen den Eltern periodisch wechselndes Aufenthaltsbestimmungsrecht. Ein auf zeitlich kurze Abschnitte beschränktes Aufenthaltsbestimmungsrecht beider Elternteile führt im Ergebnis dazu, dass keiner von ihnen dieses im Bedarfsfall durchsetzen könnte. Möchte ein Elternteil das Kind nach Ablauf seiner Betreuungszeit nicht herausgeben, könnte der andere Elternteil zwar einen Antrag auf Herausgabe des Kindes nach § 1632 Abs. 1, 3 BGB stellen, da ihm zu diesem Zeitpunkt das Aufenthaltsbestimmungsrecht zusteht. Bis zur gerichtlichen Entscheidung wird das Aufenthaltsbestimmungsrecht jedoch wieder auf den anderen Elternteil übergegangen sein, sodass der Herausgabeantrag abzuweisen wäre.[403] Der Vorschlag von *Sünderhauf*, für den Fall, dass sich ein Elternteil nicht an die gerichtliche Anordnung hält, einen teilweisen Sorgerechtsentzug anzuordnen[404], ist rechtlich nicht umsetzbar. Ein dahingehender Beschluss wäre unzulässig, da er die Inhaberschaft des Sorgerechts an eine auflösende Bedingung knüpfen würde. Die Gestaltungsmöglichkeiten des Gerichts im Rahmen des Verfahrens nach § 1671 BGB bestehen aber ausschließlich in der Zuweisung oder dem Entzug des (Teil-) Sorgerechts.[405]

c) *Feststellung der gemeinsamen Sorge und Sorgeausübung*

Die Beendigung des Sorgerechtsverfahrens durch einen gerichtlichen Beschluss, der die Feststellung des gemeinsamen Sorgerechts der Beteiligten zum Inhalt hat, ist gesetzlich nicht vorgesehen, aber grundsätzlich nicht unzulässig.[406] In den meisten

402 Bamberger/Roth/*Veit*, § 1671 Rn. 39; *Faber*, jM 2014, 8, 9; Grandel/Stockmann/*Seebach*, Familienrecht, S. 271.

403 Bamberger/Roth/*Veit*, § 1671 Rn. 39; *Jokisch*, FuR 2013, 679, 681; *Gutjahr*, FPR 2006, 301, 302. Zu den Auswirkungen eines wechselnden Aufenthaltsbestimmungsrechts auf die Alltagssorge nach § 1687 Abs. 1 S. 2 BGB vgl. in diesem Kapitel unter E. II. 2.

404 *Sünderhauf*, Wechselmodell, S. 379.

405 MüKo/*Hennemann*, § 1671 Rn. 15 f.

406 Palandt/*Götz*, § 1671 Rn. 3, 58; Staudinger/*Coester*, § 1671 Rn. 51.

Fällen besteht weder ein dahingehendes Rechtsschutzbedürfnis noch das gemäß § 113 Abs. 1 S. 2 FamFG i.V.m. § 256 ZPO erforderliche Feststellungsinteresse. Denn sofern eine gemeinsame Sorge nicht besteht, liegen die Voraussetzungen für ein Verfahren nach § 1671 Abs. 1 BGB nicht vor. Besteht die gemeinsame Sorge, ergibt sich dies aus dem Gesetz und bedarf keiner gesonderten gerichtlichen Feststellung. Nach teilweise vertretener Auffassung soll ein besonderes Feststellungsinteresse in den Fällen zu bejahen sein, in denen zwischen den Eltern Unsicherheiten über die Ausübung des Sorgerechts bestehen.[407] Danach könne die Vereinbarung des Wechselmodells durch die Feststellung der elterlichen Sorgeausübung mit der Folge der Vollstreckbarkeit und erschwerten Abänderbarkeit nach § 1696 Abs. 1 BGB erreicht werden.[408]

Dem ist entgegenzuhalten, dass die Voraussetzungen eines besonderen Feststellungsinteresses auch in dieser Konstellation nicht vorliegen dürften. Ein Feststellunginteresse im Sinne eines rechtlichen Interesses setzt voraus, dass dem Recht oder der Rechtslage der Beteiligten eine gegenwärtige Gefahr der Unsicherheit droht und der Feststellungsbeschluss geeignet ist, diese Gefahren zu beseitigen.[409] Die Gefahr der Unsicherheit müsste sich in einem Verfahren nach § 1671 BGB jedoch gerade auf die Frage der Inhaberschaft des Sorgerechts beziehen. Die Feststellung der Sorgeausübung kann daher von vornherein nicht geeignet sein, um die zwischen den Beteiligten strittige Frage der Sorgerechtsinhaberschaft zu klären. Zudem würden auf diese Weise ebenfalls die Grenzen der gerichtlichen Regelungskompetenz im Sorgerechtsverfahren überschritten. Die Feststellungsklage dient ausschließlich der Sicherung des Rechtsfriedens und der Behebung von Rechtsunsicherheiten, mangels Vollstreckbarkeit hingegen nicht der Durchsetzbarkeit von Rechten.[410] Vor diesem Hintergrund ist nicht ersichtlich, weshalb ein Beschluss über die Feststellung einer Sorgerechtsausübung vollstreckbar sein soll.

3. *Analoge Anwendung des § 1671 Abs. 1 S. 2 Nr. 1 BGB*

Da das Wechselmodell im Sorgerechtsverfahren nicht umgesetzt werden kann, kommt eine analoge Anwendung des § 1671 Abs. 1 S. 2 Nr. 1 BGB in Form einer Ausweitung auf Ausübungsfragen des Sorgerechts in Betracht.[411] *Sünderhauf* vertritt die Auffassung, dass das Gesetz in Bezug auf das Wechselmodell eine planwidrige Regelungslücke enthalte, da der Gesetzgeber der Regelung das Residenzmodell zugrunde gelegt und zum Zeitpunkt der Neufassung des § 1671 BGB die Betreuungsalternative des Wechselmodells nicht bedacht habe.[412] Indes ist nicht ersichtlich,

407 A.a.O.

408 A.a.O.; *Sünderhauf*, Wechselmodell, S. 388.

409 MüKo-ZPO/*Becker-Eberhard*, § 256 Rn. 37.

410 MüKo-ZPO/*Becker-Eberhard*, § 256 Rn. 1 f.

411 Bamberger/Roth/*Veit*, § 1671 Rn. 40.

412 *Sünderhauf*, Wechselmodell, S. 376. Dagegen wendet *Marchlewski* zutreffend ein, dass der Gesetzgeber bereits in seiner Gesetzesbegründung zum KindRG vom

dass die Regelung des § 1671 BGB auf ein bestimmtes Betreuungsmodell zugeschnitten ist.[413] Denn auch eine Anordnung oder Vereinbarung des Residenzmodells sieht § 1671 BGB nicht vor. Eine Betreuung im Residenzmodell kann schließlich sowohl unter Beibehaltung des gemeinsamen Sorgerechts als auch nach Übertragung der Alleinsorge auf einen Elternteil praktiziert werden. Durch die Begrenzung der gerichtlichen Regelungskompetenz in § 1671 BGB auf die Inhaberschaft des Sorgerechts hat der Gesetzgeber sich nicht für ein bestimmtes Betreuungsmodell entschieden, sondern trägt der Elternautonomie aus Art. 6 Abs. 2 GG Rechnung.[414]

4. *Abänderungsentscheidung (§ 1696 Abs. 1 S. 1 BGB)*

Ist bereits zuvor eine gerichtliche Entscheidung im Sorge- oder Umgangsrecht getroffen oder ein gerichtlich gebilligter Vergleich geschlossen worden und möchten die Eltern nun das Wechselmodell unter Abänderung der vorherigen Entscheidung etablieren, ist ein Verfahren nach § 1696 Abs. 1 S. 1 BGB in Betracht zu ziehen.[415] Gemäß § 166 Abs. 1 FamFG i.V.m. § 1696 BGB besteht eine gerichtliche Pflicht zur Überprüfung und Abänderung von kindschaftsrechtlichen Entscheidungen, womit dem Umstand Rechnung getragen wird, dass die Dynamik der Kindesentwicklung als auch die Bedeutung veränderter Rahmenbedingungen eine Anpassung kindschaftsrechtlicher Entscheidungen notwendig machen kann.[416] Der Antrag eines Elternteils ist nicht Voraussetzung, sondern eine Anregung gegenüber dem Gericht zur Änderung der früheren Entscheidung.[417] Eine Änderung muss aus triftigen, das Wohl des Kindes nachhaltig berührenden Gründen angezeigt sein, wobei ein elterliches Einvernehmen über die Notwendigkeit der Anpassung der Entscheidung ein wichtiges Kriterium darstellt.[418] Die Bindung des Gerichts an ein einvernehmliches Änderungsbegehren der Eltern soll zumindest so weit gehen, dass es dem folgen muss, wenn nicht triftige, das Kindeswohl nachhaltig berührende Gründe gegen die Änderung sprechen.[419] Bei elterlichem Konsens findet somit nur eine Negativprüfung statt.

16.12.1997 auf die Verbreitung des Wechselmodells im Verhältnis zu der des Residenzmodells eingegangen ist, vgl. *Marchlewski*, FF 2015, 98, 99 sowie BT-Drs. 13/4899, S. 37.

413 *Horndasch*, FuR 2011, 593, 595.

414 So auch *Marchlewski*, FF 2015, 98, 106. Nach Auffassung der Kinderrechtekommission des DFGT e.V. ist es Sache des Gesetzgebers, zu regeln, ob im Rahmen des Elternrechts aus Art. 6 GG eine rechtliche Umsetzung des Wechselmodells auszugestalten wäre, vgl. Kinderrechtekommission des DFGT, FamRZ 2014, 1157, 1161.

415 Kinderrechtekommission des DFGT, FamRZ 2014, 1157, 1161.

416 Palandt/*Götz*, § 1696 Rn. 1.

417 Palandt/*Götz*, § 1696 Rn. 14.

418 Staudinger/*Coester*, § 1696 Rn. 73 f.

419 A.a.O.; OLG Dresden, FamRZ 2002, 632. Anderer Auffassung nach soll dem elterlichen Änderungskonsens dieselbe Bindungswirkung zukommen wie einem

Bezüglich einer Abänderung hin zum Wechselmodell ist an den Fall zu denken, dass nach der zuvor ergangenen Entscheidung einem Elternteil das Alleinsorgerecht zukommt und die Eltern nun eine gemeinsame Sorge in Form des Wechselmodells ausüben möchten. Denkbar ist ferner, dass eine Umgangsregelung oder eine Umgangsvereinbarung in Form eines gerichtlich gebilligten Vergleichs ergangen ist, welche für einen Elternteil nur Wochenendkontakte festlegte und die Eltern diese nun zu einem paritätischen Aufenthalt des Kindes ausweiten möchten. Im Rahmen des Abänderungsverfahrens des § 1696 Abs. 1 S. 1 BGB können jedoch ebenfalls nur solche Entscheidungen ergehen, welche in die im Sorgerechts- und Umgangsrechtsverfahren geltenden Regelungskompetenzen des Gerichts fallen.[420] Das heißt, es kann entweder durch Änderung oder Aufhebung der vorherigen Entscheidung über die Inhaberschaft des Sorgerechts und/oder über die Umgangszeiten des Kindes entschieden werden, nicht hingegen über die Sorgerechtsausübung in Form eines bestimmten Betreuungsmodells.

5. *Gerichtlich gebilligter Vergleich (§ 156 Abs. 2 FamFG)*

Eine weitere Möglichkeit besteht in dem Abschluss eines gerichtlich gebilligten Vergleichs nach § 156 Abs. 2 FamFG.[421] Danach ist eine einvernehmliche Regelung der Eltern über den Umgang oder die Herausgabe des Kindes in einen gerichtlichen Beschluss aufzunehmen, wenn das Gericht diese Regelung billigt. Das Gesetz sieht hierfür eine negative Kindeswohlprüfung durch das Gericht vor, d.h. die Vereinbarung der Eltern ist zu billigen, wenn sie dem Kindeswohl nicht widerspricht (§ 156 Abs. 2 S. 2 FamFG). Auf den Beispielsfall übertragen, könnten die Eltern im laufenden Sorgerechtsverfahren nach einem erzielten Einvernehmen über das Wechselmodell ihre Anträge zurücknehmen und das gemeinsame Sorgerecht beibehalten.

Die zwischen ihnen getroffene Vereinbarung hinsichtlich einer Betreuung im Wechselmodell müsste im laufenden Sorgerechtsverfahren als Umgangsvereinbarung ausgestaltet werden, d.h. es würden ausschließlich die hälftig aufgeteilten Aufenthaltszeiten des Kindes bei beiden Elternteilen geregelt. Sind die Eltern sich von vornherein über eine Betreuung im Wechselmodell einig und wurde noch kein Sorgerechtsverfahren eingeleitet, müsste ein Elternteil sein Umgangsrecht mit einem Antrag nach § 1684 Abs. 1, 2. Hs. BGB geltend machen, sodass im laufenden Umgangsrechtsverfahren ein Vergleich nach § 156 Abs. 2 FamFG geschlossen werden könnte. Eine Entscheidung über die elterliche Sorge wäre bei dieser Variante der gerichtlichen Umsetzung des Wechselmodells nicht erforderlich.

Einvernehmen in § 1671 Abs. 1 S. 2 Nr. 1 BGB, vgl. Staudinger/*Coester*, § 1696 Rn. 72.

420 Palandt/*Götz*, § 1696 Rn. 5 f.

421 So AG Ludwigslust, Beschl. v. 19.11.2009 – 5 F 283/09; OLG Karlsruhe, Beschl. v. 05.11.2013 – 5 UF 27/13; Johannsen/Henrich/*Jaeger*, § 1671 Rn. 19; *Hammer*, FamRZ 2015, 1433, 1437.

Die Billigung des Vergleiches bringt das Gericht durch einen entsprechenden Beschluss zum Ausdruck, womit das Sorgerechts- oder Umgangsrechtsverfahren beendet würde.[422] Im Gegensatz zu einer privaten Elternvereinbarung ist der Vergleich gemäß § 86 Abs. 1 Nr. 2 FamFG vollstreckbar. Nach überwiegender Auffassung ist entsprechend § 89 Abs. 1, 2 FamFG auch im gerichtlich gebilligten Vergleich der Warnhinweis aufzunehmen, dass bei einer Zuwiderhandlung gegen den Vollstreckungstitel dem Verpflichteten Zwangsmittel auferlegt werden können. Ferner ist für eine inhaltliche Abänderung dieses Vergleichs gemäß § 166 Abs. 1 FamFG i.V.m. § 1696 Abs. 1 BGB eine gerichtliche Entscheidung erforderlich.[423]

Gegen eine Umsetzung durch einen gerichtlich gebilligten Vergleich spricht jedoch die nach hier vertretener Auffassung rechtssystematische Einordnung des Wechselmodells in den Bereich des Sorgerechts.[424] Zudem ist in anderen Kindschaftssachen als dem Umgang und der Herausgabe des Kindes ein gerichtlich gebilligter Vergleich ausdrücklich des Wortlauts von § 156 Abs. 2 FamFG nicht möglich.[425]

6. *Analoge Anwendung des § 156 Abs. 2 FamFG*

In Betracht kommt eine analoge Anwendung von § 156 Abs. 2 FamFG und die Ausweitung des Anwendungsbereichs auf Fragen des Kindesaufenthalts.[426] Der 20. Deutsche Familiengerichtstag (Arbeitskreis 7) ordnete das Wechselmodell dem Sorgerecht zu, erachtete eine Umsetzung nach § 156 Abs. 2 FamFG jedoch aufgrund einer bestehenden gesetzlichen Regelungslücke für zulässig.[427] Befürworter der Ausweitung des Anwendungsbereichs von § 156 Abs. 2 FamFG sehen die generelle gesetzgeberische Tendenz, den gerichtlich gebilligten Vergleich als Regelungsinstrument auszubauen.[428] Dies zeige sich zum einen darin, dass die Regelung in der allgemeinen, für alle Kindschaftssachen geltenden Vorschrift des § 156 FamFG eingefügt wurde und nicht in § 165 FamFG, welcher Bestimmungen zum Vermittlungsverfahren für den Fall, dass ein Elternteil sich nicht an die geltenden Umgangsregelung hält, beinhaltet.[429] Zum anderen komme diese Tendenz in der Ausweitung des Anwendungsbereichs von § 1696 Abs. 1 S. 1 BGB auch auf den gerichtlich gebilligten Vergleich zum Ausdruck.[430]

---

422 MüKo-FamFG/*Schumann*, § 156 Rn. 17.
423 MüKo-FamFG/*Schumann*, § 156 Rn. 29.
424 Vgl. in diesem Kapitel unter B. III.
425 Musielak/Borth/*Borth/Grandel*, § 156 FamFG Rn. 7.
426 Befürwortend: Bamberger/Roth/*Veit*, § 1671 Rn. 42; Staudinger/*Coester*, § 1671 Rn. 61; *Hammer*, FamRZ 2011, 1268, 1269. A.A. Kinderrechtekommission des DFGT, FamRZ 2014, 1157, 1161.
427 20. DFGT, Ergebnisse des Arbeitskreises 7.
428 Staudinger/*Coester*, § 1671 Rn. 61.
429 A.a.O.
430 A.a.O.

Da das Wechselmodell Fragen der Sorgeausübung betrifft und diese weder Gegenstand eines Sorgerechtsverfahrens noch einer Umgangsvereinbarung sein können, dürfte eine gerichtliche Umsetzung in Form eines Vergleichs über die Ausübung der elterlichen Sorge am ehesten der Systematik des Kindschaftsrechts entsprechen.[431] Für die entsprechende Anwendung des § 156 Abs. 2 FamFG spricht das darin enthaltene Erfordernis einer negativen Kindeswohlprüfung durch das Gericht. Dem Bedürfnis der Eltern nach Absicherung ihrer Vereinbarung würde durch die Vollstreckbarkeit des Vergleichs (§§ 86 Abs. 1 Nr. 2, 156 Abs. 2 FamFG) sowie der erschwerten Abänderbarkeit (§ 1696 Abs. 1 S. 1 BGB) Rechnung getragen. Zweifelhaft ist aber, ob die Voraussetzungen einer Analogie gegeben sind. Von einer planwidrigen Regelungslücke kann nicht ausgegangen werden, da der Gesetzgeber in § 156 Abs. 2 FamFG abschließend und ausschließlich die Vereinbarung über den Umgang und die Herausgabe des Kindes geregelt hat.[432] Daher bedürfte eine Umsetzung des Wechselmodells durch einen gerichtlich gebilligten Vergleich einer entsprechenden Gesetzesänderung.[433]

III. Reformbedarf

1. Umsetzung des Wechselmodells durch gerichtlich gebilligten Vergleich

Nach derzeitiger Rechtslage besteht für Eltern, die sich einvernehmlich auf eine Betreuung im Wechselmodell verständigt haben, keine Möglichkeit diese Betreuungsform gerichtlich anordnen zu lassen. Bisher existiert keine Rechtsgrundlage, die dem Gericht eine Regelungskompetenz für die Festlegung einer hälftigen Aufteilung des Kindesaufenthalts bei beiden Eltern verleiht. Mitunter wird der Gesetzgeber dazu aufgerufen, geeignete Regelungsinstrumente zur verbindlichen Ausgestaltung von Sorgerechtsvereinbarungen zu schaffen.[434] Vorgeschlagen wird die Einführung eines Rechtsinstituts elterlicher Sorgerechtsvereinbarung bzw. einer gerichtlichen Vergleichsmöglichkeit hierüber.[435] Zutreffend wird dazu ausgeführt, dass der Gesetzgeber hierzu aufgrund seiner Pflicht zur Ausgestaltung der Elternautonomie aus Art. 6 Abs. 2 GG berufen ist. Da den Eltern die Ausgestaltung der Sorgeausübung

431 So auch *Coester*, a.a.O.

432 So lehnte der Gesetzgeber auch eine Ausweitung des § 156 Abs. 2 FamFG auf Vereinbarungen über die elterliche Sorge und das Aufenthaltsbestimmungsrecht als Teil der elterlichen Sorge ausdrücklich ab, vgl. BT-Drs. 16/6308, S. 414.

433 Zu diesem Ergebnis kommt auch die Kinderrechtekommission des DFGT, vgl. FamRZ 2014, 1157, 1161.

434 Staudinger/*Coester*, § 1671 Rn. 13; Kinderrechtekommission des DFGT, FamRZ 2014, 1157, 1166 f.; *Hammer*, FamRZ 2015, 1433, 1444.

435 Kinderrechtekommission des DFGT, a.a.O.; *Coester*, FF 2010, 10, 12; Sünderhauf/*Rixe*, FamRB 2014, 469, 470.

überlassen ist, müsse der Gesetzgeber Regelungen schaffen, die eine durchsetzbare und bestandskräftige Umsetzung der Sorgevereinbarung ermöglichen.[436]

Übertragen auf das Wechselmodell dürfte sich eine gerichtliche Umsetzung bei Einvernehmen der Eltern am besten in Form der Ausweitung des Anwendungsbereichs des § 156 Abs. 2 FamFG auf die Ausgestaltung der Aufenthaltszeiten des Kindes verwirklichen lassen.[437] Ein wesentlicher Unterschied zum Sorgerechtsverfahren besteht in dem Erfordernis der Kindeswohlprüfung. Während das Gericht im Sorgerechtsverfahren an ein elterliches Einvernehmen gebunden ist, hat es die Billigung des Vergleichs zu unterlassen, wenn die vereinbarte Umgangsregelung zu einer Kindeswohlgefährdung führen könnte.[438] Im Rahmen der Kindeswohlprüfung erlangt auch ein geäußerter Kindeswille Bedeutung.[439] Hat das Kind ein Alter erreicht, in welchem es seine Meinung zur Betreuungssituation bereits bilden und äußern kann (ca. ab 7 Jahren)[440] und widerspricht es der Begründung oder Fortführung des Wechselmodells, da es die ständigen Wechsel als belastend empfindet, kann ein solches trotz Einvernehmen der Eltern nicht statuiert werden.[441] Bei der Umsetzung des Wechselmodells durch eine Sorgerechtsregelung findet der Kindeswille bei einem Einvernehmen der Eltern hingegen nur Berücksichtigung, wenn das Kind bereits das 14. Lebensjahr vollendet hat (§ 1671 Abs. 1 S. 2 Nr. 1 BGB).

Wie die Ausführungen zur psychologischen Sichtweise gezeigt haben, besteht bei dem Wechselmodell je nach den Umständen des Einzelfalls ein höheres Risiko für eine negative Auswirkung auf die Entwicklung des Kindes, so z. B. bei divergierenden Erziehungsstilen der Eltern oder einem konfliktbelasteten Elternverhältnis. Zudem besteht auch die Gefahr, dass das Wechselmodell vordergründig aus Elterninteressen praktiziert wird. Die in § 156 Abs. 2 FamFG vorgeschriebene negative Kindeswohlprüfung wäre ein geeignetes Mittel, um die beschriebenen Risiken zu minimieren. Das gerichtliche Korrektiv würde auf diese Weise zudem die Rechtsfolgen der Vollstreckbarkeit der Vereinbarung sowie seiner erschwerten Abänderbarkeit nach § 1696 Abs. 1 BGB rechtfertigen.

2. Reformvorschlag

Eine Ausweitung des § 156 Abs. 2 FamFG, welche die Umsetzung des Wechselmodells durch einen gerichtlich gebilligten Vergleich ermöglicht, könnte wie folgt lauten:

---

436 Staudinger/*Coester*, § 1671 Rn. 13; *ders.*, FF 2010, 10, 12.

437 Für eine entsprechende Gesetzesänderung: *Marchlewski*, FF 2015, 98, 107; Kinderrechtekommission des DFGT, FamRZ 2014, 1157, 1161; *Jokisch*, FuR 2013, 679, 683; *Hammer*, FamRZ 2011, 1268 f.; *Coester*, FF 2010, 10, 12.

438 MüKo-FamFG/*Schumann*, § 156 Rn. 19.

439 BGH, NJW 2011, 2360, 2362.

440 Siehe Kapitel 1, B. II.

441 *Jokisch*, FuR 2013, 679, 682.

§ 156 FamFG

(2) Erzielen die Beteiligten Einvernehmen *über den Umgang, die Herausgabe des Kindes oder eine in etwa hälftige Aufteilung des Kindesaufenthalts in beiden Elternhaushalten,* ist die einvernehmliche Regelung als Vergleich aufzunehmen, wenn das Gericht diese billigt (gerichtlich gebilligter Vergleich). Das Gericht billigt die Umgangsregelung *und die Regelung über den Kindesaufenthalt, wenn sie dem Kindeswohl nicht widersprechen.*

Die Mindestanforderungen an eine kindeswohldienliche Betreuung im Wechselmodell aus psychologischer Sicht[442] sollten im Rahmen der Kindeswohlprüfung (§ 156 Abs. 2 S. 2 FamFG) Berücksichtigung finden. Daher sollten für die Beurteilung, ob eine hälftige Aufteilung des Kindesaufenthalts dem Kindeswohl widerspricht, die im zweiten Kapitel zusammengefassten Kriterien vom Gericht beachtet werden:

Überblick

Voraussetzungen für eine Betreuung im Wechselmodell

Anforderungen an die Eltern
- Kooperationsbereitschaft und Kommunikationsfähigkeit
- Bereitschaft zu häufigen Absprachen
- Angemessener Umgang mit Konflikten: Kein Wechselmodell in Hochkonfliktfamilien bzw. bei Austragung von Konflikten vor dem Kind
- Motive der Eltern für das Wechselmodell sind kindeswohlorientiert
- Gleichberechtigte Betreuung des Kindes durch beide Elternteile vor der Trennung

Voraussetzungen bzgl. des Kindes
- Kindesalter von mindestens vier Jahren
- Stabile Beziehung zu beiden Elternteilen
- Berücksichtigung des Kindeswillens

Äußere Rahmenbedingungen
- Räumliche Nähe der Elternwohnungen
- Kindgerechte Ausstattung beider Elternwohnungen
- Flexible Anpassung der Betreuungszeiten an veränderte Lebensverhältnisse der Eltern und des Kindes

IV. Zwischenfazit

Sind sich die Eltern über eine Betreuung im Wechselmodell einig, können sie eine verbindliche Elternvereinbarung hierüber ohne Hinzuziehung des Gerichts treffen. Eine Abänderung der Vereinbarung kann einvernehmlich durch eine erneute private Vereinbarung oder – je nach angestrebtem Ziel – durch Einleitung eines Sorgerechts- oder Umgangsverfahrens erfolgen. Der Unterschied zu einer gerichtlichen

442 Vgl. zusammenfassend in Kapitel 2, B. V.

Umsetzung besteht in der Vollstreckbarkeit der Gerichtsentscheidung sowie der höheren Voraussetzung für eine Abänderung des vereinbarten Wechselmodells. Nach geltendem Kindschaftsrecht lässt sich eine wechselseitige Betreuung auch bei bestehendem Einvernehmen der Eltern nicht gerichtlich umsetzen. Um eine durchsetzbare und bestandskräftige Umsetzung des Wechselmodells durch gerichtlichen Beschluss zu ermöglichen bedarf es einer Gesetzesreform. Zu empfehlen ist eine entsprechende Ausweitung des Anwendungsbereichs von § 156 Abs. 2 FamFG, sodass die hälftige Aufteilung des Kindesaufenthalts bei beiden Elternteilen in Form eines gerichtlich gebilligten Vergleichs beschlossen werden kann.

D. Gerichtliche Anordnung gegen den Willen eines Elternteils

I. Fallkonstellationen

Bei der oft diskutierten Möglichkeit einer gerichtlichen Anordnung des Wechselmodells gegen den Willen eines Elternteils gilt es zwei Konstellationen zu unterscheiden. Zum einen kommt die erstmalige gerichtliche Anordnung des Wechselmodells – evtl. nach zuvor praktiziertem Residenzmodell – in Betracht. In diesem Fall dürfte der Elternteil, der das Wechselmodell gegen den Willen des anderen Elternteils anstrebt, entweder einen Antrag auf Ausweitung seines Umgangsrechts aus § 1684 Abs. 1 S. BGB oder auf Übertragung des Aufenthaltsbestimmungsrechts stellen.

In der zweiten Konstellation haben die Eltern bereits über einen längeren Zeitraum hinweg das Wechselmodell ausgeübt. Ein Elternteil stellt bei Gericht einen Antrag auf Übertragung des Aufenthaltsbestimmungsrechts und möchte das Wechselmodell zugunsten einer Betreuung im Residenzmodell aufgeben, wobei der andere Elternteil an dem Wechselmodell festhalten möchte und seinerseits einen Antrag nach § 1671 Abs. 1 BGB stellt. In diesem Fall geht es um die gerichtlich angeordnete Aufrechterhaltung des Wechselmodells gegen den Willen eines Elternteils.

II. Rechtsgrundlage

1. Sorgerechtsentscheidung (§ 1671 Abs. 1 S. 2 Nr. 2 BGB)

Besteht ein gemeinsames Sorgerecht und möchte ein Elternteil gegen den Willen des anderen Elternteils ein praktiziertes Residenzmodell zugunsten einer Betreuung im Wechselmodell aufgeben, könnte er einen Antrag auf Übertragung des alleinigen (Teil-) Sorgerechts nach § 1671 Abs. 1 S. 1 BGB stellen. Mit der Inhaberschaft des alleinigen Aufenthaltsbestimmungsrechts käme ihm grundsätzlich die Befugnis zu, entscheiden zu können, in welchen Zeiträumen sich das Kind bei welchem Elternteil aufhält, ggf. auch in Form eines Wechselmodells.

Inhalt der gerichtlichen Entscheidung kann jedoch ausschließlich die Inhaberschaft des Sorgerechts sein und nicht dessen Ausübung.[443] Diesbezüglich kann auf die Ausführungen zur gerichtlichen Umsetzung des Wechselmodells bei Elternkonsens verwiesen werden. In der Übertragung des Aufenthaltsbestimmungsrechts auf denjenigen Elternteil, der das Wechselmodell befürwortet, würde eine derartige Betreuung zwar durch das Gericht begünstigt.[444] Eine verbindliche Umsetzung des Wechselmodells besteht darin aber nicht, insbesondere vor dem Hintergrund, dass sich die praktische Umsetzung bei einem entgegenstehenden Willen des anderen Elternteils als schwierig erweisen würde. Zudem wäre es in sich widersprüchlich, eine Durchsetzung des Wechselmodells mithilfe der Aufhebung der gemeinsamen Sorge herbeizuführen, da dieses Betreuungsmodell gerade die gleichberechtigte Teilhabe beider Elternteile an der Sorge und am Leben des Kindes beinhaltet.[445]

Beantragen beide Elternteile eine Übertragung des alleinigen Aufenthaltsbestimmungsrechts, wobei einer von ihnen das Wechselmodell und der andere das Residenzmodell praktizieren möchte, kann das Gericht nach zum Teil vertretener Auffassung das Wechselmodell durch Anordnung eines wechselnden Aufenthaltsbestimmungsrechts umsetzen.[446] Danach sei das Wort „soweit" in § 1671 Abs. 1 S. 2 BGB auch als eine Möglichkeit der zeitlichen Begrenzung zu verstehen.[447] Mit diesem Begriff kommt jedoch nur der im Rahmen der Sorgerechtsentscheidungen geltende Verhältnismäßigkeitsgrundsatz zum Ausdruck, wonach das Gericht eine Aufhebung des gemeinsamen Sorgerechts nur dann anordnen soll, wenn eine Beschränkung auf Teilbereiche zur Wahrung des Kindeswohls nicht genügt.[448] Im Übrigen gilt hier ebenso wie für eine Umsetzung des Wechselmodells bei Elternkonsens, dass eine gespaltene Sorge dem Kontinuitätsgrundsatz sorgerechtlicher Entscheidungen widerspricht.

Wird ein Wechselmodell bereits praktiziert und stellt ein Elternteil einen Antrag auf Übertragung des alleinigen (Teil-) Sorgerechts mit dem Ziel, die wechselseitige Betreuung zu beenden, so kann das Gericht den Antrag nach § 1671 Abs. 1 S. 2 Nr. 2 BGB ablehnen, wenn es der Auffassung ist, dass die Beibehaltung der gemeinsamen Sorge dem Kindeswohl am besten entspricht.[449] Auch durch diese Entscheidung

443 Diesbzgl. zum Wechselmodell: OLG Saarbrücken, FamRZ 2015, 62.

444 *Völker/Clausius*, § 1 Rn. 322.

445 Kinderrechtekommission des DFGT, FamRZ 2014, 1157, 1163. Auch *Hammer* erachtet das in diesem Fall bestehende „erhebliche Machtgefälle" zwischen den Eltern als bedenklich, vgl. FamRZ 2015, 1433, 1437.

446 So *Hammer*, FamRZ 2015, 1433, 1437 m.w.Nw.

447 *Hammer*, a.a.O.

448 Johannsen/Henrich/*Jaeger*, § 1671 Rn. 38b; Palandt/*Götz*, § 1671 Rn. 25.

449 So in den Entscheidungen des OLG Brandenburg, FamRZ 2014, 1714 und OLG Naumburg, FamRZ 2014, 1860.

würde die Betreuung im Wechselmodell durch das Gericht „bestätigt", eine verbindliche Anordnung des Wechselmodells besteht darin hingegen nicht.[450]

Besteht kein gemeinsames Sorgerecht und strebt ein Elternteil die Betreuung im Wechselmodell an, so kommt ein Sorgerechtsverfahren nach § 1626a Abs. 2 BGB auf Antrag dieses Elternteils in Betracht. In diesem Rahmen könnte er sein Ziel einer gleichberechtigten Teilhabe sowohl im Sinne eines gemeinsamen Sorgerechts als auch einer geteilten Betreuung verfolgen. In diesem Fall würde die gemeinsame Sorge im rechtlichen Sinne mit einer Betreuung im Wechselmodell einhergehen. Ein Elternkonsens ist nicht notwendig, das Gericht überträgt die gemeinsame Sorge, wenn die Übertragung dem Kindeswohl nicht widerspricht. Aber auch hier gilt, dass damit nicht die Ausübung des Sorgerechts geregelt wird. Besteht ein gemeinsames Sorgerecht und insb. gemeinsames Aufenthaltsbestimmungsrecht, wird sich das Wechselmodell gegen den Willen eines Elternteils daher nicht umsetzen lassen können.

2. *Umgangsregelung (§ 1684 Abs. 3 BGB)*

Bei fehlendem Elternkonsens kann das Gericht eine Umgangsregelung auf Antrag des umgangsberechtigten Elternteils treffen (§ 1684 Abs. 3 S. 1 BGB). Sofern das Kindeswohl es erfordert, regelt das Gericht den Umgang auch von Amts wegen.[451] Maßstab der Entscheidung sind das Kindeswohl (§ 1697a BGB) sowie die berechtigten Wünsche der Eltern und der Kindeswille.[452] Vereinzelt wurde das Wechselmodell durch Umgangsregelungen des Gerichts nach § 1684 Abs. 3 BGB umgesetzt.[453] Nach zutreffender Ansicht stellt sich die Festlegung einer Betreuung im Wechselmodell jedoch als Ausübung des Aufenthaltsbestimmungsrechts der sorgeberechtigten Eltern dar und ist nicht dem Bereich des Umgangsrechts zuzuordnen.

Gegen eine Umgangsregelung zum Wechselmodell ohne Elternkonsens spricht zudem, dass die gerichtliche Befugnis in § 1684 Abs. 3 BGB auf die Festlegung von Aufenthaltszeiten begrenzt ist. Zutreffend hat das OLG Brandenburg in seiner Entscheidung vom 07.06.2012 daher eine von der Vorinstanz getroffene Umgangsregelung als unzulässig erklärt, da die Anordnung des Wechselmodells nach § 1684 Abs. 3 BGB die Umgangsregelungsbefugnis des Gerichts überschreite.[454] Der Senat führt hierzu aus, dass das Umgangsrecht dem umgangsberechtigten Elternteil aufgrund seines Elternrechts aus Art. 6 Abs. 2 GG zustehe, jedoch auch

450 Nach Ansicht von *Hammer* bleibt der Streit um die Ausgestaltung der Betreuung in diesem Fall weiter bestehen, vgl. FamRZ 2015, 1433, 1436.

451 Palandt/*Götz*, § 1684 Rn. 9.

452 Palandt/*Götz*, § 1684 Rn. 12.

453 OLG Braunschweig, FamRZ 2015, 61; KG, FamRZ 2012, 886; OLG Brandenburg, FamRZ 2009, 709, 710; AG Erfurt, FamRZ 2015, 339.

454 OLG Brandenburg, Beschl. v. 07.06.2012 – 15 UF 314/11. So auch OLG Karlsruhe, FamRZ 2015, 1736.

eine Beschränkung im Elternrecht des anderen Elternteils erfahre.[455] Erreicht das Umgangsrecht einen Umfang, der zu einer Verschiebung des Lebensmittelpunktes des Kindes (durch Begründung eines zweiten Lebensmittelpunktes) führt, greift es nach Auffassung des Senats in das Aufenthaltsbestimmungsrecht des (Mit-) Sorgeberechtigten ein.[456] Dies gilt nach der Rechtsprechung der Oberlandesgerichte erst Recht, wenn der das Wechselmodell ablehnende Elternteil alleiniger Inhaber des Aufenthaltsbestimmungsrechts ist.[457]

Dem liegt die hier vertretene Auffassung zugrunde, dass sich die Regelung eines Wechselmodells als Ausübung des Aufenthaltsbestimmungsrechts darstellt. Haben die Sorgeberechtigten eine Aufenthaltsbestimmung für das Kind getroffen, könne diese nicht einseitig abgeändert werden.[458] Da das Familiengericht im Sorgerechtsverfahren das Aufenthaltsbestimmungsrecht auf die Eltern übertragen dürfe, jedoch zur Ausübung der Aufenthaltsbestimmung selbst nicht befugt sei, würde eine Umgangsregelung, die über gelegentliche Eltern-Kind-Kontakte hinausgeht und den Aufenthalt des Kindes festlegt, diese Beschränkung konterkarieren.[459] Nach Auffassung des OLG Saarbücken ist dies als Umgehung einer eindeutigen gesetzgeberischen Entscheidung abzulehnen.[460] Konsequenterweise sei es dem Familiengericht daher insgesamt versagt, eine Regelung zur Anordnung des Wechselmodells zu treffen.[461]

In seinem Beschluss gelangt das OLG Brandenburg zu dem Ergebnis, dass es auf die Frage, ob das Wechselmodell gegen den Willen eines Elternteils dem Kindeswohl entsprechen könne, gar nicht ankomme, da die Familiengerichte aus Rechtsgründen zu einer solchen Regelung nicht befugt seien.[462] Selbst wenn im Einzelfall die Anordnung des Wechselmodells – sei es im Sorgerechts- oder Umgangsrechtsverfahren – ohne elterlichen Konsens dem Kindeswohl am besten entspreche würde, wäre eine entsprechende gerichtliche Entscheidung mangels Regelungskompetenz unzulässig.

455 OLG Brandenburg, a.a.O.

456 A.a.O.; OLG Karlsruhe, FamRZ 2015, 1736.

457 OLG Karlsruhe, a.a.O. In diese Richtung argumentiert auch das OLG Schleswig, welches sich als unbefugt erachtete, ein Wechselmodell gegen den Willen der Mutter, die gleichzeitig alleinige Inhaberin des Aufenthaltsbestimmungsrechts war, anzuordnen, vgl. OLG Schleswig, Beschl. v. 03.07.2015 – 10 UF 173/14.

458 OLG Brandenburg, Beschl. v. 07.06.2012 – 15 UF 314/11.

459 So auch Staudinger/*Coester*, § 1671 Rn. 23; Erman/*Döll*, § 1684 Rn. 26; *Heilmann*, NJW 2012, 16, 18; *Völker/Clausius*, § 1 Rn. 321.

460 OLG Saarbrücken, FamRZ 2015, 62 sowie Beschl. v. 13.10.2014 – 6 UF 93/14.

461 A.a.O. So auch OLG Brandenburg, Beschl. v. 07.06.2012 – 15 UF 314/11 sowie *Heiß/Castellanos*, Gemeinsame Sorge, Rn. 539.

462 So auch *Vogelgesang*, FamRB 2013, 45 und OLG Saarbrücken, FamRZ 2015, 62.

3. *Entscheidung nach § 1666 Abs. 1 BGB*

Das OLG Brandenburg hatte in einer Entscheidung vom 31.03.2010 den Eltern das gemeinsame Aufenthaltsbestimmungsrecht aufgrund drohender Kindeswohlgefährdung (§ 1666 Abs. 1, 2 Nr. 6 Alt. 1 BGB) entzogen und das Jugendamt zum Pfleger des Kindes bestellt.[463] Das Gericht sah eine Gefährdung des Kindeswohls darin, dass die Eltern immer noch auf ihre Konflikte auf der Paarebene fixiert und nicht fähig waren, ihr Handeln nach den Bedürfnissen des Kindes zu richten.[464] Der achtjährige Sohn hatte ausdrücklich den Willen geäußert, an dem seit zwei Jahren praktizierten Wechselmodell festzuhalten, was die Eltern missachteten, indem sie sich gegen das Wechselmodell aussprachen und sich ferner nicht auf einen Lebenspunkt des Kindes bei einem von ihnen einigen konnten. Durch die Übertragung der Aufenthaltsbestimmung auf das Jugendamt solle sichergestellt werden, dass eine dauerhafte Lösung für den Aufenthalt des Kindes entsprechend dem von ihm geäußerten Willen (Betreuung im Wechselmodell) gewährleistet ist.[465] In diesem Verfahren wurde das Wechselmodell somit mittelbar durch die Übertragung des Aufenthaltsbestimmungsrechts auf das Jugendamt als einen neutralen Dritten gegen den Willen beider Elternteile umgesetzt.

Als allgemein gültige Rechtsgrundlage zur gerichtlichen Umsetzung des Wechselmodells kann § 1666 BGB jedoch nicht gelten. In dem hier entschiedenen Ausnahmefall wies die Nichtetablierung des Wechselmodells auf einen Missbrauch der elterlichen Sorge hin. Entscheidend für die Feststellung der Kindeswohlgefährdung war die Nichtbeachtung des eindeutig geäußerten Kindeswillens durch die Eltern sowie ihr Unvermögen, sich dauerhaft über den Aufenthalt des Kindes zu einigen. Es hätte sich hierbei jedoch auch um jedes andere Betreuungsmodell handeln können.

Ferner beinhaltet auch dieser Beschluss keine verbindliche Anordnung des Wechselmodells. Der Pfleger entscheidet in seinem Wirkungskreis – hier also der Aufenthaltsbestimmung des Kindes – selbstständig.[466] So könnte sich der Kindeswille zur Fortsetzung des Wechselmodells wider Erwarten auch ändern bzw. das Jugendamt könnte durch Gespräche mit Eltern und Kind zu dem Ergebnis kommen, dass eine Betreuung im Residenzmodell dem Kindeswohl am besten entspricht.

III. Vereinbarkeit mit dem Kindeswohl

1. *Kindeswohl als gerichtlicher Beurteilungsmaßstab*

Gemäß der dargestellten Rechtsgrundlagen, die zur Anordnung des Wechselmodells in Betracht gezogen werden, ist das Kindeswohl bei der gerichtlichen Entscheidung maßgeblich zu berücksichtigen. Dies ergibt sich für eine Anordnung durch

---

463 OLG Brandenburg, FamRB 2012, 872.
464 OLG Brandenburg, FamRB 2012, 872, 873.
465 OLG Brandenburg, FamRB 2012, 872, 874.
466 MüKo/*Schwab*, § 1909 Rn. 43.

Sorgerechtsregelung aus § 1671 Abs. 1 Nr. 2 BGB. Auch bei einer Umgangsregelung hat das Gericht die Modalitäten festzulegen, die dem Kindeswohl am besten entsprechen (§§ 1684 Abs. 3 S. 1, 1697a BGB).[467] Es stellt sich daher die Frage, ob eine angeordnete Betreuung im Wechselmodell dem Kindeswohl dienen kann bzw. unter welchen Voraussetzungen dies möglich erscheint.

Allgemein meint der Begriff des Kindeswohls das körperliche, geistige und seelische Wohl des Kindes.[468] Wichtiger Bestandteil dieses unbestimmten Rechtsbegriffs ist das Ziel, das Kind zu einer selbstständigen, gemeinschaftsfähigen und verantwortungsbewussten Person zu erziehen.[469] Neben dem Kriterium, dem Kind betreffend seiner Bezugspersonen Stabilität und Kontinuität zu gewähren, gewinnt mit zunehmendem Alter des Kindes auch ein von ihm geäußerter Wille Bedeutung.[470] Etwaige Elterninteressen treten dabei stets hinter den Kindesinteressen und dem Ziel, eine dem Kindeswohl am besten dienende Entscheidung zu treffen, zurück.[471]

Im Rahmen von § 1671 Abs. 1 Nr. 2 BGB geht die Rechtsprechung davon aus, dass die Beibehaltung des gemeinsamen Sorgerechts nur dann dem Kindeswohl dient, wenn zwischen den Eltern eine sog. „soziale tragfähige Beziehung"[472] besteht. Diese äußere sich darin, dass die Eltern fähig sind, die gemeinsame Verantwortung für die Erziehung des Kindes zu übernehmen und sich über die Belange des Kindes gemeinsam zu verständigen.[473] Fehlt eine solche Kommunikations- und Kooperationsfähigkeit auf Seiten mindestens eines Elternteils, da die Beziehung von schweren Zerwürfnissen geprägt ist, bestünde die Gefahr, dass das Kind aufgrund häufiger Streitigkeiten zwischen den Eltern in einen Loyalitätskonflikt gerät.[474] In diesen Fällen sei ein gemeinsames Sorgerecht aus Gründen des Kindeswohls abzulehnen.

2. *Ansichten in der Rechtsprechung*

a) *Erstmalige Anordnung des Wechselmodells*

Die einhellige OLG-Rechtsprechung verlangt, dass zwischen den Eltern ein Einvernehmen über die Praktizierung des Wechselmodells besteht und lehnt eine erstmalige Anordnung gegen den Willen eines Elternteils ab.[475] Neben der Konsensfähigkeit der Eltern stellt die Rechtsprechung noch weitere hohe Anforderungen an

---

467 Johannsen/Henrich/*Jaeger*, § 1684 Rn. 5, 22.

468 MüKo/*Olzen*, § 1666 Rn. 42.

469 Bamberger/Roth/*Veit*, § 1666 Rn. 6; MüKo/*Olzen*, § 1666 Rn. 43.

470 MüKo/*Olzen*, § 1666 Rn. 43 ff.

471 A.a.O.

472 BVerfG, FamRZ 2004, 1015, 1016.

473 MüKo/*Hennemann*, § 1671 Rn. 70.

474 A.a.O.

475 OLG Saarbrücken, Beschl. v. 13.10.2014 – 6 UF 93/14; OLG München, FamRZ 2013, 1822; OLG Naumburg, FamRZ 2014, 50; OLG Frankfurt, FamRZ 2014, 317; OLG Brandenburg, Beschl. v. 15.10.2013 – 3 UF 90/12; OLG Hamm, FamRZ 2012, 1883, 1884; OLG Dresden, FamRZ 2011, 1741.

ein funktionierendes und damit dem Kindeswohl entsprechendes Wechselmodell, welche über die Voraussetzungen für die Beibehaltung eines gemeinsamen Sorgerechts hinausgehen.

Eine Anordnung des Wechselmodells komme danach nur in Betracht, wenn die Eltern jeweils ein niedriges Konfliktpotential aufweisen bzw. in der Lage sind, ihre Konflikte einzudämmen[476] sowie eine hohe Bereitschaft und Fähigkeit zu Kommunikation und Kooperation aufweisen[477]. Zusätzlich sollten die Eltern hochmotiviert und an den Bedürfnissen des Kindes ausgerichtet sein.[478] Sie müssten willens und in der Lage sein, sich dauerhaft über den Aufenthalt des Kindes sowie über ein einheitliches Erziehungskonzept zu einigen und die Vorstellungen des jeweils anderen in Erziehungsfragen tolerieren.[479] Vor dem Hintergrund dieser Anforderungen geht die Rechtsprechung davon aus, dass ein fehlender Konsens über die Installierung des Wechselmodells an dem Bestehen eines Mindestmaßes an Übereinstimmung zweifeln lässt. Fehlt ein gemeinsamer Kooperationswille, bestünde die Gefahr, dass das Kind aufgrund der Konflikte der Eltern in einen Loyalitätskonflikt gerate.[480]

b) Aufrechterhaltung des praktizierten Wechselmodells

Eine gerichtliche Anordnung des Wechselmodells gegen den Willen eines Elternteils ist in der bisherigen Gerichtspraxis nur in Form der zweiten Konstellation, der Aufrechterhaltung eines bereits praktizierten Wechselmodells, erfolgt.[481] Auch in diesen Verfahren wird eine Kooperationsfähigkeit zwischen den Eltern überwiegend als erforderlich erachtet, was bei einem fehlenden Konsens über die Etablierung des Wechselmodells in der Regel zu bezweifeln sei.[482] Ausnahmefälle wurden mitunter dann anerkannt, wenn die Beibehaltung des Wechselmodells aus Gründen des Kindeswohls als geboten erscheint, insb. bei einem dahingehend geäußerten

---

476 OLG Naumburg, FamRZ 2014, 50; OLG München, FamRZ 2007, 753, 754.

477 OLG Saarbrücken, Beschluss v. 26.06.2014 – 6 UF 62/14; OLG Naumburg, FamRZ 2014, 50.

478 OLG Hamm, FamRZ 2012, 1883, 1884.

479 OLG Naumburg, FamRZ 2014, 50; OLG Hamm, FamRZ 2012, 1883, 1884.

480 OLG München, FamRZ 2013, 1822, 1823.

481 OLG Braunschweig, FamRZ 2015, 61; OLG Naumburg, FamRZ 2014, 1860, 1861; OLG Karlsruhe, FamRZ 2014, 1124; OLG Schleswig, FamRB 2013, 251; KG, FamRZ 2012, 886; OLG Celle, FamRZ 2008, 2053; OLG Brandenburg, FamRZ 2009, 709, 710.

482 KG, Beschl. v. 22.05.2015 – 18 UF 133/14; OLG Karlsruhe, FamRZ 2015, 1736 sowie FamRZ 2014, 1124; OLG Koblenz, FamRZ 2010, 738; KG, FamRZ 2012, 886; 2008, 634. Anders hingegen das OLG Braunschweig, wonach die fehlende Kommunikation zwischen den Eltern für den Umfang der Mitbetreuung (hier in Form einer Umgangsregelung) unbeachtlich sei, vgl. FamRZ 2015, 61, sowie das OLG Brandenburg, welches den entgegenstehenden Wille eines Elternteils nicht als Veranlassung zur Abänderung der geteilten Betreuung erachtet, vgl. FamRZ 2009, 709, 710.

Kindeswillen und unter den dargestellten hohen Anforderungen an die Kommunikations- und Kompromissbereitschaft der Eltern.[483]

Anders als im Falle einer Beantragung der erstmaligen Anordnung, kann das Gericht hier die bisherigen Erfahrungen der konkreten Familie mit dem Wechselmodell berücksichtigen. So werden nicht selten Sachverständige auch zur Beurteilung der Entwicklung des Kindes unter der Wechselmodell-Betreuung befragt.[484] In einem Verfahren vor dem OLG Koblenz kam der Sachverständige zu dem Ergebnis, dass das derzeit praktizierte Betreuungsmodell den Kindern keine Kontinuität und Stabilität gäbe, sie nirgends zuhause seien und es aufgrund von Kommunikationsproblemen zwischen den Eltern zu Informationsverlusten komme.[485] Zweifel an der Kindeswohldienlichkeit der Anordnung bestehen mitunter aufgrund der Befürchtung, bei fehlender Kooperationsbereitschaft der Eltern würden Konflikte zulasten des Kindes ausgetragen.[486] In einer Entscheidung des OLG Naumburg konstatierte der Sachverständige hingegen, dass das Kind bisher eine positive Entwicklung genommen habe und sich die Aufenthaltswechsel als unproblematisch darstellten. Zudem kann bei bereits praktiziertem Wechselmodell im Einzelfall auch der für die Wahrung des Kindeswohls zu beachtende Grundsatz der Kontinuität der Betreuungsverhältnisse für eine Fortsetzung dieses Modells sprechen.[487] Auch die Gründe für die Ablehnung des Wechselmodells auf Seiten eines Elternteils werden mitunter beleuchtet, um auszuschließen, dass sich dieser durch seine ablehnende Haltung in rechtsmissbräuchlicher Weise eine bessere Position für die Übertragung des Aufenthaltsbestimmungsrechts verschaffen möchte.[488]

In diesem Zusammenhang ist die Rechtsprechung des OLG Brandenburg zu erwähnen. In einem Verfahren hatten die gemeinsam sorgeberechtigten Eltern ihre Kinder seit ihrer Trennung im Wechselmodell – zunächst mit Aufenthaltswechseln im wöchentlichen, dann im vierzehntätigen Rhythmus – betreut.[489] Beide Elternteile beantragten die Übertragung des Aufenthaltsbestimmungsrechts jeweils auf sich, wobei der Vater an der bisher praktizierten abwechselnden Betreuung festhalten wollte und die Mutter der Ansicht war, dass die Kinder einen festen Lebensmittelpunkt benötigten. Der Senat kam zu dem Entschluss, dass die Betreuung im Wechselmodell beendet werden müsse, da die Kinder sich immer noch in einem Loyalitätskonflikt zwischen den Eltern befänden und die Trennung für sie noch nicht zur Normalität geworden sei. Zudem schloss sich das Gericht den Ausführungen des Sachverständigen an, wonach noch keine gesicherten Erkenntnisse

---

483 KG, FamRZ 2012, 886; OLG Brandenburg, Beschl. v. 03.07.2015 – 10 UF 173/14.

484 Vgl. OLG Naumburg, FamRZ 2014, 1860, 1861. Ferner OLG Karlsruhe, FamRZ 2014, 1124, 1125 und OLG Koblenz, FamRZ 2010, 738, 739.

485 OLG Koblenz, FamRZ 2010, 738, 739. In diese Richtung argumentiert auch das KG, FamRZ 2014, 50, 52.

486 KG, FamRZ 2014, 50, 52.

487 OLG Naumburg, FamRZ 2014, 1860, 1861.

488 OLG Naumburg, FamRZ 2014, 1860, 1861; OLG Koblenz, FamRZ 2010, 738, 739.

489 Zum Folgenden: OLG Brandenburg, Beschl. v. 11.04.2002 – 10 UF 13/02.

über die Auswirkungen eines über einen längeren Zeitraum praktizierten Wechselmodells vorlägen. Da sich die Eltern nicht über den Aufenthalt der Kinder einigen konnten, wurde das gemeinsame Aufenthaltsbestimmungsrecht aufgehoben und das gemeinsame Sorgerecht im Übrigen beibehalten. Beide Elternteile wurden als erziehungsgeeignet eingestuft. Der Senat übertrug das Aufenthaltsbestimmungsrecht aus Gründen des Förderungsprinzips jedoch der Mutter, da von ihr eher erwartet werden könne, dass sie vom Wechselmodell in das Residenzmodel übergehen werde. In diesem Fall sei demjenigen Elternteil, der eher die Gewähr dafür bietet, dass ein bisher praktiziertes Wechselmodell beendet werde, das Aufenthaltsbestimmungsrecht zu übertragen.[490] In einem späteren Beschluss bestätigte der Senat diese Rechtsprechung.[491]

Ein beispielhaftes Verfahren dafür, dass eine Betreuung im Wechselmodell aufgrund starker Konflikte zwischen den Eltern nicht angeordnet werden kann, ist ein vom KG am 22.05.2015 entschiedener Fall.[492] Die gemeinsam sorgeberechtigten Eltern hatten ihr 13-jähriges Kind bereits im Wechselmodell betreut, wobei die Mutter sich aufgrund der Zerwürfnisse mit dem Vater mittlerweile gegen eine Betreuung im Wechselmodell ausgesprochen hat, der Vater jedoch weiterhin daran festhalten wollte. Das Gericht beurteilte die Beziehung der Eltern als hoch konfliktbehaftet. Dies äußere sich darin, dass sie nicht in der Lage seien, die Organisation des Kindesalltags gemeinsam zu bewältigen, da es hierbei immer zu Streit komme. Auch die Errichtung eines Übergabebuchs, welches den Eltern die Organisation erleichtern sollte, schlug fehl. Der Vater behauptete sogar, die Mutter habe beleidigende Ausdrücke gegen ihn in das Übergabebuch eingetragen. Im Ergebnis lagen nach Ansicht des Gerichts nicht die Voraussetzungen für eine Anordnung des Wechselmodells vor, da sich die fehlende Kommunikations- und Kooperationsfähigkeit der Eltern sowie ihr respektloses Verhalten untereinander beim Wechselmodell verstärkt negativ auf das Kindeswohl auswirken würde.

In einem anderen vom KG entschiedenen Verfahren konnten sich die gemeinsam sorgeberechtigten Eltern über die Frage, ob ihre achtjährige Tochter bei einem Elternteil einen Lebensmittelpunkt haben oder es bei dem seit eineinhalb Jahren praktizierten wöchentlichen Wechsel zwischen den Elternhaushalten bleiben sollte, nicht einigen.[493] Die Vorinstanz hatte eine Betreuung im Wechselmodell angeordnet. Die Mutter lehnte die Aufrechterhaltung der Betreuung im Wechselmodell ab und beantragte die Aufhebung des gemeinsamen Sorgerechts und Übertragung der Alleinsorge auf sich. Der Vater wollte an dem praktizierten Wechselmodell festhalten und beantragte seinerseits die Übertragung des Aufenthaltsbestimmungsrechts auf sich. Das KG kam zu dem Ergebnis, dass die Voraussetzungen für eine Aufhebung des gemeinsamen Sorgerechts nicht vorlägen. Die für eine gemeinsame Ausübung

490 A.a.O.; ebenso OLG Stuttgart, Beschl. v. 10.07.2007 – 16 UF 13/07.
491 OLG Brandenburg, FamRZ 2009, 1759, 1761.
492 Zum Folgenden: KG, Beschl. v. 22.05.2015 – 18 UF 133/14.
493 Zum Folgenden: KG, FamRZ 2012, 886.

des Sorgerechts in aller Regel erforderliche tragfähige soziale Beziehung der Eltern sei vorliegend gegeben, da die aktuell zwischen den Eltern bestehende Streitfrage des Lebensmittelpunkts des Kindes durch die Anordnung des Wechselmodells gelöst werden könne. Das Gericht erachtete in diesem Ausnahmefall die Anordnung des Wechselmodells im Hinblick auf das Kindeswohl als geboten.

Das für den Senat ausschlaggebende Kriterium bestand in dem im Verfahren geäußerten Kindeswillen. Die Tochter äußerte sich eindeutig dahingehend, dass sie an der gegenwärtigen Betreuungssituation nichts ändern möchte. Zudem berücksichtigte der Senat, dass es den Eltern über einen Zeitraum von eineinhalb Jahren gelungen sei, das Wechselmodell trotz der bestehenden ablehnenden Haltung der Mutter so zu praktizieren, dass es sich gut auf die Entwicklung ihrer Tochter ausgewirkt habe.[494] Dies sei vor allem als eine Leistung der Mutter zu werten. Es sei zu erwarten, dass die Mutter trotz Ablehnung des Wechselmodells bei der Betreuung auch zukünftig im Interesse des Kindes handeln werde.[495]

Das OLG Karlsruhe lehnte in seinem Beschluss vom 05.11.2013 einen Antrag der Mutter auf Abänderung einer per gerichtlich gebilligtem Vergleich vereinbarten abwechselnden Betreuung ab.[496] In den Entscheidungsgründen führt der Senat aus, dass es in der Vergangenheit zwar zu einer Vielzahl von Abstimmungsproblemen und Konflikten zwischen den Eltern gekommen sei, welche eine Belastung für die Kinder darstellten. Durch eine Reduzierung des Umgangs mit einem Elternteil würden die Kinder jedoch „in ihrem Grundbedürfnis nach Zuwendung, Liebe und ungeteilter Aufmerksamkeit und Selbstbestätigung erheblich enttäuscht und in ihrem Selbstverständnis erschüttert, weil der Vater nicht mehr am Alltagsleben der Kinder teilnehmen könne“.[497] Zudem berücksichtigte das Gericht das Kriterium der Kontinuität und den Umstand, dass die Kinder durch Beibehaltung der bisherigen Betreuung eine konsequente Aufrechterhaltung der Betreuungssituation und Verantwortungsübernahme durch die Eltern erführen.

3. *Ansichten in der Literatur*

Im Schrifttum wird die ablehnende Haltung der Rechtsprechung zur Anordnung des Wechselmodells gegen den Willen eines Elternteils überwiegend geteilt.[498] Eine Betreuung im Wechselmodell könne danach nur dann dem Kindeswohl dienen, wenn

---

494 Unter ähnlicher Argumentation gelangt das OLG Schleswig zu dem Ergebnis, dass die fehlende ausdrückliche Zustimmung eines Elternteils bei der Beurteilung einer gerichtlichen Anordnung des Wechselmodells von untergeordneter Bedeutung sei. In diesem Verfahren hatte der elfjährige Sohn ausdrücklich gewünscht, dass es bei der abwechselnden Betreuung bleiben soll, vgl. FamRB 2014, 251.

495 KG, a.a.O.

496 Zum Folgenden: OLG Karlsruhe, FamRZ 2014, 1124.

497 A.a.O.

498 Staudinger/*Coester*, § 1671 Rn. 5; Erman/*Döll*, § 1671 Rn. 16; *Finke*, NZFam 2014, 865, 869 f; *Bergmann*, ZKJ 2013, 489, 490; Bamberger/Roth/*Veit*, § 1671 Rn. 88;

alle Beteiligten dies wirklich wollten. Dies gelte insbesondere vor dem Hintergrund, dass nach allgemeinem Erfahrungssatz gerichtlich angeordnete Lösungen nicht so dauerhaft sind wie selbst gewählte und sich die tatsächliche Sorgegemeinschaft nicht verordnen lasse.[499] Eine fehlende Kooperation zwischen den Eltern würde beim Wechselmodell aufgrund der notwendig zu treffenden Absprachen zu häufigen Konflikten führen, wodurch das Kind einem ständigen Streitklima ausgesetzt sei.[500] Im Vergleich zu einer Betreuung im Residenzmodell wirke sich beim Wechselmodell daher ein hohes Konfliktniveau, welches bei fehlendem Grundkonsens über seine Durchführung zu erwarten sei, stärker auf das Kind aus.[501] Neben einem bestehenden Elternkonsens über die Installierung des Wechselmodells werden auch die weiteren, in der Rechtsprechung an die Eltern gestellten Anforderungen in der Literatur geteilt. Fehlt zwischen den Eltern eine Kooperationsbereitschaft, ist ihre Beziehung konfliktbehaftet und/oder haben sie unterschiedliche Erziehungsvorstellungen, könne eine Betreuung im Wechselmodell nicht dauerhaft funktionieren.[502] Allein die Tatsache, dass einer der Elternteile eine Betreuung im Wechselmodell gerichtlich gegen den Willen des anderen Elternteils durchzusetzen versucht und sich die Eltern nicht außergerichtlich auf eine Betreuungsform einigen konnten, lasse erhebliche Kommunikationsprobleme zwischen den Eltern vermuten.[503] Dies spreche bereits gegen die Ausübung des gemeinsamen Sorgerechts und erst Recht gegen die abwechselnde Betreuung, im Rahmen welcher ständig Absprachen und Kompromisse getroffen werden müssen.[504]

Nach der Auffassung von *Horndasch* ist die Anordnung des Wechselmodells gegen den Willen eines Elternteils nicht generell abzulehnen.[505] Maßgeblich für die gerichtliche Entscheidung über die Ausgestaltung der Betreuung sei die Frage, was dem Kindeswohl am besten entspreche. In der Regel, so *Horndasch*, werde es dem Kindeswohl nicht am besten entsprechen, ein Wechselmodell gegen den Willen eines Elternteils zu etablieren, da diese Betreuungsform ein hohes Maß an Kompromissbereitschaft und Kooperation erfordere.[506] Ausnahmen seien aber möglich, insb. wenn das Wechselmodell bereits seit längerer Zeit erfolgreich praktiziert wurde. In diesem Fall habe das Gericht zu prüfen, aus welchen Gründen ein Elternteil nunmehr das Wechselmodell ablehnt und ob es sich im Einzelfall immer noch um die Betreuungsform handelt, die dem Kindeswohl am besten entspricht.[507]

Jokisch, FuR 2013, 679, 681; *Eschweiler,* FPR 2006, 305, 306; *Gutjahr,* FPR 2006, 301, 304. A.A. *Sünderhauf,* Wechselmodell, S. 439 f.; *Völker/Clausius,* § 1 Rn. 324.

499 *Jokisch,* FuR 2013, 679, 681; *Bergmann,* ZKJ 2013, 489, 490.

500 *Eschweiler,* FPR 2006, 305, 306.

501 A.a.O.; *Finke,* NZFam 2014, 865, 869.

502 *Jokisch,* FuR 2013, 679, 682.

503 *Clausius,* jurisPR-FamR 18/2010, Anm. 7; *dies.,* jurisPR-FamR 15/2012, Anm. 5.

504 *Clausius,* jurisPR-FamR 18/2010, Anm. 7.

505 *Horndasch,* FuR 2011, 593, 595 f.

506 A.a.O.

507 A.a.O.

Ähnlich argumentiert auch *Hammer*, der für die Beurteilung, ob das Wechselmodell im Einzelfall dem Kindeswohl entspricht und daher gerichtlich angeordnet werden soll, eine zweistufige Prüfung vorschlägt.[508] In einem ersten Schritt soll demnach überprüft werden, ob auf Grundlage der allgemeinen Kindeswohlkriterien eine Betreuung im Wechselmodell in Betracht komme.[509] Sofern dies bejaht werde, soll in einem zweiten Schritt eine Abwägung der Vor- und Nachteile von Wechselmodell und Residenzmodell im Einzelfall vorgenommen werden.[510]

Sünderhauf vertritt die Ansicht, das Wechselmodell stelle in der Regel die beste Betreuungsform dar.[511] Auch bei zwischen den Eltern bestehenden hohen Konflikten solle eine Anordnung des Wechselmodells gegen den Willen eines Elternteils nicht ausgeschlossen werden.[512] Die negativen Auswirkungen elterlicher Konflikte auf das Kindeswohl seien bei einer Betreuung im Residenzmodell ebenso ausgeprägt wie im Falle einer Betreuung im Wechselmodell.[513] Der Vorzug des Wechselmodells gegenüber dem Residenzmodell bestünde in dem Aufbau einer intensiven Beziehung des Kindes zu beiden Elternteilen.[514] Bei beiden Betreuungsmodellen sei die Einhaltung objektiver, an den kindlichen Bedürfnissen angepasster Rahmenbedingungen erforderlich. Im Falle einer Betreuung im Wechselmodell gehören hierzu die Wohnortnähe der Eltern sowie die Aufstellung eines detaillierten Betreuungsplans.[515]

Der Arbeitskreis 7 des 20. DFGT fordert für ein gut funktionierendes Wechselmodell, dass die Anzahl der Wechsel gering gehalten werden, die Zeitverteilung möglichst paritätisch ausgestaltet wird, der Wechsel des Kindes zum anderen Elternteil an einem neutralen Ort stattfindet (i.d.R. Kindergarten bzw. Schule), die Entscheidungsbefugnisse ausgeglichen geregelt werden und ggf. beratende Unterstützung in Form von Mediation in Anspruch genommen wird.[516]

IV. Reformbedarf?

Für eine Anordnung des Wechselmodells gegen den Willen eines Elternteils besteht nach zutreffender Ansicht keine Rechtsgrundlage, da die gerichtliche Regelungskompetenz sowohl in einem Sorgerechtsverfahren nach § 1671 BGB als auch in einem Umgangsverfahren nach § 1684 Abs. 3 BGB dies nicht erfasst.

---

508 *Hammer*, FamRZ 2015, 1433, 1441 f.
509 A.a.O.
510 *Hammer*, FamRZ 2015, 1433, 1442 f.
511 *Sünderhauf*, Wechselmodell, S. 367.
512 A.a.O. Zu diesem Ergebnis gelangt auch der Arbeitskreis 7 des 20. DFGT unter Leitung von *Sünderhauf*, vgl. 20. DFGT, Ergebnisse des Arbeitskreises 7.
513 *Sünderhauf*, Wechselmodell, S. 366.
514 *Sünderhauf*, Wechselmodell, S. 485.
515 *Sünderhauf*, Wechselmodell, S. 366.
516 20. DFGT, Ergebnisse des Arbeitskreises 7.

1. Diskussion im Schrifttum

Vereinzelt wird die Ansicht vertreten, der Gesetzgeber sei von Verfassungs wegen dazu verpflichtet, die Möglichkeit einer Anordnung des Wechselmodells gegen den Willen eines Elternteils gesetzlich zu regeln.[517] Wäre eine Anordnung des Wechselmodells von der Zustimmung beider Elternteile abhängig, könne der Residenzelternteil durch eine willkürliche Verweigerung seiner Zustimmung bestimmen, in welchem Umfang der andere Elternteil am Leben des Kindes teilhabe.[518] Dadurch werde das Elternrecht des nichtbetreuenden Elternteils, der eine Etablierung des Wechselmodells anstrebt, als auch das Recht des Kindes auf Pflege und Erziehung durch seine Eltern (Art. 6 Abs. 2 S. 1 GG) verletzt.[519] Ferner liege eine Verletzung des Gleichheitsgrundsatzes aus Art. 3 Abs. 2 GG in Form einer mittelbaren Diskriminierung von Männern vor, da in der gesellschaftlichen Realität die Mutter als Hauptbetreuungsperson vorherrsche und es somit die Väter seien, denen die Durchsetzung einer hälftigen Betreuung gegen den Willen der Mutter versagt bliebe.[520]

Vorgeschlagen wird daher die Neufassung eines § 1671 Abs. 2a BGB, welcher die Anordnung des Wechselmodells ausdrücklich ermöglicht.[521] Zudem solle an dieser Stelle geregelt werden, dass das Gericht einen an den Bedürfnissen der Eltern und des Kindes gerichteten Betreuungsplan festlegt, welcher im Regelfall eine hälftige Aufteilung der Betreuungszeit vorsieht.[522]

2. Urteil des BVerfG vom 24.06.2015

In diesem Zusammenhang hat das BVerfG am 24.06.2015 in einem Nichtannahmebeschluss entschieden, dass die geltende Gesetzeslage insofern verfassungs- und völkerrechtskonform ist, als sie die Anordnung einer paritätischen Betreuung nicht als Regelfall vorsieht.[523] Eine Verletzung des Elternrechts aus Art. 6 Abs. 2 S. 1 GG sei nicht gegeben, da dem Gesetzgeber bei der Zuordnung bestimmter Rechte und Pflichten an die einzelnen Elternteile ein Gestaltungsspielraum zustünde und dieser umso größer sei, je weniger Übereinstimmung zwischen den Eltern bestünde. Ein Verstoß gegen den allgemeinen Gleichheitssatz (Art. 3 Abs. 1 GG) liege nicht vor, da eine etwaige Ungleichbehandlung im Rahmen der Verfahren nach § 1671 und

---

517 *Sünderhauf*, Wechselmodell, S. 442; *Sünderhauf/Rixe*, FamRB 2014, 469, 471; *Rixe*/Schriftenreihe des ISUV, Band 7, S. 71 ff. So auch die Forderung des ISUV im Bereich des Rechts der elterlichen Sorge und des Umgangsrechts, vgl. Schriftenreihe des ISUV, Band 7, S. 79.

518 *Sünderhauf*, a.a.O.; *Sünderhauf/Rixe*, a.a.O.

519 A.a.O.

520 *Sünderhauf/Rixe*, FamRB 2014, 469, 470; *Rixe*/Schriftenreihe des ISUV, Band 7, S. 76.

521 *Sünderhauf/Rixe*, FamRB 2014, 469, 471 f.

522 A.a.O.

523 Zum Folgenden: BVerfG, FamRZ 2015, 1585.

§ 1684 BGB aus Gründen des Kindeswohls erfolge und damit sachlich gerechtfertigt sei. Für einen Verstoß gegen den Grundsatz der Gleichberechtigung von Mann und Frau (Art. 3 Abs. 2 GG) sei aufgrund der geschlechtsneutralen Formulierung der §§ 1671, 1684 BGB bereits keine Ungleichbehandlung gegeben.

Die Frage, ob nach geltendem Recht die Anordnung eines Wechselmodells gegen den Willen eines Elternteils mangels bestehender Rechtsgrundlage per se ausgeschlossen sei und, sofern man dies bejaht, der Gesetzgeber seinen Gestaltungsspielraum durch Nichtregelung einer entsprechenden Anordnungsmöglichkeit verletze, ließ das BVerfG mangels Entscheidungserheblichkeit offen. Der Beschwerdeführer hatte im vorangegangenen familiengerichtlichen Verfahren die gerichtliche Umsetzung eines Wechselmodells gegen den Willen der Mutter angestrebt. Das Gericht lehnte ein solches nicht nur mangels Bestehens einer Rechtsgrundlage für die Anordnung des Wechselmodells, sondern insbesondere aus Gründen des Kindeswohls ab. Zwischen den Eltern bestünden erhebliche Konflikte und Spannungen als auch eine fehlende Kooperations- und Kommunikationsfähigkeit, weshalb zu erwarten sei, dass sich eine Betreuung im Wechselmodell belastend auf das Kind auswirke. Das BVerfG erachtete die Prognose der Vorinstanz zu den negativen Auswirkungen einer Betreuung im Wechselmodell auf das Kindeswohl aufgrund der hoch konfliktbehafteten Beziehung der Eltern als zutreffend.

3. Resolution des Europarats

Im Oktober 2015 unterzeichnete der Europarat eine Resolution, in welcher er die Mitgliedstaaten dazu auffordert, den Grundsatz der Doppelresidenz des Kindes nach Trennung der Eltern („principle of shared residence“) in ihre Gesetze aufzunehmen.[524] Ausnahmen von diesem Grundsatz sollen nur für die Fälle von Kindesmisshandlung, Vernachlässigung und häusliche Gewalt vorgesehen sein.[525] Die Aufteilung der Betreuungszeiten soll an die Bedürfnisse und Interessen des Kindes angepasst werden.[526] Die Resolutionen des Europarats tragen zur Entwicklung des Völkerrechts bei, entfalten aber keine Bindungswirkung gegenüber den Mitgliedstaaten.[527] Vor dem Hintergrund der Entscheidung des BVerfG vom 24.06.2015 plant die Bundesregierung derzeit keine gesetzliche Umsetzung der Resolution des Europarats.[528]

524 Parliamentary Assembly, Resolution 2079 (2015), No. 5.5.
525 A.a.O.
526 A.a.O.
527 *Lorenzmeier*, Völkerrecht, S. 55 f.
528 *Die Welt*, Scheidungskinder sollen zwei Zuhause haben, Zeitungsbericht v. 21.10.2015.

4. Stellungnahme

Die Möglichkeit zur Anordnung des Wechselmodells ohne Elternkonsens sollte m.E. weder als Regelfall noch als Betreuungsalternative zum Residenzmodell gesetzlich verankert werden.[529] Zum einen steht einer gerichtlichen Anordnung darüber, wie Eltern die Betreuung ihres Kindes wahrnehmen sollen, das Elternrecht aus Art. 6 Abs. 2 S. 1 GG entgegen, da Fragen der Sorgeausübung der Elternautonomie unterliegen.[530] Diese würde im Fall einer gegen den Willen eines Elternteils gerichtlich ausgestalteten Betreuungsform untergraben werden. Zum anderen dürfte nach den zutreffenden Argumenten der Rechtsprechung und überwiegenden Ansichten in der Literatur eine Betreuung im Wechselmodell ohne einen Elternkonsens in aller Regel nicht dem Kindeswohl dienen. Zumindest in den zu entscheidenden Fällen, in welchen ein Elternteil sich immerhin gezwungen sieht, gerichtliche Schritte einzuleiten, da anderenfalls eine Einigung nicht zustande kommt. Auch die Auswertung der ausländischen Studien zur Auswirkung einer geteilten Betreuung auf das Kindeswohl bestätigt dies. Denn danach erfordert eine Betreuung im Wechselmodell ein erhöhtes Maß an Kommunikations- und Kooperationsbereitschaft der Eltern und birgt höhere Risiken für das Kindeswohl bei Fehlen dieser Voraussetzungen.[531]

Ob eine Betreuung im Wechselmodell dem Kindeswohl am besten dient, ist immer eine Frage des Einzelfalls. Aus diesem Grund wird es auch Ausnahmefälle geben, in denen das Wechselmodell trotz entgegenstehenden Willens eines Elternteils die dem Kindeswohl am besten dienende Entscheidung sein kann. Insbesondere bei einer über einen längeren Zeitraum erfolgreich praktizierten Betreuung im Wechselmodell, im Rahmen welcher sich das Kind daran gewöhnt hat, gleich viel Zeit mit beiden Elternteilen zu verbringen und damit zufrieden ist. Besteht die zwischen den Eltern erforderliche Kooperationsbereitschaft, ist dann jedoch keine gerichtliche Anordnung der Aufenthaltszeiten des Kindes erforderlich. Stellt in diesem Fall derjenige Elternteil, der das Wechselmodell aufgeben möchte, einen Antrag auf Übertragung des Aufenthaltsbestimmungsrechts, würde eine Bestätigung des Wechselmodells durch Abweisung dieses Antrags erreicht.[532] Zwar besteht darin keine verbindliche Umsetzung des Wechselmodells. Zu einer Festlegung der Aufenthaltszeiten und somit der Ausübung des Aufenthaltsbestimmungsrechts anstelle der Eltern dürfte das Gericht jedoch wegen des Elternrechts ohnehin nicht befugt werden.

Zudem könnten die Betreuungszeiten nicht flexibel an die sich ändernden Lebensverhältnisse angepasst werden. Da zwischen den Eltern bereits hinsichtlich der Wahl des Betreuungsmodells die erforderliche Übereinstimmung fehlt, dürfte

---

529 Ausdrücklich gegen eine solche Gesetzesreform: Kinderrechtekommission des DFGT, FamRZ 2014, 1157, 1167; *Finke*, NZFam 2014, 865, 870; *Marchlewski*, FF 2015, 98, 106.

530 Bamberger/Roth/*Veit*, § 1671 Rn. 40.2.; *Marchlewski*, FF 2015, 98, 106.

531 Hierzu ausführlich in Kapitel 2, B.

532 OLG Karlsruhe, Beschl. v. 05.11.2013 – 5 UF 27/13. So auch die Kinderrechtekommission des DFGT, FamRZ 2014, 1157, 1167.

eine Änderung der Betreuungszeiten nur unter den erschwerten Bedingungen des Abänderungsverfahrens nach § 1696 BGB möglich sein. Die ständige Auseinandersetzung im gerichtlichen Verfahren würde wiederum die Beziehung der Eltern weiter belasten.

Ferner darf nicht unterschätzt werden, dass die Aufnahme einer Anordnungsmöglichkeit gegen den Willen eines Elternteils in das Gesetz eine Signal- und Leitfunktion hätte. Hierdurch dürfte das Wechselmodell weiter in das Bewusstsein der Öffentlichkeit gerückt werden. Auch Eltern, welche die Voraussetzungen für eine Betreuung im Wechselmodell nicht erfüllen, könnten sich aufgrund einer entsprechenden gesetzlichen Regelung zu einer Betreuung im Wechselmodell veranlasst fühlen. Es bestünde die Gefahr, dass die sonst barunterhaltspflichtigen Elternteile zum Zwecke der Einsparung von Unterhaltszahlungen vermehrt eine Betreuung im Wechselmodell fordern, wenn sie sich aufgrund einer Durchsetzungsmöglichkeit gegen den Willen des anderen Elternteils dazu berechtigt sehen.

V. Zusammenfassung

Die überwiegende OLG-Rechtsprechung lehnt eine Anordnung des Wechselmodells ohne Elternkonsens ab.[533] Die mitunter ergangenen Entscheidungen, in denen eine Aufrechterhaltung des Wechselmodells trotz entgegenstehendem Willen eines Elternteils angeordnet wurde, wurden in aller Regel mit dem in diesen Verfahren geäußerten Kindeswillen für die Beibehaltung des Wechselmodells, der bereits seit längerer Zeit erfolgreichen Praktizierung sowie dem Kriterium der Kontinuität der Betreuungsverhältnisse begründet. In der Literatur existieren vereinzelt Meinungen, die eine Anordnung des Wechselmodells gegen den Willen eines Elternteils in Hinblick auf dessen Elternrecht befürworten. Überwiegend besteht im Schrifttum aber die Auffassung, dass zum einen Klärungsbedarf betreffend der Auswirkungen des Wechselmodells auf das Kindeswohl bestünde und zum anderen das für eine Betreuung im Wechselmodell erforderliche Mindestmaß an Kooperations- und Kommunikationsfähigkeit der Eltern im Falle der Durchsetzung gegen den Willen eines Elternteils nicht erwartet werden könne.

Davon losgelöst zu beurteilen ist die Frage, ob eine Anordnung ohne Elternkonsens im familiengerichtlichen Verfahren überhaupt rechtlich möglich ist. Dies ist zu verneinen, da ein Instrumentarium zur verbindlichen Anordnung einer Betreuung im Wechselmodell im geltenden Kindschaftsrecht nicht existiert. Eine Entscheidung nach § 1671 Abs. 1 S. 2 Nr. 2 BGB kann keine Regelung zur Ausübung der Aufenthaltsbestimmung beinhalten. Eine mit hälftigen Aufenthaltszeiten ausgestaltete gerichtliche Umgangsregelung nach § 1684 Abs. 3 BGB ist nach zutreffender Auffassung unzulässig, da sie die Umgangsregelungsbefugnis des Gerichts überschreitet.

533 Eine Auflistung der wichtigsten obergerichtlichen Entscheidungen zum Wechselmodell mit ausführlichen Anmerkungen findet sich in: Deutscher Bundestag – Wissenschaftliche Dienste, Ausarbeitung v. 24.06.2015 (WD 9 – 3000 – 035/15), S. 7–13.

Reformbestrebungen mit dem Ziel, die gerichtliche Anordnung des Wechselmodells gegen den Willen eines Elternteils zu ermöglichen, sind nicht befürworten. Eine solche Anordnungsmöglichkeit impliziert, dass das Gericht anstelle der Eltern das Sorgerecht ausübt, was nicht mit Art. 6 Abs. 2 GG vereinbar ist. Darüber hinaus bestehen berechtigte Zweifel an der Kindeswohldienlichkeit einer Wechselmodell-Betreuung ohne Elternkonsens.

E. Elterliche Entscheidungsbefugnisse beim Wechselmodell

I. Entscheidungsbefugnisse nach Trennung der Eltern

Welche Befugnisse den Elternteilen nach ihrer Trennung bei den Entscheidungen in Kindesbelangen jeweils zustehen, hängt von der Verteilung des Sorgerechts als auch von der Festlegung der Hauptbetreuungsperson ab. Das Gesetz unterscheidet nach Bedeutung und Tragweite der für das Kind zu treffenden Entscheidung zwischen Angelegenheiten, deren Regelung für das Kind von erheblicher Bedeutung ist, solchen des täglichen Lebens und solchen der tatsächlichen Betreuung (vgl. §§ 1687 Abs. 1, 1687a, 1687b Abs. 1 BGB).

Steht einem Elternteil das alleinige Sorgerecht nach der Trennung zu, so ist dieser für alle Arten von Entscheidungen, welche das Kind betreffen, grundsätzlich allein entscheidungs- und vertretungsbefugt (§§ 1626 Abs. 1, 1629 Abs. 1 S. 1 BGB). Dem nicht sorgeberechtigten Elternteil räumt § 1687a BGB nur für den Zeitraum, in welchem sich das Kind mit Einwilligung des Sorgeberechtigten bei diesem aufhält (also in der Regel während des Umgangs), eine Befugnis für Entscheidungen der tatsächlichen Sorge zu. Eine Alleinvertretungsbefugnis für diese Entscheidungen folgt daraus nicht.[534] Mit Angelegenheiten der tatsächlichen Betreuung sind Entscheidungen über die Ernährung und Bekleidung des Kindes als auch darüber, wann das Kind zu Bett geht und wie es die Freizeit während dieses Zeitraums gestaltet, gemeint.[535]

Besteht ein gemeinsames Sorgerecht trotz dauerhaften Getrenntlebens fort, haben die Eltern Entscheidungen von erheblicher Bedeutung für das Kind im Einvernehmen zu treffen (§§ 1687 Abs. 1 S. 1, 1627 BGB) und sofern dies nicht möglich ist, eine gerichtliche Entscheidung nach § 1628 BGB zu erwirken. Zudem sind sie in diesen Angelegenheiten nur gemeinsam vertretungsberechtigt (§ 1629 Abs. 1 S. 2 BGB). In Abgrenzung zu den Angelegenheiten des täglichen Lebens, welche nach der Legaldefinition in § 1687 Abs. 1 S. 3 BGB häufig vorkommen und keine schwer abzuändernden Auswirkungen auf die Entwicklung des Kindes haben, handelt es sich bei den Angelegenheiten von erheblicher Bedeutung um grundsätzliche Entscheidungen. Dies trifft beispielsweise auf Entscheidungen über die

534 Bamberger/Roth/*Veit*, § 1687 Rn. 28.
535 Bamberger/Roth/*Veit*, § 1687 Rn. 28.1.

Ausbildungs- oder Berufswahl, über bedeutende ärztliche Behandlungen, die Unterbringung in einer Betreuungseinrichtung sowie über das religiöse Bekenntnis zu.[536]

Im Unterschied dazu handelt es sich beispielsweise bei den Fragen des Schulalltags, der Behandlung von weniger gravierenden Krankheiten, der Freizeitgestaltung (Beitritt in Sportvereinen, Erlernen von Musikinstrumenten) sowie des Umgangs mit Freunden und Nachbarn um Entscheidungen des täglichen Lebens.[537] Diese sog. Alltagssorge, welche neben der alleinigen Entscheidungsbefugnis auch die alleinige Vertretungsmacht umfasst, steht im Falle eines gemeinsamen Sorgerechts nur demjenigen Elternteil zu, bei dem sich das Kind mit Einwilligung des anderen Elternteils oder aufgrund einer gerichtlichen Entscheidung gewöhnlich aufhält (§ 1687 Abs. 1 S. 2 BGB). Der Begriff des gewöhnlichen Aufenthalts iSd. § 1687 Abs. 1 S. 2 BGB entspricht weitestgehend dem der Obhut iSd. § 1629 Abs. 2 S. 2 BGB, verlangt darüber hinaus aber, dass die Festlegung des Kindesaufenthalts beim überwiegend betreuenden Elternteil rechtmäßig ist.[538] Erforderlich ist mithin, dass der Schwerpunkt der Fürsorge und Betreuung bei einem Elternteil liegt und sich das Kind bei diesem mit Einwilligung des anderen Elternteils oder aufgrund einer Gerichtsentscheidung aufhält.[539]

Der andere Elternteil hat, solange sich das Kind mit Einwilligung des betreuenden Elternteils bzw. aufgrund gerichtlicher Entscheidung bei ihm aufhält, nur die Befugnis zur alleinigen Entscheidung in Angelegenheiten der tatsächlichen Betreuung (§ 1687 Abs. 1 S. 4 BGB). Gemeint sind auch hier die Entscheidungsbefugnisse während der Umgangskontakte zwischen nicht betreuendem Elternteil und Kind. Der Regelung des § 1687 BGB liegt mithin das Leitbild des Residenzmodells zugrunde.[540] Der Sinn und Zweck dieser abgestuften Bestimmungsbefugnisse trotz gemeinsamer Sorge besteht darin, dem Residenzelternteil die eigenständige Bewältigung des Kindesalltags zu ermöglichen, da er anderenfalls über jede Entscheidung mit dem anderen Elternteil Rücksprache halten müsste. Dies wiederum birgt ein erhöhtes Konfliktpotential.[541] Dauerhaft würde dieser Umstand dazu führen, dass sich der betreuende Elternteil um das alleinige Sorgerecht bemühen würde.[542]

Unabhängig von der Zuteilung des Sorgerechts besteht für jeden Elternteil bei Gefahr in Verzug eine Befugnis zu Rechtshandlungen, die zum Wohle des Kindes erforderlich sind (§§ 1687Abs. 1 S. 5, 1687a, 1629 Abs. 1 S. 4 BGB).

536 NK-BGB/*Peschel-Gutzeit*, § 1687 Rn. 12.
537 NK-BGB/*Peschel-Gutzeit*, § 1687 Rn. 14.
538 Bamberger/Roth/*Veit*, § 1687 Rn. 20. Zum Begriff der Obhut vgl. Kapitel 6, A. I. 1.
539 Bamberger/Roth/*Veit*, a.a.O.
540 A.a.O.
541 BT-Drucks. 13/4899, S. 58, 107; NK-BGB/*Peschel-Gutzeit*, § 1687 Rn. 4.
542 A.a.O.

II. Übertragung auf das Wechselmodell

1. *Alleinsorge eines Elternteils*

Für die seltene Konstellation, dass ein Wechselmodell bei bestehender Alleinsorge eines Elternteils praktiziert wird, bleibt es bei den Regelungen der §§ 1626 Abs. 1, 1629 Abs. 1 S. 1, 1687a BGB. Denn allein durch eine umfangreiche Mitbetreuung des anderen Elternteils werden die Alleinentscheidungsbefugnisse des Sorgeberechtigten nicht eingeschränkt.[543] Demzufolge würde trotz einer geteilten Betreuung einem Elternteil die alleinige Entscheidungs- und Vertretungsbefugnis sowohl in Grundsatz- als auch in Alltagsentscheidungen zukommen, während der andere Elternteil nur während seiner Betreuungszeiten die Entscheidungsbefugnis in Angelegenheiten der tatsächlichen Betreuung hätte. Zweifelhaft ist, ob sich das praktisch durchsetzen ließe, da auch während der Betreuungszeiten des nicht sorgeberechtigten Elternteils Alltagsentscheidungen getroffen werden müssen. Mitunter wird daher die Auffassung vertreten, dass auch bei Alleinsorge eines Elternteils im Falle einer Betreuung im Wechselmodell beide Elternteile Alltagsentscheidungen treffen können.[544] Nach dieser Ansicht sei zu berücksichtigen, dass auch der nicht sorgeberechtigte Umgangselternteil eine gewisse Sicherheit bei Alltagsentscheidungen benötige, was eine Ausweitung seiner Entscheidungsbefugnisse auf bestimmte Alltagsfragen rechtfertige.[545]

Möglich wäre zudem eine teilweise Übertragung von Entscheidungsbefugnissen in Alltagsangelegenheiten auf den nicht sorgeberechtigten Elternteil. Ein deutliches Übergewicht an Entscheidungsmacht auf Seiten eines Elternteils widerspricht jedenfalls dem Grundgedanken des Wechselmodells im Sinne einer gleichberechtigten Betreuungs- und Erziehungsverantwortung. Besteht der Sorgeberechtigte auf seine alleinige Entscheidungs- und Vertretungsbefugnis in der Weise, dass er ohne Rücksicht auf die Ansichten des anderen Elternteils handelt, ist zudem zweifelhaft, ob es sich dabei noch um ein Wechselmodell handelt. Erschwerend kommt hinzu, dass in diesem Fall auch ein neuer Ehegatte des sorgeberechtigten Elternteils mit dessen Einvernehmen eine Mitentscheidungsbefugnis in Angelegenheiten des täglichen Lebens hätte (vgl. § 1687b Abs. 1 S. 1 BGB). Die Entscheidungsbefugnis des Ehegatten des Sorgeberechtigten könnte somit sogar über die des anderen Elternteils hinausgehen.

2. *Gemeinsames Sorgerecht der Eltern*

Besteht ein gemeinsames Sorgerecht, stellt sich bei einer Betreuung im Wechselmodell die Frage, ob einem bzw. welchem Elternteil die alleinige Entscheidungs- und Vertretungsbefugnis in Alltagsfragen des Kindes zusteht. Denn unklar ist, ob

---

543 *Finke*, NZFam 2014, 865.
544 *Sünderhauf*, Wechselmodell, S. 489; OLG Zweibrücken, FamRZ 2001, 639.
545 OLG Zweibrücken, FamRZ 2001, 639, 641.

das Kind auch beim Wechselmodell einen gewöhnlichen Aufenthalt iSd. § 1687 Abs. 1 BGB bei einem oder evtl. beiden Elternteilen hat. Die im Gesetz angelegte Unterscheidung zwischen Residenz- und Umgangselternteil passt insofern nicht.

Nach einer Ansicht ist § 1687 Abs. 1 S. 2, 3 BGB mangels eines gewöhnlichen Aufenthalts des Kindes bei einem Elternteil nicht anwendbar mit der Folge, dass eine Alleinsorge in Alltagsentscheidungen beim Wechselmodell nicht besteht.[546] Unter analoger Anwendung von § 1687 Abs. 1 S. 1 BGB sollen die Eltern die Angelegenheiten des täglichen Lebens im Einvernehmen entscheiden und, sofern dies nicht möglich ist, eine gerichtliche Entscheidung nach § 1628 BGB herbeiführen[547] Dementsprechend bliebe es hinsichtlich der Alltagsfragen auch bei einer gemeinsamen Vertretungsmacht (§ 1629 Abs. 1 S. 1 BGB). Eine Alleinentscheidungsbefugnis käme den Eltern während ihrer Betreuungszeit somit nur bei Angelegenheiten der tatsächlichen Betreuung zu.[548]

Eine andere Auffassung sieht beide Elternteile jeweils für die Dauer ihrer Betreuungszeit als Residenzelternteil, d. h. das Kind hält sich bei beiden Elternteilen gewöhnlich auf, und schlägt daher eine periodisch wechselnde Entscheidungs- und Vertretungsbefugnis in Alltagsfragen vor.[549] Die Alltagssorge wechsele immer dann mit, wenn auch das Kind seinen Aufenthalt von dem Haushalt eines Elternteils in den Haushalt des anderen Elternteils zeitweise verlegt.[550] Dies sei zudem die Rechtfolge der gerichtlichen Umsetzung des Wechselmodells in Form eines alternierenden Aufenthaltsbestimmungsrechts.[551] Gegen eine wechselnde Alleinsorge in Alltagsangelegenheiten ist einzuwenden, dass die Eltern konträre Entscheidungen treffen könnten.[552] So könnte die Entscheidung eines Elternteils zur Anmeldung des Kindes in einem Sportverein in der darauffolgenden Betreuungswoche des anderen Elternteils wieder aufgehoben werden. Dasselbe gilt für Entscheidungen über den Umgang des Kindes mit Freunden sowie über die Behandlung von leichteren Erkrankungen usw. Die typischen Angelegenheiten des Alltags haben meist

---

546 So Johannsen/Henrich/*Jaeger*, § 1687 Rn. 7; *Kaiser*, FPR 2008, 143, 145; *Bergmann*, ZKJ 2013, 489; NK-BGB/*Peschel-Gutzeit*, § 1687 Rn. 14; *Frauenknecht*, NJW-Spezial 2014, 68.

547 *Kaiser*, FPR 2008, 143, 145; NK-BGB/*Peschel-Gutzeit*, § 1687 Rn. 14.

548 *Kaiser*, FPR 2008, 143, 145.

549 Staudinger/*Salgo*, § 1687 Rn. 15; Erman/*Döll*, § 1687 Rn. 3; MüKo/*Hennemann*, § 1687 Rn. 1; *Hammer*, FamRZ 2015, 1433, 1438; *Finke*, NZFam 2014, 865, 867; Bamberger/Roth/*Veit*, § 1687 Rn. 23; *Gottschalk*, FamFR 2012, 286. Unter analoger Anwendung von § 1687 Abs. 1 S. 2 BGB: *Jokisch*, FuR 2013, 679, 680; *Schilling*, NJW 2007, 3233, 3236 f. Zum ganzen vgl. auch *Marchlewski*, FF 2015, 98, 100 m.w.Nw.

550 Staudinger/*Salgo*, § 1687 Rn. 15.

551 *Hammer*, FamRZ 2015, 1433, 1438. Zum Vorschlag der Umsetzung des Wechselmodells durch ein wechselndes Aufenthaltsbestimmungsrecht vgl. in diesem Kapitel unter C. II. 2. b).

552 Kinderrechtekommission des DFGT, FamRZ 2014, 1157, 1164; *Kaiser*, FPR 2008, 143, 145.

dauerhafte Auswirkungen, welche über die jeweilige Betreuungswoche hinausreichen, weshalb Entscheidungen hierüber einer gewissen Kontinuität unterworfen sein sollten. Im Ergebnis ist die (wenn auch nur zeitweise) alleinige Alltagssorge nicht mit einer Betreuung im Wechselmodell vereinbar.[553]

Die gemeinsame Entscheidungs- und Vertretungsbefugnis sollte sich daher auch auf die Angelegenheiten des täglichen Lebens erstrecken. Nach dem hier zugrundeliegenden Begriff des Wechselmodells[554], ließe sich zudem ein gewöhnlicher Aufenthalt des Kindes bei einem oder beiden Elternteilen nicht herleiten, da sich das Wechselmodell gerade durch einen fehlenden Betreuungsschwerpunkt vom Residenzmodell abgrenzt.

Zum Teil wird an der Handhabbarkeit des Betreuungsalltags gezweifelt, wenn sich die Eltern über alle Entscheidungen des Alltags verständigen müssen.[555] Dies liefe dem Sinn und Zweck des § 1687 Abs. 1 S. 2 BGB, die Umsetzung der gemeinsamen Sorge trotz Getrenntleben der Eltern zu ermöglichen, zuwider.[556] Könnten sich die Eltern nicht über alle Alltagsentscheidungen einigen, müssten zudem vermehrt Verfahren zur gerichtlichen Entscheidung (§ 1628 BGB) geführt werden, welche auf Dauer das Verhältnis der Eltern zusätzlich belasten würden. An dieser Stelle wird jedoch verkannt, dass das Erfordernis einer ständigen Absprache und Kooperation zwischen den Eltern dem Wechselmodell immanent ist. Denn anders lässt sich eine gemeinsame Betreuungs- und Erziehungsverantwortung nicht umsetzen. Das Ziel der Regelung des § 1687 Abs. 1 S. 2 BGB, solche Absprachen zu vermeiden, entstand unter dem Leitbild einer Betreuung im Residenzmodell und muss daher nicht zwingend für das Wechselmodell gelten.

In der praktischen Umsetzung bedeutet dies, dass die Eltern vorab klären sollten, in welchen Angelegenheiten es bei dem Erfordernis eines Einvernehmens verbleibt und sich in den übrigen Angelegenheiten gegenseitig bevollmächtigen.[557] Dem stehen auch die mitunter geäußerten Zweifel an der Disposivität des § 1687 Abs. 1 BGB nicht entgegen.[558] Danach sei zu befürchten, dass die mit der Regelung bezweckte Konfliktvermeidung gefährdet sein könne, wenn der betreuende Elternteil zur Einschränkung seiner Alleinsorge befugt sei.[559] Auf das Wechselmodell lässt sich dies nicht übertragen, da sich hier keine Hauptbetreuungsperson festlegen lässt

553 So auch *Kaiser*, FPR 2008, 143, 145.

554 Vgl. hierzu in Kapitel 1, B. V.

555 Bamberger/Roth/*Veit*, § 1687 Rn. 23; Staudinger/*Salgo*, § 1687 Rn. 15

556 A.a.O.

557 MüKo/*Hennemann*, § 1687 Rn. 6. In diese Richtung geht auch *Sünderhauf*, indem sie vorschlägt, dass Alltagsentscheidungen von den Eltern gemeinsam zu treffen oder die Entscheidungsverantwortungen eigenverantwortlich untereinander aufzuteilen sind, vgl. *Sünderhauf*, Wechselmodell, S. 489.

558 Vgl. hierzu Staudinger/*Salgo*, § 1687 Rn. 13; Johannsen/Henrich/*Jaeger*, § 1687 Rn. 11.

559 A.a.O.

und Konflikte demzufolge nur durch Absprachen zwischen den Eltern vermieden werden können.[560]

Besteht eine entsprechende Konsensfähigkeit, würde sich auch bei einer wechselnden Alleinsorge die Gefahr konträrer Alleinentscheidungen der Eltern verringern. Unter diesen Voraussetzungen dürften daher beide Lösungsansätze geeignet sein und sich in der praktischen Umsetzung kaum voneinander unterscheiden.[561] Dies bedeutet gleichzeitig, dass sich der Betreuungsalltag bei fehlender Kooperationsbereitschaft der Eltern nach beiden Ansätzen nicht konfliktfrei gestalten ließe. Liegt ein Streitfall dergestalt vor, dass zwischen den Eltern häufig kein Einvernehmen in Kindesbelangen erzielt werden kann, könnte dieser im Falle einer wechselnden Alleinsorge jedoch nicht gelöst werden. Zu denken ist zwar an eine analoge Anwendung von § 1687 Abs. 2 BGB, wonach die Entscheidungs- und Vertretungsbefugnis eines Elternteils durch gerichtliche Entscheidung eingeschränkt oder ausgeschlossen werden kann. Eine Einschränkung dieser Befugnisse ergeht jedoch nur, wenn dies für das Kindeswohl erforderlich ist, d. h. es müssen triftige, das Kindeswohl nachhaltig berührende Umstände vorliegen.[562]

Zudem ist fraglich, anhand welcher Kriterien das Gericht bestimmen soll, welcher Elternteil die Alleinsorge in Alltagsangelegenheiten haben soll und welcher hiervon in Zukunft ausgeschlossen ist. Geht man hingegen davon aus, dass § 1687 Abs. 1 S. 2 BGB beim Wechselmodell keine Anwendung findet und die Eltern nach dem Grundsatz des § 1627 BGB im Einvernehmen entscheiden, bliebe im Streitfall über einzelne Angelegenheiten die Möglichkeit der Einholung einer gerichtlichen Entscheidung nach § 1628 BGB. Insgesamt zeigt die Diskussion um die Anwendbarkeit des § 1687 Abs. 1 S. 2 BGB einmal mehr auf, dass sich eine Betreuung im Wechselmodell ohne die Bereitschaft und Fähigkeit der Eltern zur Kooperation nur schwer umsetzen ließe.[563]

III. Reformbedarf?

Der Gesetzgeber hat in § 1687 BGB die Verteilung der elterlichen Entscheidungsbefugnisse ausschließlich für das Residenzmodell geregelt, da es sich hierbei um den Regelfall der Kindesbetreuung nach Trennung der Eltern handelt. Die abgestuften Befugnisse lassen sich nicht auf eine Betreuung im Wechselmodell übertragen, da dieses anders als das Residenzmodell dem Grundgedanken der gleichberechtigten Erziehungs- und Betreuungsverantwortung unterliegt. Vielmehr ließe sich durch

---

560 Für die Möglichkeit einer von der Regelung des § 1687 Abs. 1 BGB abweichenden Elternvereinbarung im Wechselmodell, jedoch im Sinne einer wechselnden Alltagssorge, spricht sich *Jaeger* aus, vgl. Johannsen/Henrich/*Jaeger*, § 1687 Rn. 11.

561 Zu diesem Ergebnis gelangt auch die Kinderrechtekommission des DFGT, vgl. FamRZ 2014, 1157, 1164.

562 MüKo/*Hennemann*, § 1687 Rn. 20.

563 So auch die Kinderrechtekommission des DFGT, FamRZ 2014, 1157, 1164; MüKo/*Hennemann*, § 1687 Rn. 1.

eine analoge Anwendung des § 1687 Abs. 1 S. 1 BGB auf Alltagsangelegenheiten sowie durch gegenseitige Vollmachten für konkrete Angelegenheiten erreichen, dass die Eltern eine solche im Betreuungsalltag umsetzen könnten.

Auch im Falle der Alleinsorge besteht die Möglichkeit, eine gemeinsame Entscheidungsverantwortung durch punktuelle Bevollmächtigungen des nicht sorgeberechtigten Elternteils zu erreichen. Die Regelungen der §§ 1687, 1687a BGB stehen dem nicht entgegen, weshalb eine Reform nicht erforderlich ist.[564] Dem Vorschlag, eine Ausweitung des § 1687 Abs. 1 S. 1 BGB auf Alltagsfragen für das Wechselmodell gesetzlich zu verankern[565], kann aus diesem Grund nicht gefolgt werden. Der damit angestrebten Klarstellung bedarf es im Grunde nicht. In der Rechtsprechung existiert bisher nur eine veröffentlichte Entscheidung zur Verteilung der Entscheidungsbefugnis bei einer Betreuung im Wechselmodell[566], woran zu erkennen ist, dass das Streitpotential in diesem Bereich, insbesondere im Vergleich zum Unterhaltsrecht, gering ist. Wie oben ausgeführt, müssen sich die Eltern zudem nach beiden Lösungsansätzen kooperativ verhalten. Eine gesetzliche Festlegung auf eine der beiden vertretenen Ansichten würde daran nichts ändern.

F. Zusammenfassung und Fazit zu Kapitel 3

Das Wechselmodell ist dem Bereich des Sorgerechts zuzuordnen und stellt sich als Ausübung des Aufenthaltsbestimmungsrechts dar. Nach derzeitiger Rechtslage kann es nur in Form einer privaten Elternvereinbarung zulässig umgesetzt werden. Für eine gerichtliche Anordnung – mit oder ohne Elternkonsens – fehlt es an einer entsprechenden Rechtsgrundlage, da das Gericht nur zur Bestimmung des Sorgerechtsinhabers sowie der Regelung von Umgangskontakten befugt ist. Dennoch ergehen nicht selten gerichtliche Beschlüsse und gerichtlich gebilligte Vergleiche, in denen ein abwechselnder Aufenthalt des Kindes in Form einer Sorgerechtsentscheidung oder Umgangsregelung umgesetzt wird.

Die viel diskutierte Frage, ob eine gesetzliche Grundlage zur Anordnung des Wechselmodells durch gerichtlichen Beschluss geschaffen werden sollte, ist nur für den Fall, dass beide Elternteile das Kind im Wechselmodell betreuen möchten, zu bejahen. Zu diesem Zweck ist eine Ausweitung des Anwendungsbereichs des § 156 Abs. 2 FamFG zu befürworten. Eine Rechtsgrundlage zur Anordnung des Wechselmodells gegen den Willen eines Elternteils sollte hingegen nicht geschaffen werden. Noch mehr als im Falle einer Betreuung im Residenzmodell bedarf es beim Wechselmodell einer umfassenden Absprache über viele Einzelheiten des Betreuungsalltags sowie einer ständigen Anpassung der Betreuungsmodalitäten an die Veränderungen der Lebensverhältnisse beider Elternteile als auch des Kindes. Der Umstand, dass

564 So im Ergebnis auch *Marchlewski*, FF 2015, 98, 100.

565 Vgl. hierzu *Sünderhauf*, Wechselmodell, S. 489; *dies.*/Schriftenreihe des ISUV, Band 7, S. 79.

566 OLG Zweibrücken, FamRZ 2001, 639.

die Anordnung des Wechselmodells gegen den Willen eines Elternteils gerichtlich erstritten werden muss, lässt bereits erhebliche Zweifel an der Geeignetheit der konkreten Familie für die Praktizierung dieses Betreuungsmodells vermuten.

Bei der Beurteilung, wie die in § 1687 Abs. 1 S. 2 BGB geregelte Alltagssorge beim Wechselmodell auf die Eltern zu verteilen ist, muss man letztlich zu dem Ergebnis kommen, dass ein Mindestmaß an Kooperation unerlässlich ist, um ein Alltagsleben des Kindes in zwei verschiedenen Haushalten zu organisieren. Nach der hier vertretenen Auffassung steht den Eltern beim Wechselmodell eine gemeinsame Entscheidungs- und Vertretungsbefugnis in Alltagsangelegenheiten des Kindes zu, wobei es bei Ihnen liegt, ob sie sich in bestimmten Angelegenheiten vorab besprechen oder gegenseitig bevollmächtigen. Einer Gesetzesreform bedarf es vor diesem Hintergrund im Bereich des § 1687 BGB nicht.

Viertes Kapitel: Kindesunterhalt und Umgangskontakte

A. Grundzüge des Kindesunterhaltsrechts

I. Voraussetzungen des Unterhaltsanspruchs

Allgemeine Voraussetzungen des Unterhaltsanspruchs des Kindes (§§ 1601, 1589 Abs. 1 S. 1 BGB) sind dessen Bedürftigkeit (§ 1602 BGB) und die Leistungsfähigkeit der unterhaltsverpflichteten Eltern (§ 1603 BGB). Im Kindesunterhaltsrecht lassen sich aufgrund unterschiedlicher Voraussetzungen und Bemessungen des Unterhalts drei Gruppen herausbilden: Minderjährige Kinder, sog. privilegiert volljährige Kinder (Kinder, die zwischen 18 und 21 Jahre alt sind, im Haushalt der Eltern leben und sich in der allgemeinen Schulausbildung befinden) und sonstige volljährige Kinder.

Minderjährige Kinder sind grundsätzlich immer außer Stande, sich selbst zu unterhalten und daher bedürftig (§ 1602 Abs. 1 BGB). Dies gilt auch, wenn das minderjährige, unverheiratete Kind eigenes Vermögen hat (§ 1602 Abs. 2 BGB). Ab Erreichen der Volljährigkeit ist ein Kind in der Regel nur bedürftig, wenn und solange es sich in Ausbildung befindet (§ 1610 Abs. 2 BGB).[567] Für die Gruppe privilegierter Volljähriger ergibt sich kein Unterschied.

Anders ist das bei den Anforderungen an die Leistungsfähigkeit der Eltern. Die Leistungsfähigkeit ist zu bejahen, wenn der Unterhaltsverpflichtete bei Berücksichtigung seiner sonstigen Verpflichtungen imstande ist, den Verwandtenunterhalt ohne Gefährdung seines eigenen Unterhalts (sog. Selbstbehalt) zu gewähren (§ 1603 Abs. 1 BGB). Je nach Alter und Lebenssituation des Kindes variieren die Höhe des Selbstbehalts und damit auch die Unterhaltspflicht der Eltern (vgl. § 1603 Abs. 2 BGB). Bei minderjährigen und privilegiert volljährigen Kindern kann der Eigenbedarf bis zum notwendigen Selbstbehalt in Höhe des Existenzminimums herabgesetzt werden; die Eltern sind dazu verpflichtet, alle verfügbaren Mittel zu ihrem eigenen und dem Unterhalt der Kinder gleichmäßig zu verteilen (§ 1606 Abs. 1 S. 1, 2 BGB). Gegenüber volljährigen Kindern gilt ein höherer, sog. angemessener Selbstbehalt.[568] Die Unterhaltsverpflichteten trifft eine Erwerbsobliegenheit; sie sind aufgrund ihrer Unterhaltspflicht dazu gehalten, eine zumutbare Beschäftigung aufzunehmen und

567 Palandt/*Brudermüller*, § 1602 Rn. 6.

568 Der notwendige Selbstbehalt des erwerbstätigen Unterhaltspflichtigen beläuft sich auf monatlich 1.080 € und des nicht erwerbstätigen Unterhaltspflichtigen auf monatlich 880 €. Der angemessene Selbstbehalt beträgt in der Regel mindestens 1.300 € im Monat, vgl. Anm. 5 der Düsseldorfer Tabelle (Stand: 01.01.2016).

ihre Arbeitskraft so effektiv wie möglich einzusetzen.[569] Bei Verletzung dieser Obliegenheit müssen sie sich ein fiktives Einkommen anrechnen lassen.[570]

II. Elternhaftung und Art des Unterhalts

Im Regelfall des unverheirateten, unterhaltsberechtigten Kindes können die nach § 1606 Abs. 3 S. 1 BGB anteilig nach ihren Erwerbs- und Vermögensverhältnissen haftenden Eltern bestimmen, ob sie ihren Unterhalt durch Entrichtung einer Geldrente gewähren oder „in anderer Art", womit die Unterhaltsgewährung in natura in Form von Verpflegung, Unterkunft, Bekleidung usw. (sog. Naturalunterhalt)[571] gemeint ist (§ 1612 Abs. 1, 2 S. 1 BGB). Streng zu unterscheiden vom Naturalunterhalt, der anstelle des Barunterhalts geleistet werden kann, ist der sog. Betreuungsunterhalt nach § 1606 Abs. 3 S. 2 BGB. Danach erfüllt der betreuende Elternteil seine Unterhaltspflicht in der Regel allein durch die Betreuung des Kindes und wird dadurch von seiner Pflicht zum Barunterhalt befreit.

Im Gegensatz zum Naturalunterhalt, der die materiellen Belange des Kindes abdecken soll, ist Gegenstand des Betreuungsunterhalts ausschließlich der Leistungsaufwand in Form einer Tätigkeit, wozu z. B. das Einkaufen und Zubereiten von Essen, das Spielen mit dem Kind, die Erziehung, das Waschen von Kleidung und die körperliche Pflege zählen.[572] Die damit verbundenen Geldaufwendungen für beispielsweise Kleidung, Lebensmittel und Gewährung von Wohnraum gehören nicht zur Betreuung im Sinne des § 1606 Abs. 3 S. 2 BGB.[573] Dementsprechend soll allein der vom nichtbetreuenden Elternteil zu zahlende Barunterhalt die Aufwendungen für den gesamten Lebensbedarf des Kindes abdecken.[574] Darin zeigt sich, dass der Betreuungsunterhalt den Barunterhalt nicht ersetzt (wie dies beim Naturalunterhalt der Fall ist), sondern den allgemeinen Lebensbedarf des Kindes ergänzt.[575]

§ 1606 Abs. 3 S. 2 BGB greift nicht, wenn die Vermögensverhältnisse des betreuenden Elternteils erheblich besser sind als die des barunterhaltspflichtigen Elternteils, was erst bei einem erheblichen wirtschaftlichen Ungleichgewicht in Form eines zumindest doppelten Nettoeinkommens angenommen wird.[576] Eine Befreiung des betreuenden Elternteils von der Barunterhaltspflicht tritt auch dann ausnahmsweise nicht ein, wenn der an sich barunterhaltspflichtige Elternteil nicht leistungsfähig

569 Koch/*Wellenhofer*, Handbuch des Unterhaltsrechts, Rn. 4038; Staudinger/*Engler/Kaiser*, § 1603 Rn. 149 ff.

570 Staudinger/*Engler/Kaiser*, § 1603 Rn. 149 ff.; MüKo/*Born*, § 1606 Rn. 13 f.

571 MüKo/*Born*, § 1606 Rn. 23.

572 Wendl/Dose/*Klinkhammer*, 9. Aufl. 2015, § 2 Rn. 19; Staudinger/*Engler*, § 1606 Rn. 15.

573 Koch/*Wellenhofer*, Handbuch des Unterhaltsrechts, Rn. 4079; Hoppenz/Hülsmann/*Hülsmann*, § 1606 Rn. 8; Staudinger/*Engler*, § 1606 Rn. 15.

574 Koch/*Wellenhofer*, Handbuch des Unterhaltsrechts, Rn. 4083.

575 Staudinger/*Engler*, § 1606 Rn. 16.

576 MüKo/*Born*, § 1606 Rn. 29.

ist, der betreuende Elternteil hingegen durch Gewährung von Barunterhalt den Bedarf des Kindes decken könnte, ohne dabei seinen angemessenen Selbstbehalt zu gefährden.[577]

Die im Gesetz verankerte Gleichwertigkeit von Bar- und Betreuungsunterhalt gilt nur, solange das unverheiratete Kind minderjährig ist. Ab Volljährigkeit des Kindes sind beide Elternteile zum Barunterhalt (bzw. Naturalunterhalt) verpflichtet, auch wenn nach der Scheidung einer der beiden Elternteile das volljährige Kind weiterhin im eigenen Haushalt tatsächlich betreut. Dem liegt der Gedanke zugrunde, dass ein volljähriges Kind keine Betreuung mehr erfordert und mit zunehmendem Kindesalter an die Stelle des Betreuungsbedarfs ein höherer Barunterhaltsbedarf tritt.[578] § 1606 Abs. 3 S. 2 BGB ist auch nicht auf den privilegiert Volljährigen anwendbar.

III. Bemessung der Unterhaltshöhe

1. Allgemeines

Der Anspruch auf Unterhalt umfasst den gesamten Lebensbedarf (§ 1610 Abs. 2 BGB), wozu eine angemessene Berufsausbildung und Erziehung sowie die Kosten für Ernährung, Kleidung, Unterkunft, Körperpflege, persönliche Bedürfnisse und auch Teilhabe am kulturellen Leben gehören.[579] Das Kind hat Anspruch auf einen angemessenen Unterhalt im Sinne des § 1610 Abs. 1 BGB. Danach richtet sich die Unterhaltshöhe nach der Lebensstellung des Bedürftigen. Minderjährige und volljährige Kinder, die im elterlichen Haushalt leben, leiten diese mangels eigener Lebensstellung von den Eltern ab.[580] Haben sich die Eltern getrennt und erfüllt ein Elternteil seine Unterhaltspflicht durch Betreuung, sind für die Bemessung der Unterhaltshöhe ausschließlich die Einkommens- und Vermögensverhältnisse des anderen, barunterhaltspflichtigen Elternteils maßgeblich.[581] Leitlinie für die konkrete Festlegung einer an den Einkommensverhältnissen des oder der Unterhaltspflichtigen und dem Kindesalter orientierten Unterhaltshöhe ist die Düsseldorfer Tabelle, welcher faktisch normative Geltung zukommt.[582]

Die Beträge der Düsseldorfer Tabelle decken nur den laufenden Bedarf des Kindes ab (sog. Regelbedarf).[583] Ein darüber hinaus bestehender Mehrbedarf ist im Tabellenunterhalt nicht enthalten und meint Bedarfsposten, die den üblichen Lebensbedarf

---

577 MüKo/*Born*, § 1606 Rn. 28.

578 MüKo/*Born*, § 1606 Rn. 9; Gerhardt/von Heintschel-Heinegg/Klein/*Seiler*, Kap. 6 Rn. 292.

579 Gerhardt/von Heintschel-Heinegg/Klein/*Seiler*, Kap. 6 Rn. 313.

580 Gerhardt/von Heintschel-Heinegg/Klein/*Seiler*, Kap. 6 Rn. 291.

581 A.a.O.

582 Koch/*Wellenhofer*, Handbuch des Unterhaltsrechts, Rn. 4287.

583 Vielfach wird darauf hingewiesen, dass der standardisierte Bedarf nach der Düsseldorfer Tabelle zu niedrig bemessen sei und nicht dem tatsächlichen Kindesbedarf entspreche, vgl. *Breithaupt*, in: Scheiwe/Wersig, S. 167 ff.

übersteigen, jedoch kalkulierbar sind und über eine längere Zeit anfallen, weshalb eine Berücksichtigung im laufenden Unterhalt erfolgen kann.[584] Hierzu zählen insb. krankheitsbedingte Mehrkosten, Kosten für die Kinderbetreuung (Kindergarten, Hort), Nachhilfeunterricht, den Besuch einer Privatschule und Studiengebühren.[585] Der Regelbedarf und ein vorübergehender regelmäßiger Mehrbedarf ergeben zusammen einen Gesamtunterhaltsanspruch.[586]

Vom Mehrbedarf zu unterscheiden ist der in § 1613 Abs. 2 Nr. 1 BGB legaldefinierte Sonderbedarf, worunter nur ein unregelmäßiger, außergewöhnlich hoher Bedarf fällt, der aufgrund seiner Unvorhersehbarkeit im laufenden Unterhalt nicht berücksichtigt werden kann.[587] Für den Mehr- und Sonderbedarf haften die Eltern grundsätzlich anteilig nach ihren Vermögens- und Einkommensverhältnissen, § 1606 Abs. 3 S. 2 BGB findet insoweit keine Anwendung.[588]

2. Unterhaltsbemessung bei minderjährigen und volljährigen Kindern

a) Minderjährige Kinder

Beim Unterhalt des minderjährigen Kindes findet § 1606 Abs. 3 S. 2 BGB Anwendung, sodass nur ein Elternteil barunterhaltspflichtig ist. Ferner ist für minderjährige Kinder in § 1612a BGB ein Anspruch auf Mindestunterhalt gegen den Elternteil, in dessen Haushalt es nicht lebt, normiert. Der Mindestunterhalt in Höhe des sozialrechtlichen Existenzminimums stellt eine Möglichkeit der Berechnung der Barunterhaltshöhe dar und steht dem minderjährigen Kind (unter dem Vorbehalt der Leistungsfähigkeit) zu, ohne dass es seinen konkreten Bedarf darlegen und beweisen muss.[589] Für einen darüber hinausgehenden Unterhaltsbedarf trägt das Kind die Darlegungs- und Beweislast.[590] Ein Unterschied zum angemessenen Unterhalt (§ 1610 Abs. 1 BGB) besteht somit in einer Beweiserleichterung.

Das nach §§ 62, 64 EStG den Eltern zustehende Kindergeld in Höhe von derzeit monatlich 190 € für das erste und zweite Kind (§ 66 Abs. 1 S. EStG) wird zur Hälfte auf den Barunterhalt angerechnet (§ 1612b Abs. 1 Nr. 1 BGB). So erhält der betreuende, das volle Kindergeld beziehende Elternteil einen finanziellen Ausgleich in Höhe des hälftigen Kindergeldes für seine Betreuungsleistung. Beide Elternteile

584 MüKo/*Born*, § 1610 Rn. 74.

585 MüKo/*Born*, § 1610 Rn. 75; Koch/*Wellenhofer*, Handbuch des Unterhaltsrechts, Rn. 4054.

586 MüKo/*Born*, § 1610 Rn. 75.

587 MüKo/*Born*, § 1613 Rn. 67 f. Unter Sonderbedarf fallen bspw. die Kosten für eine stationäre ärztliche Behandlung (vgl. BGH, FamRZ 1982, 145) und kieferorthopädische Behandlung (vgl. OLG Frankfurt, FamRZ 2011, 570) sowie Kosten für einen Umzug (vgl. BGH, FamRZ 1983, 29).

588 BGH, FamRZ 2013, 1563; 2008, 1152; OLG Karlsruhe, FamRZ 2008, 1209.

589 Koch/*Wellenhofer*, Handbuch des Unterhaltsrechts, Rn. 4009.

590 Palandt/*Brudermüller*, § 1612a Rn. 25.

werden in finanzieller Hinsicht so gestellt, als ob sie jeweils das hälftige Kindergeld ausgezahlt bekämen.[591]

b) Volljährige Kinder

Für die Höhe des Unterhaltsanspruchs volljähriger Kinder gilt mangels Anwendbarkeit des § 1612a BGB ausschließlich der Maßstab der Angemessenheit iSd. § 1610 Abs. 1 BGB. Die Lebensstellung des volljährigen Kindes leitet sich, solange es noch bei den Eltern lebt und sich in Ausbildung (als Student, Auszubildender o.Ä.) befindet, wie beim Minderjährigen von den Eltern ab.[592]

Da § 1606 Abs. 3 S. 2 BGB ab Volljährigkeit des Kindes nicht mehr greift, sind beide Elternteile zum Unterhalt verpflichtet, unabhängig davon, bei welchem Elternteil das Kind nach der Trennung der Eltern lebt. Gewähren beide Elternteile Barunterhalt, ist die Unterhaltshöhe auf Grundlage der zusammengerechneten Einkünfte beider Elternteile zu ermitteln.[593] Bei der anteiligen Barunterhaltspflicht ist, anders als bei der Berechnung der Unterhaltshöhe bei alleiniger Barunterhaltspflicht eines Elternteils, der (angemessene) Selbstbehalt vom jeweiligen Nettoeinkommen vor Festlegung der Haftungsanteile abzuziehen.[594] Auf diese Weise wird verhindert, dass der einkommensschwächere Elternteil benachteiligt wird.[595] Entsprechend ihrer jeweiligen Einkommensverhältnisse bestehen für die Eltern somit unterschiedlich hohe Haftungsquoten.

Bei Leistungsunfähigkeit eines Elternteils haftet der andere Elternteil (unter dem Vorbehalt entsprechender Leistungsfähigkeit) für den Kindesunterhalt in voller Höhe (sog. Ausfallhaftung). Dies gilt auch für den Fall, dass der leistungsunfähige Elternteil seine Erwerbsobliegenheit verletzt, da sich das Kind nicht auf fiktive Einkünfte und einen faktisch nicht durchsetzbaren Unterhaltsanspruch verweisen lassen muss.[596]

Das Kindergeld ist mangels Anwendbarkeit des § 1606 Abs. 3 S. 2 BGB beim Volljährigen in voller Höhe zur Deckung seines Barbedarfs zu verwenden (§ 1612b Abs. 1 Nr. 2 BGB). Das bedeutet im Ergebnis, dass der volle Kindergeldbetrag von dessen Bedarf abzuziehen ist. Das Kind hat gegen den das Kindergeld beziehenden Elternteil einen Anspruch auf Auskehr des Kindergeldes bzw. wahlweise auf Verrechnung mit den von ihm erbrachten Naturalleistungen.[597]

Die genannten Grundsätze gelten gleichermaßen für den privilegiert Volljährigen. Auch hier ist bei entsprechender Leistungsfähigkeit der Eltern der angemessene

591 Koch/*Schürmann*, Handbuch des Unterhaltsrechts, Rn. 4264.
592 Gerhardt/von Heintschel-Heinegg/Klein/*Seiler*, Kap. 6 Rn. 292.
593 Koch/*Schürmann*, Handbuch des Unterhaltsrechts, Rn. 4242.
594 Gerhardt/von Heintschel-Heinegg/Klein/*Seiler*, Kap. 6 Rn. 365.
595 A.a.O.
596 MüKo/*Born*, § 1606 Rn. 43 f.
597 BGH, NJW 2006, 57, 59.

Selbstbehalt von den Nettoeinkünften in Abzug zu bringen.[598] Anders ist dies bei Vorliegen eines sog. Mangelfalls, d.h. der Gefährdung des angemessenen Selbstbehalts mindestens eines Elternteils. Sofern der andere Elternteil leistungsfähig ist, tritt dessen Ersatzhaftung ein, während der Selbstbehalt des nicht leistungsfähigen bis zur Grenze des notwendigen Selbstbehalts herabzusetzen ist.[599] Ist der angemessene Selbstbehalt beider Elternteile gefährdet, sodass der Kindesbedarf nicht gedeckt werden kann, ist bei der Unterhaltsberechnung auf beiden Seiten der notwendige Selbstbehalt zugrunde zu legen.[600]

3. Berechnungsbeispiele[601]

Als Beispielsfall wird zugrunde gelegt, dass die Eltern sich nach ihrer Trennung darauf einigen, dass ihr 8-jähriger Sohn von der zunächst nur halbtags erwerbstätigen Mutter betreut wird, während der Vater, welcher über ein bereinigtes Nettoeinkommen von 3.000 € verfügt, den Sohn jedes zweite Wochenende zu Besuch hat und die Hälfte der Sommerferien (drei Wochen) mit ihm verbringt.

a) Minderjähriges Kind (Residenzmodell)

Da die Mutter den minderjährigen Sohn allein betreut, erfüllt sie bereits dadurch ihre Unterhaltspflicht (§ 1606 Abs. 3 S. 2 BGB). Der Sohn hat nur gegen den Vater einen Barunterhaltsanspruch nach § 1612 Abs. 1 S. 1 BGB, weshalb ausschließlich dessen Einkommen bei der Unterhaltsberechnung zugrunde zu legen ist. Mit einem Nettoeinkommen von 3.000 € und unter der Annahme, dass der Vater nur einer Person zum Unterhalt verpflichtet ist[602], wäre eine Einstufung in die 6. Einkommensstufe der Düsseldorfer Tabelle angemessen. In der zweiten Altersstufe (6–11 Jahre) und unter Abzug des hälftigen Kindergeldes in Höhe von 95 € ergibt sich ein monatlicher Unterhaltsanspruch von 397 €.

---

598 Wendl/Dose/*Klinkhammer*, 9. Aufl. 2015, § 2 Rn. 595 f.

599 A.a.O.

600 *Wohlgemuth*, FamRZ 2014, 84.

601 Die Unterhaltsberechnungen in dieser Arbeit wurden mithilfe der Düsseldorfer Tabelle mit Stand vom 01.01.2016 ermittelt.

602 Laut Anm. 1 der Düsseldorfer Tabelle beziehen sich die Tabellenwerte auf den Fall, dass zwei Unterhaltsberechtigte bestehen, wobei bei einer größeren/geringeren Anzahl Unterhaltsberechtigter Ab- oder Zuschläge durch Einstufung in niedrigere/höhere Gruppen angemessen sein können. In diesem Fall ist zu überprüfen, ob auch dann noch die Höhe des Selbstbehalts und des Bedarfskontrollbetrages gewahrt sind. Die konkrete Entscheidung über den Umfang der Höher – oder Herabstufung bleibt aufgrund des bloßen Richtliniencharakters der Düsseldorfer Tabelle eine Frage des Einzelfalls und dem gerichtlichen Ermessen überlassen, vgl. MüKo/*Born*, § 1610 Rn. 121.

b) Volljähriges Kind

Der Sohn ist mittlerweile volljährig. Angenommen die Mutter ist zum Zeitpunkt der Volljährigkeit des Kindes in Vollzeit erwerbstätig und verfügt über ein Nettoeinkommen von 2.000 €, während das Nettoeinkommen des Vaters weiterhin 3.000 € beträgt. Da § 1606 Abs. 3 S. 2 BGB nicht mehr Anwendung findet, hat der Sohn einen Anspruch auf Barunterhalt gegen beide Elternteile.

Fällt der Sohn in die Gruppe der privilegiert Volljährigen, berechnet sich sein Unterhalt wie folgt: Der Bedarf des Kindes wird unter Zugrundelegung des zusammengerechneten Nettoeinkommens der Eltern (also insg. 5.000 €) bestimmt. Eine Umgruppierung aufgrund der Anzahl der Unterhaltsberechtigten (Anm. 1 d. DT) findet bei anteiliger Barunterhaltspflicht der Eltern nicht statt.[603] Da bei volljährigen Kindern, die noch im Haushalt eines Elternteils leben, für die Bedarfsbestimmung die Altersstufe 4 zugrunde zu legen ist (vgl. Anm. 7 d. DT), ergibt sich bei der hier einschlägigen Einkommensgruppe 10 ein Unterhaltsbedarf in Höhe von 826 €. Abzüglich des vollen Kindergeldes verbleibt ein Bedarf von 636 €.

Vom jeweiligen Nettoeinkommen ist sodann der angemessene Selbstbehalt in Höhe von 1.300 € abzuziehen. Da beide Eltern über ein ausreichendes Einkommen verfügen und mithin kein Mangelfall vorliegt, ist eine Herabsetzung des Selbstbehalts nicht vorzunehmen. Der „Einsatzbetrag" des Vaters beträgt demnach 1.700 € und der der Mutter 700 €. Die Haftungsquoten der Eltern entsprechen dem Verhältnis ihrer Einkommen zueinander und berechnen sich anhand folgender Formel:

$$\frac{\text{Kindesbedarf (636 €)} \times \text{Einsatzbetrag (1.700 € bzw. 700 €)}}{\text{Gesamteinsatzbetrag (1.700 € + 700 € = 2.400 €)}}$$

Im Ergebnis haftet der Vater mit einem Barunterhaltsanspruch in Höhe von 450, 49 € (636 € × 1700 € / 2.400 €) und die Mutter in Höhe von 185,50 € (636 € × 700 € / 2.400 €). Zusätzlich kann der Sohn von dem das Kindergeld beziehenden Elternteil Auskehr der 190 € verlangen.

Ist der Sohn kein privilegiert Volljähriger, weil eine der o.g. Voraussetzungen nicht (mehr) gegeben ist, ändert sich an der Höhe des Unterhaltsanspruchs nichts, da auch hier der angemessene Selbstbehalt bei der Unterhaltsberechnung zugrunde zu legen ist.[604]

In beiden Fällen steht den Eltern weiterhin das Bestimmungsrecht über die Art der Unterhaltsgewährung (Bar- oder Naturalunterhalt) zu. Lebt das Kind während der allgemeinen Schulausbildung oder des Studiums noch bei einem Elternteil,

603 Koch/*Schürmann*, Handbuch des Unterhaltsrechts, Rn. 4221. Etwas anderes gilt nur bei Leistungsunfähigkeit eines Elternteils, da im Falle der Ausfallhaftung wieder die Grundsätze zur Umgruppierung gelten, vgl. Gerhardt/von Heintschel-Heinegg/Klein/*Seiler*, Kap. 6 Rn. 361.

604 Unter der Annahme, dass der Sohn das 25. Lebensjahr noch nicht vollendet hat, ist auch in diesen Beträgen das Kindergeld in gleicher Weise wie beim privilegiert volljährigen Kind berücksichtigt.

entscheidet sich dieser in aller Regel schon aus wirtschaftlichen Gesichtspunkten für eine Erfüllung seiner Unterhaltspflicht durch Naturalunterhalt, indem er dem Kind Verpflegung und Unterkunft gewährt.[605]

Besonders geregelt ist der Bedarf eines volljährigen Kindes, welches z.B. als Student einen eigenen Hausstand hat. Für diese Fälle sieht die Düsseldorfer Tabelle (Anm. 7) einen festen, unabhängig von den Einkommensverhältnissen der Eltern geltenden Bedarfssatz in Höhe von 735 € vor. Im Einzelfall kann dieser aufgrund eines erhöhten Bedarfs oder guter Einkommensverhältnisse der Eltern angehoben werden.[606]

B. Auswirkungen von Umgangskosten auf den Unterhalt

Wird das Kind nach Trennung der Eltern im Residenzmodell betreut, in dessen Rahmen der barunterhaltspflichtige Elternteil regelmäßige Umgangskontakte mit dem Kind pflegt, stellt sich häufig die Frage, ob auch damit verbundene Aufwendungen bei der Festlegung der Unterhaltshöhe zu berücksichtigen sind. Schließlich entstehen auch dem umgangsberechtigten Elternteil Kosten für Verpflegung und evtl. zusätzlichen Wohnraum, die je nach Umfang der Umgangskontakte unterschiedlich hoch ausfallen können.

Zur Frage der Auswirkungen von Umgangskosten auf den Unterhalt hat sich der BGH schon mehrfach geäußert. Im Schrifttum werden alternative Lösungsmodelle diskutiert, welche im Folgenden ebenfalls dargestellt werden sollen. Um die verschiedenen Berechnungsmethoden beurteilen zu können, sollen zudem ihre Auswirkungen auf die Unterhaltshöhe anhand von zwei Beispielfällen dargestellt und einer Gesamtbetrachtung unterzogen werden. Diese Ergebnisse bilden die Grundlage für einen noch folgenden Vergleich zur Unterhaltsberechnung beim Wechselmodell.

I. Rechtsprechung des BGH

Wie in Kapitel 1 bereits erörtert, bleibt es nach der Rechtsprechung des BGH solange bei der Anwendbarkeit des § 1606 Abs. 3 S. 2 BGB, wie sich ein Betreuungsschwerpunkt bei einem Elternteil ermitteln lässt. Weiten sich die Umgangskontakte zu einer umfangreichen Mitbetreuung des Kindes aus, die aber nicht die Grenze der hälftigen Betreuung im Wechselmodell erreicht hat, ist der Unterhaltsanspruch auf Grundlage des Einkommens des allein barunterhaltspflichtigen Elternteils zu berechnen.[607]

605 Koch/*Wellenhofer*, Handbuch des Unterhaltsrechts, Rn. 4084.
606 Gerhardt/von Heintschel-Heinegg/Klein/*Seiler*, Kap. 6 Rn. 363.
607 BGH, FamRZ 2014, 917, 920.

1. Üblicher Umgang

In Betracht kommt eine Kürzung des Unterhaltsanspruchs aufgrund einer teilweisen Bedarfsdeckung. Der barunterhaltspflichtige Elternteil mag dem Kind Leistungen erbringen, die dessen Unterhaltsbedarf anders als durch Zahlung einer Geldrente, also durch Gewährung von Naturalunterhalt (§ 1612 Abs. 2 BGB), decken. Ausgangspunkt ist § 1602 Abs. 1 BGB, da freiwillige Leistungen Dritter die Unterhaltsbedürftigkeit des Kindes mindern, wenn sein Lebensbedarf dadurch zu einem Teil gedeckt wird.[608] Dies gilt auch bei anderweitigen Leistungen durch den barunterhaltspflichtigen Elternteil.[609] Nach der Rechtsprechung des BGH ist dabei entscheidend, ob die vom barunterhaltspflichtigen Elternteil geltend gemachten Aufwendungen tatsächlich zu einer teilweisen Deckung des Kindesbedarfs und einer Entlastung des betreuenden Elternteils in Form von Ersparnissen führen.[610]

Für die Ausübung eines üblichen Umgangsrechts von fünf bis sechs Tagen im Monat sind die in diesem Rahmen entstehenden Wohn-, Verpflegungs- und Fahrtkosten laut BGH grundsätzlich vom Umgangselternteil selbst zu tragen.[611] Dem liegt die Überlegung zugrunde, dass die in den Unterhaltstabellen vorgesehenen Bedarfssätze den Unterhaltsbedarf des Kindes als pauschalierte Summen durch regelmäßig über das Jahr verteilte Rentenbeträge ausdrücken. Geringfügige Bedarfsminderungen- und Erhöhungen müssten daher unberücksichtigt bleiben. Bei den durch die Ausübung des Umgangsrechts im üblichen Rahmen entstehenden Kosten handele es sich, insb. wegen der gesetzlichen Normierung des persönlichen Umgangsrechts (§§ 1648 Abs. 1, 1626 Abs. 3 S. 1 BGB), nicht um unvorhersehbare Aufwendungen.[612] Daher seien die mit einem üblichen Umgangsrecht verbundenen teilweisen Bedarfsdeckungen in den Tabellensätzen enthalten.[613]

Im Einzelnen bedeutet dies, dass die Kosten für das Vorhalten eines Kinderzimmers in der Wohnung des Umgangselternteils aus zwei Gründen nicht zu einer Kürzung des Unterhaltsanspruchs führen. Zum einen tritt nach Ansicht des BGH keine Einsparung beim betreuenden Elternteil ein, da dieser die Kosten für den Wohnbedarf des Kindes in seiner Wohnung unverändert aufbringe müsse. Insbesondere seien in den Bedarfssätzen der Düsseldorfer Tabelle nur die bei einem Elternteil anfallenden Wohnkosten enthalten. Zum anderen erachtet der BGH es als ausreichend und angemessen, das Kind bei Übernachtungen im Rahmen eines üblichen Umgangsrechts in den Räumlichkeiten unterzubringen, die dem individuellen Bedarf des Umgangselternteils entsprechen.[614] Alles was der Umgangselternteil darüber hinaus an Wohnbedarf bereithält, kann er demzufolge nicht unterhaltskürzend

608 BGH, FamRZ 1984, 470; 2006, 1015, 1017; NJW 2007, 1882, 1884.
609 A.a.O.
610 BGH, FamRZ 2014, 917, 920; 2006, 1015, 1017.
611 BGH, FamRZ 1984, 470; 2005, 706, 707; 2006, 1015, 1017; NJW 2007, 1882, 1884.
612 BGH, FamRZ 1984, 470.
613 A.a.O.; BGH, FamRZ 2014, 917, 920.
614 BGH, FamRZ 2014, 917, 920; 2005, 706, 708.

geltend machen. Die durch die Umgangskontakte entstehenden Fahrtkosten sollen ebenfalls einen reinen Mehraufwand, der zum Zweck der Ausübung des Umgangsrechts erforderlich ist, darstellen und den betreuenden Elternteil nicht entlasten.[615] Die übrigen, während der Umgangskontakte entstehenden Kosten für Verpflegung, Energie und Wasser, könnten zwar zu geringen Einsparungen aufseiten des betreuenden Elternteils führen. Im Rahmen eines üblichen Umgangsrechts seien diese aus den oben genannten Gründen jedoch grundsätzlich entschädigungslos vom Umgangselternteil zu tragen.[616]

Dabei berücksichtigt der BGH, dass das Unterhaltsrecht den Unterhaltspflichtigen nicht dazu veranlassen darf, die zur Erhaltung der Eltern-Kind-Beziehung erforderlichen Umgangskontakte aus finanziellen Gründen einzustellen.[617] Diesbezüglich hat das BVerfG klargestellt, dass die Barunterhaltspflicht nicht dazu führen dürfe, dass der Umgang eines Elternteils mit seinen Kindern unmöglich wird.[618] Nach Auffassung des BGH kommt eine Unterhaltskürzung dann in Betracht, wenn der Unterhaltspflichtige aufgrund der Umgangskosten Leistungen der Sozialhilfe in Anspruch nehmen müsste.[619] In diesen Fällen sei der Selbstbehalt des Unterhaltspflichtigen angemessen zu erhöhen, sodass er neben seinem eigenen notwendigen Bedarf auch die Umgangskosten tragen könne.[620] Ist der Unterhaltspflichtige hingegen wirtschaftlich so gestellt, dass er die Kosten des erweiterten Umgangs neben seiner Unterhaltspflicht bestreiten könne, ohne seinen Selbstbehalt zu gefährden, findet eine Unterhaltskürzung grundsätzlich nicht statt.[621]

Der BGH lehnt damit die mitunter im Schrifttum vertretene Auffassung, notwendige Kosten des Umgangs seien stets bei der Festlegung des unterhaltsrelevanten Einkommens als Abzugsposten zu berücksichtigen,[622] ab.

2. *Erweiterter Umgang*

Differenzierter zu beurteilen ist die Frage der Unterhaltskürzung aufgrund von (i.d.R. höheren) Kosten, die durch einen erweiterten Umgang entstehen. Bei der Beurteilung, wann sich ein Umgang nicht mehr als üblich, sondern als erweitert darstellt, berücksichtigt der BGH den zeitlichen Betreuungsumfang. Eine genaue zeitliche Abgrenzung zwischen üblichen und erweiterten Umgangskontakten existiert hingegen nicht. In der Rechtsprechung wurde von einem erweiterten Umgang bisher

615 BGH, FamRZ 2014, 917, 920.
616 A.a.O.
617 BGH, FamRZ 2005, 706, 708; 2006, 1015, 1018.
618 BVerfG, FamRZ 2003, 1370.
619 BGH, FamRZ 2005, 706, 708.
620 A.a.O.; so auch OLG Hamm, FamRZ 2013, 1146, 1148; OLG Brandenburg, Beschl. v. 16.10.2012 – 10 UF 10/12.
621 BGH, FamRZ 2006, 1015, 1018; 2014, 917, 920.
622 Wendl/Dose/*Gerhardt*, 9. Aufl. 2015, § 1 Rn. 1085; *Viefhues*, jM 2014, 442, 445.

dann gesprochen, wenn sich die Umgangskontakte einer Mitbetreuung näherten und in zeitlicher Hinsicht mindestens 1/3 des Betreuungsaufwandes entsprachen.[623]

Die Erweiterung des Umgangsrechts über das übliche Maß hinaus führt laut BGH noch nicht zu einer grundlegend anderen Beurteilung der Unterhaltspflicht des Umgangselternteils. Bei nicht beengten wirtschaftlichen Verhältnissen des Umgangselternteils habe dieser die Kosten des Umgangs grundsätzlich entschädigungslos aufzubringen.[624]

Auch hier wird zwischen Kosten, die eine Bedarfsminderung des Kindes und eine Entlastung des betreuenden Elternteils darstellen können (z.B. Verpflegung) und solchen Kosten, die als Mehraufwendung zum Zwecke der Ausübung des Umgangsrechts entstehen (Fahrtkosten, Bereithalten von zusätzlichem Wohnraum), differenziert.

In seinem Beschluss vom 12.03.2014 entschied der BGH erstmals, dass eine Berücksichtigung der im Rahmen eines erweiterten Umgangsrechts getätigten, nicht bedarfsdeckenden Mehraufwendungen bei der Berechnung des Unterhals durch eine Umgruppierung innerhalb der Einkommensgruppen der Düsseldorfer Tabelle erfolgen könne.[625] Dies stünde im Ermessen des Gerichts, welches das Ergebnis einer Unterhaltsberechnung anhand der als bloße Hilfsmittel ausgestalteten Unterhaltsbedarfssätze im Rahmen einer Angemessenheitskontrolle im Einzelfall zu überprüfen habe. Im Falle eines erweiterten Umgangsrechts könne der Tatrichter unter Berücksichtigung der beim Unterhaltspflichtigen durch die Umgangskontakte zusätzlich entstehenden Kosten eine Herabstufung um eine oder mehrere Einkommensgruppen vornehmen.[626]

Der BGH vertrat bisher die Ansicht, dass die Kosten für die Verpflegung des Kindes auch während eines erweiterten Umgangs zu keinen nennenswerten Ersparnissen bei dem betreuenden Elternteil und somit zu keiner teilweisen Bedarfsdeckung führen.[627] In dem Beschluss vom 12.03.2014 entschied der BGH nun, dass der Unterhaltsbedarf des Kindes weitergehend gemindert sein kann, wenn dieser aufgrund von Leistungen im Zuge des erweiterten Umgangs auf andere Weise als durch Zahlung einer Geldrente teilweise gedeckt wird.[628] Im konkreten Fall ließ der BGH diese Frage unter dem Hinweis, dass der Antragsgegner die von ihm getätigten

---

623 BGH, FamRZ 2006, 1015 (ca. 1/3); BGH, NJW 2007, 1882 (ca. 36 %); OLG Hamm, FamRZ 1994, 529 (ca. 40 %).

624 BGH, FamRZ 2014, 917, 920.

625 BGH, FamRZ 2014, 917, 920; bestätigend BGH, FamRZ 2015, 236, 238.

626 A.a.O. In dem zu entscheidenden Verfahren erfolgte die Berücksichtigung der wirtschaftlichen Belastung des Umgangselternteils durch Verzicht auf eine nach den Leitlinien zur Düsseldorfer Tabelle ansonsten gebotenen Höherstufung in den Einkommensgruppen. So auch KG.

627 BGH, FamRZ 2006, 1015, 1017; NJW 2007, 1882, 1884; a.A. OLG Hamm, FamRZ 1994, 529 (Kürzung des Unterhaltsanspruchs in Höhe der jahresdurchschnittlichen Ersparnis von 26,67 % aufgrund eines Betreuungsanteils von ca. 40 %).

628 BGH, FamRZ 2014, 917, 920; bestätigend BGH, FamRZ 2015, 236.

Mehraufwendungen sowie die Ersparnisse aufseiten des betreuenden Elternteils nicht konkret dargelegt hat, offen.[629]

In einem weiteren, vom BGH entschiedenen Verfahren kam eine Unterhaltskürzung wegen eines Mitbetreuungsumfangs von ca. 46 % nicht in Betracht, da der Unterhaltspflichtige aufgrund enger wirtschaftlicher Verhältnisse nur ein Drittel des Mindestunterhalts zu tragen hatte. Eine Teilerfüllung durch die Kindesbetreuung sei bereits deshalb zu verneinen, weil der Mindestunterhalt nur den sächlichen Mindestbedarf decke und daher vom Betreuungsbedarf zu unterscheiden sei.[630]

Sowohl die Annahme einer einseitigen Barunterhaltspflicht trotz erweiterten Umgangs als auch die fehlende Anrechenbarkeit der Verpflegungskosten waren zuvor im Schrifttum zum Teil auf Kritik gestoßen.[631] Nicht nachvollziehbar sei, weshalb in Fällen, in denen die gemeinsame Sorge auch tatsächlich gelebt werde und eine umfangreiche Betreuungsleistung verlangt werden könne, die Kosten hierfür von nur einem Elternteil getragen werden sollten.[632] Ferner wird auf einen Widerspruch der BGH-Lösung zu der Berücksichtigung von Verpflegungskosten beim Kindergartenbesuch hingewiesen. Danach zählen die Verpflegungskosten während des Kindergartenbesuches nicht zum Mehrbedarf des Kindes und sind aus dem Barunterhalt zu erbringen.[633] Dass vor diesem Hintergrund eine teilweise Bedarfsdeckung durch die Verpflegung während der Umgangskontakte nicht angenommen werde, sei widersprüchlich.[634] Kritisiert wurde ferner die generalisierende Annahme des BGH, Kinder könnten regelmäßig in einer dem Bedarf des Umgangsberechtigten entsprechenden Wohnung untergebracht werden.[635] Wenn sich der Barunterhaltspflichtige bereits in der niedrigsten Einkommensgruppe befinde, sodass eine Herabstufung nicht mehr möglich sei, stieße die BGH-Methode schließlich an ihre Grenzen.[636]

3. *Beispielsfälle*

a) *Üblicher Umgang*

Fall 1

Als Ausgangsfall für eine Betreuung im Residenzmodell mit üblichem Umgang soll der in diesem Kapitel unter A. III. 3. geschilderte Fall, in welchem der unterhaltsberechtigte Sohn 8 Jahre alt ist und das monatliche Nettoeinkommen des Vaters V (Umgangselternteil) 3.000 € beträgt, dienen. Das Nettoeinkommen der Mutter M beträgt 2.100 €. Sie

629 A.a.O.
630 BGH, FamRZ 2015, 236, 238.
631 *Wellenhofer*, JuS 2007, 873.
632 *Wellenhofer*, JuS 2007, 873.
633 BGH, FamRZ 2009, 962.
634 *Soyka*, FuR 2014, 419, 423; *Schürmann*, jurisPR-FamR 19/2014, Anm. 1.
635 *Seiler*, FamRZ 2015, 1845, 1852; Stellungnahme der SFK 3 des DIJuF v. 23.10.2014, abgedruckt in JAmt 2014, 555; *Schürmann*, jurisPR-FamR 19/2014, Anm. 1; *Schramm*, NZFam 2014, 582, 584.
636 *Sünderhauf*, NZFam 2014, 585, 586.

bezieht zudem das monatliche Kindergeld in Höhe von 190 €. V betreut den Sohn an jedem zweiten Wochenende und zusätzlich für die Dauer der hälftigen Sommerferien (21 Tage). Er macht geltend, dass ihm aufgrund der Umgangskontakte Fahrtkosten in Höhe von monatlich 20 € sowie Kosten für Verpflegung und Freizeitgestaltung des Sohnes während der Besuche iHv. 30 € entstehen. Zudem hält er in seiner Wohnung ein Zimmer für den Sohn vor. Statt einer für den eigenen Wohnbedarf ausreichenden Zweizimmer-Wohnung mietet V eine Dreizimmer-Wohnung an (erhöhte Wohnkosten iHv. ca. 100 €).

Bei einem Umfang von vier Umgangstagen im Monat sowie der Hälfte der Sommerferien handelt es sich nach BGH-Ansicht um einen üblichen Umgang, deren Kosten vom umgangsberechtigten Elternteil zu tragen sind. Eine Kürzung des Unterhaltsanspruchs kommt nicht in Betracht. Es bliebe bei einem Unterhaltsanspruch des Kindes in Höhe von 397 €.[637]

b) Erweiterter Umgang

Fall 2

In Abwandlung zu dem o.g. Ausgangsfall kommt neben den Umgangskontakten an jedem zweiten Wochenende und der Hälfte der Sommerferien hinzu, dass V den Sohn auch unter der Woche mitbetreut. Die Anzahl der Betreuungstage unter der Woche beträgt wöchentlich abwechselnd ein und zwei Tage. Insgesamt dehnt sich somit das Umgangsrecht auf zehn Tage im Monat aus. Hier macht V neben den zusätzlichen erhöhten Wohnkosten (vgl. oben) noch Fahrtkosten in Höhe von monatlich 30 € sowie Kosten für Verpflegung und Freizeitgestaltung des Sohnes während der Besuche iHv. 70 € geltend.

In der Abwandlung sind die Umgangskontakte ausgedehnt und nähern sich daher einer Mitbetreuung. Da sich immer noch ein Betreuungsschwerpunkt bei der Mutter feststellen lässt, bleibt es nach der BGH-Rechtsprechung bei der Anwendung des § 1606 Abs. 3 S. 2 BGB. Wie in Fall 1 ist daher der V allein barunterhaltspflichtig. Aufgrund der mit dem erweiterten Umgang entstehenden Mehrbelastung wäre auf eine Höherstufung zu verzichten, sodass sich der Unterhaltsanspruch auf 366 € belaufen würde. Die Kosten für die Verpflegung des Kindes können nur dann bedarfsdeckend angerechnet werden, wenn der Vater seine Aufwendungen einerseits und die Ersparnisse aufseiten der Mutter andererseits konkret darlegen und beweisen kann. Es wird dazu geraten, die Aufwendungen und Ersparnisse so darzulegen, dass eine gerichtliche Schätzung nach § 113 Abs. 1 S. 2 FamFG iVm. § 287 ZPO möglich ist.[638] Geht man davon aus, dass V seiner Darlegungslast genügt, würde sich der Unterhaltsanspruch nochmals in Höhe seiner teilweise bedarfsdeckenden Aufwendungen, also ca. 30 €, verringern. Es verbliebe mithin eine Unterhaltspflicht des V von 336 €.

---

637 Vgl. in diesem Kapitel unter A. III. 3. a).

638 Wendl/Dose/*Klinkhammer*, 9. Aufl. 2015, § 20 Rn. 448.

Im Vergleich zum Unterhaltsrecht bei einem üblichen Umgang würde sich der Unterhaltsanspruch im Falle eines erweiterten Umgangs somit um insgesamt 61 € reduzieren. Vor dem Hintergrund, dass V Aufwendungen von insg. 200 € tätigt, erscheint dieser Betrag auf den ersten Blick relativ gering.[639] Zu berücksichtigen ist aber, dass der BGH das Vorhalten eines Kindeszimmers für Umgangskontakte nicht für erforderlich erachtet und die erhöhten Wohnkosten von 100 € daher außer Betracht bleiben müssen.

II. Auffassungen im Schrifttum

1. Abstellen auf die prozentuale Mitbetreuung

a) Berechnungsmodell

Wohlgemuth schlägt vor, die infolge der erweiterten Umgangskontakte beim betreuenden Elternteil eingetretene Ersparnis anhand des prozentualen Umfangs der Mitbetreuung zu berechnen und auf den Barunterhaltsanspruch anzurechnen.[640]

Eine Ersparnis könne nur durch Leistungen, die grundsätzlich durch den Barunterhalt abgedeckt werden sollen, eintreten. Hierzu zählen Verpflegung, Aufwendungen für Freizeitgestaltung und (je nach Vereinbarung der Eltern) Kosten für Bekleidung. Um den Umfang der Ersparnis durch eine teilweise Bedarfsdeckung während der Umgangskontakte pauschal bewerten zu können, teilt *Wohlgemuth* auf Grundlage der Erhebungen des 8. Existenzminimumberichts die Beträge des Tabellenunterhalts in einzelne Bedarfspositionen auf und kommt dabei zu dem Ergebnis, dass 70 % des Betrages des sächlichen Existenzminimums für Kinder auf den Regelsatz entfallen.[641] Der Regelsatz wiederum setze sich auf Grundlage der Beträge aus § 6 RBEG[642] aus Kosten von ca. 36 % für Nahrung und alkoholfreie Getränke, von ca. 9 % für Kleidung und von ca. 12 % für Freizeitgestaltung zusammen. Zu diesen Prozentzahlen kommt *Wohlgemuth* durch Berechnung eines Mittelwertes aus den in § 6 RBEG aufgeführten Beträgen für drei verschiedene Altersstufen.

Unter Berücksichtigung, dass der Regelsatz 70 % des gesamten Kindesbedarfs ausmacht, ergebe sich, dass die durch eine Mitbetreuung in aller Regel teilweise

639 Auf die geringfügigen Auswirkungen einer Herabstufung um eine Einkommensstufe hinweisend: *Schürmann*, FamRZ 2014, 917, 922; *Sünderhauf*, NZFam 2014, 585, 586.

640 Zum Folgenden: *Wohlgemuth*, FuR 2012, 221 ff.

641 *Wohlgemuth*, FamRZ 2014, 84, 87. Die von *Wohlgemuth* zugrunde gelegten Daten aus dem 8. Existenzminimumbericht sind zwar der Höhe nach abweichend zu denen aus dem aktuellen 10. Existenzminimumbericht, das hier maßgebliche prozentuale Verhältnis des Regelsatzes zu dem sächlichen Existenzminimum liegt jedoch immer noch bei aufgerundet 70 % (aktuelles Existenzminimum iHv. 4.608 € und Regelsatz iHv. 3.228 €), vgl. BT-Drs. 18/3893, S. 8.

642 Gesetz zur Ermittlung der Regelbedarfe nach § 28 SGB XII.

bedarfsdeckenden Posten der **Verköstigung und Freizeitgestaltung 39,34 %**[643] des Kindesbedarfs nach der Düsseldorfer Tabelle darstellen.

Der Mittelwert der Beträge der drei Altersstufen nach § 6 RBEG für den Anteil am Regelsatz für **Schuhe und Kleidung** betrage 14,1 %. Umgerechnet auf den gesamten Kindesbedarf stellen die Kosten für Bekleidung somit einen Anteil von aufgerundet **10 %** des Bedarfs nach der Düsseldorfer Tabelle dar (14,1 % × 70 % = 9,87 %).[644] Dieser Anteil umfasse jedoch den gesamten Bedarf des Kindes an Kleidung und Schuhe und könne daher nur dann als Ersparnis aufseiten des betreuenden Elternteils berücksichtigt werden, wenn die Eltern untereinander vereinbart haben, dass der Umgangselternteil das Kind vollständig mit Kleidung und Schuhen ausstattet.

Für die konkrete Berechnung der Ersparnis sei der zeitliche Anteil der Mitbetreuung prozentual zu ermitteln und für die Posten Verköstigung und Freizeitgestaltung mit 39,9 % zu multiplizieren.[645] Auf diese Weise werde der prozentuale Anteil der Bedarfsdeckung durch den Umgangselternteil ermittelt.

Somit berechnet sich die auf den regulären Barunterhaltsanspruch anzurechnende Ersparnis für die Verköstigung und Freizeitgestaltung des Kindes anhand folgender Formel:

Zeitlicher Betreuungsanteil in % × 39,34 % × Gesamtbedarf des Kindes

Haben die Eltern zudem vereinbart, dass der Umgangselternteil das Kind vollständig mit Kleidung und Schuhen ausstattet, ergebe sich hierfür eine zusätzliche auf den Barunterhaltsanspruch anzurechnende Ersparnis. Die Höhe dieser Ersparnis sei auf dieselbe Weise zu ermitteln.[646] Unter Berücksichtigung, dass die Bekleidung 10 % des Kindesbedarfs nach der Düsseldorfer Tabelle ausmache, ergibt sich folgende Formel:

Zeitlicher Betreuungsanteil in % × 10 % × Gesamtbedarf des Kindes

Da in den Bedarfssätzen der Düsseldorfer Tabelle die Naturalleistungen im Rahmen eines üblichen Umgangsrechts bereits enthalten sind, müsse eine Toleranzgrenze für die Berücksichtigung der Ersparnisse festgelegt werden, welche *Wohlgemuth* bei 50 € setzt. Etwas anderes gelte nur bei Gefährdung des angemessenen Selbstbehalts des Unterhaltspflichtigen. In diesem Fall seien Ersparnisse auch unterhalb von 50 € unterhaltskürzend anzurechnen.

Mehrkosten, die den Kindesbedarf nicht teilweise decken, wie beispielsweise Fahrtkosten sowie Aufwendungen für zusätzlichen Wohnraum, stellen nach

643 *Wohlgemuth* schätzt den Betrag auf 33 %. Nach der konkreten Berechnung von *Gutdeutsch* beläuft er sich auf 39,34 %, vgl. *Gutdeutsch*, FamRB 2012, 250, 251.

644 Die Berechnungsmethode von *Wohlgemuth* weiterführend: *Gutdeutsch*, FamRB 2012, 250, 252.

645 *Gutdeutsch*, FamRB 2012, 250, 251.

646 *Gutdeutsch*, FamRB 2012, 250, 252.

Auffassung von *Wohlgemuth* einen Mehrbedarf des Kindes dar[647], für den die anteilige Haftung der Eltern nach § 1606 Abs. 3 S. 1 BGB gilt. Die Einordnung der betreuungsbedingten Mehrkosten als Mehrbedarf begründet *Wohlgemuth* damit, dass diese Aufwendungen notwendigerweise gemacht werden müssen, damit die Ausübung des Umgangsrechts des Kindes gewährleistet ist. Daher seien sie dem Lebensbedarf des Kindes zuzurechnen. Mehrbedarf könne jedoch nur das sein, was den normalen sächlichen Bedarf des Kindes übersteigt. Zum normalen Bedarf des Kindes gehören jedoch auch die in den Bedarfssätzen der Unterhaltstabellen berücksichtigten Kosten eines üblichen Umgangs. Demzufolge stelle sich die Frage, wann die Umgangskosten den üblichen Rahmen übersteigen und somit als Mehrbedarf qualifiziert werden können. *Wohlgemuth* erachtet nicht den Umfang der Mitbetreuung, sondern die Höhe des Mehrbedarfs als entscheidend. Danach seien Mehrkosten erst ab einer Toleranzgrenze von 50 € zu berücksichtigen, Umgangskosten unterhalb dieser Grenze müsse der Umgangselternteil selbst tragen. Wie bei den Ersparnissen gelte auch hier die Toleranzgrenze nicht, wenn der angemessene Selbstbehalt des Unterhaltspflichtigen gefährdet ist. Da die Eltern anteilig haften, könne der Umgangselternteil die Hälfte der von ihm geleisteten Mehrkosten als familienrechtlichen Ausgleichsanspruch gegen den betreuenden Elternteil nachträglich geltend machen.

b) Beispielsfälle

aa) Üblicher Umgang (Fall 1)

Bei dem Berechnungsmodell von *Wohlgemuth* ist zunächst zu prüfen, ob eine anteilige Barunterhaltskürzung wegen teilweiser Bedarfsdeckung (Verpflegung und Freizeitgestaltung) in Betracht kommt. Der Betreuungsanteil beträgt monatlich 4 Tage. Rechnet man noch die Hälfte der Sommerferien, in denen V das Kind betreut, hinzu (21 Tage, d. h. monatlich 1,75 Tage), kommt man auf 5,75 Betreuungstage im Monat. Dies entspricht einer Betreuungsquote des V von 19,2 %. Unter Anwendung der hergeleiteten Formel (Betreuungsanteil × 39,34 % × Gesamtbedarf des Kindes) ergibt sich eine Ersparnis in Höhe von 37,16 €.[648] Da die Toleranzgrenze von 50 € nicht erreicht ist, findet keine Anrechnung auf den Barunterhaltsanspruch statt. Somit bleibt es bei einem Barunterhalt des Kindes in Höhe von 397 €. Die Fahrtkosten (20 €) und erhöhten Wohnkosten (100 €) sind nicht bedarfsdeckende Mehrkosten und als Mehrbedarf des Kindes einzustufen. Die Eltern haften hierfür anteilig. Da die Kosten für einen üblichen Umgang pauschal mit 50 € bemessen werden und nur die über diesen Betrag hinausgehenden Kosten als Mehrbedarf zu behandeln sind, verbleibt ein Mehrbedarf in Höhe von 70 €. V hätte in Fall 1 somit nachträglich einen familienrechtlichen Ausgleichsanspruch gegen die M in Höhe von **35 €**. Zieht man

---

647 So auch *Theurer*, FamRZ 2004, 1619, 1621 und OVG Münster, FamRZ 2003, 1602.

648 19,2 % × 39,34 % × 492 € = 37,16 €.

diesen Betrag vom Unterhaltsanspruch ab, verbliebe eine Unterhaltspflicht des V in Höhe von 362 €.

bb) Erweiterter Umgang (Fall 2)

In Fall 2 beträgt der Betreuungsanteil nach Hinzurechnen der Ferientage im Durchschnitt 11,75 Tage im Monat, was einer Betreuungsquote des V von 39,17 % entspricht. Unter Zugrundelegung dieser Quote ergibt sich eine Ersparnis von 75,81 €.[649] Da die Toleranzgrenze von 50 € überschritten ist, würde eine Anrechnung auf den Barunterhaltsanspruch stattfinden. Der Unterhaltsanspruch würde sich somit auf 321,19 € verringern. Hinzu kommt, dass der Vater die nicht bedarfsdeckenden Mehrkosten im Wege eines Ausgleichsanspruchs geltend machen könnte. Hierzu zählen die Fahrtkosten (30 €) und die erhöhten Wohnkosten (100 €). Er hätte somit zusätzlich einen Anspruch gegen die Mutter auf Ausgleichzahlung in Höhe von 40 €.[650] Zieht man diesen Betrag vom Unterhaltsanspruch ab, verbliebe eine Unterhaltspflicht des V in Höhe von 281,19 €.

2. Umgruppierung nach Anzahl der Betreuungstage

a) Berechnungsmodell

Gutdeutsch erachtet eine für alle Unterhaltspflichtigen geltende, starre Toleranzgrenze von 50 € im Hinblick darauf, dass diese bei höheren Einkommen eher überschritten werde als bei niedrigen, als ungerecht und schlägt eine Umgruppierung innerhalb der Einkommensstufen der Düsseldorfer Tabelle vor.[651] Um eine an dem konkreten Umfang der Mitbetreuung orientierte Berücksichtigung der Umgangskosten zu ermöglichen, rechnet *Gutdeutsch* die nach dem Ansatz von *Wohlgemuth* berechnete pauschale Ersparnis von 39,94 % in eine Gruppenstufung um. Er kommt dabei zu dem Ergebnis, dass ein Betreuungstag eine Ersparnis von 1,28 % des monatlichen Kindesbedarfs bedeute und die Differenz zwischen einem Gruppenschritt im Mittel 6,67 % des Kindesbedarfs darstelle. Im Ergebnis entspreche daher ein Gruppenschritt einer Mitbetreuung von 5,2 Tagen im Monat (6,67 % / 1,28 %).

Gutdeutsch schlägt vor, bei der Berechnung des Barunterhalts für je 5 bis 6 Tage Mitbetreuung im Monat eine Abgruppierung in den Einkommensstufen der Düsseldorfer Tabelle vorzunehmen und auf diese Weise die aufseiten des Barunterhaltspflichtigen entstehenden Umgangskosten für Nahrung und alkoholfreie Getränke sowie Freizeitgestaltung zu berücksichtigen.[652] Neben den regulären Umgangstagen sei hierbei auch die Mitbetreuung während der Ferien miteinzubeziehen.

---

649 39,17 % × 39,34 % × 492 € = 75,81 €.

650 130 € (30 € Fahrtkosten + 100 € Wohnkosten) – 50 € (Toleranzgrenze) = 80 € / 2 = 40 €.

651 *Gutdeutsch*, FamRB 2012, 250, 252.

652 A.a.O.

Ist eine Abgruppierung nicht möglich, da sich der Barunterhaltspflichtige bereits in der niedrigsten Einkommensgruppe befindet, solle ab 5 bis 6 Betreuungstagen pro Tag eine Anrechnung von 1,28 % des Kindesbedarfs auf den Unterhaltsanspruch erfolgen. Ist die Grenze von 5 bis 6 Betreuungstagen nicht erreicht, sei eine Ersparnis nur anzurechnen, wenn der angemessene Selbstbehalt des Barunterhaltspflichtigen gefährdet ist.[653]

Ausgaben für Schuhe und Kleidung sind wie in der Berechnung nach *Wohlgemuth* nur dann unterhaltskürzend zu berücksichtigen, wenn vereinbart ist, dass der Umgangselternteil das Kind dahingehend vollständig ausstattet.[654] Die betreuungsbedingten Mehrkosten stuft auch *Gutdeutsch* als Mehrbedarf des Kindes ein, für den ab einer Toleranzgrenze von 50 € beide Eltern anteilig haften.[655]

b) Beispielsfälle

aa) Üblicher Umgang (Fall 1)

Bei der Berechnungsmethode von *Gutdeutsch* wäre in Fall 1 bereits eine Abgruppierung (bzw. Unterlassen der Höherstufung) in den Einkommensstufen der Düsseldorfer Tabelle vorzunehmen, da hier der übliche Umfang unter Mitberücksichtigung der Ferientage durchschnittlich 5,75 Tage im Monat beträgt und ein Gruppenschritt 5 bis 6 Betreuungstagen entspricht. Der Barunterhaltsanspruch würde 366 € betragen und wäre gegenüber dem regulären Unterhaltsanspruch um 31 € geringer. Nach der Methode von *Gutdeutsch* führt somit ein Umgangskontakt im üblichen Umfang bereits zu einer (wenn auch geringfügigen) Abänderung der Barunterhaltshöhe. In der Praxis umgesetzt hätte dies zur Folge, dass in dem Großteil der Unterhaltsverfahren bei der Berechnung der Anspruchshöhe eine Herabstufung um eine Einkommensgruppe vorgenommen werden müsste. Vor dem Hintergrund, dass die Kosten für die Ausübung üblicher Umgangskontakte in den Bedarfssätzen der Düsseldorfer Tabelle enthalten sind, ist diese Rechtsfolge kritisch zu beurteilen. Ferner würde dies faktisch auf eine allgemeine Herabsenkung der Unterhaltshöhen hinauslaufen. Dies dürfte in Hinblick darauf, dass die standardisierten Bedarfssätze generell als zu niedrig erachtet werden[656], unangemessen sein. Zudem hätte V für die nicht bedarfsdeckenden Aufwendungen (Fahrt- und Wohnkosten) einen Ausgleichsanspruch gegen die Mutter in Höhe von 35 €.[657] Unter Verrechnung mit dem Unterhaltsanspruch verbliebe eine Unterhaltspflicht des V in Höhe von 331 €.

---

653 *Gutdeutsch*, FamRB 2012, 250, 252 f.
654 *Gutdeutsch*, FamRB 2012, 250, 251 f.
655 *Gutdeutsch*, FamRB 2012, 250, 253.
656 Vgl. *Breithaupt*, in: Scheiwe/Wersig, S. 167 ff.
657 Vgl. die entsprechende Berechnung nach *Wohlgemuth*.

bb) Erweiterter Umgang (Fall 2)

In Fall 2 besteht ein erweiterter Umgang von durchschnittlich 11,75 Tagen im Monat, sodass nach der Ansicht von *Gutdeutsch* um zwei Einkommensgruppen herabzustufen wäre. Der Unterhaltsanspruch würde sich dann auf 347 € belaufen, womit er 50 € niedriger wäre als der reguläre Unterhaltsanspruch. Für die nicht bedarfsdeckenden Wohn- und Fahrtkosten hätte er wie bei der Berechnung nach *Wohlgemuth* einen Ausgleichsanspruch gegen die Mutter in Höhe von 40 €. Zieht man diesen Betrag von den 347 € ab, verbliebe eine finanzielle Belastung des V in Höhe von 307 €.

3. Pauschale Anrechnung von Umgangskosten

a) Berechnungsmodell

Zum Zweck einer erleichterten Handhabung in der Praxis schlägt die Ständige Fachkonferenz (SFK) 3 des Deutschen Instituts für Jugendhilfe und Familienrecht e.V. (DIJuF) vor, die Kosten des üblichen Umgangs pauschal in Höhe von 50 € in Ansatz zu bringen, indem dieser Betrag vom Einkommen des Barunterhaltspflichtigen abgezogen wird.[658] Verbleibt dem Umgangselternteil nach Abzug des Kindesunterhalts nur der notwendige Selbstbehalt, sei hingegen der Selbstbehalt um 50 € zu erhöhen. Etwaige höhere bzw. niedrigere Umgangskosten seien vom Unterhaltspflichtigen bzw. betreuenden Elternteil darzulegen und zu beweisen, sodass der anzurechnende Betrag von den pauschalierten 50 € abweichen könne. Insbesondere seien die nach Ansicht der SFK 3 berücksichtigungsfähigen erhöhten Wohnkosten nicht in der Pauschale enthalten. Hierzu regt die SFK 3 an, in den Leitlinien der Oberlandesgerichte aufzunehmen, dass der Wohnanteil im Selbstbehalt des Barunterhaltspflichtigen erhöht werden könne, sofern erhöhte Wohnkosten für das Vorhalten einer Übernachtungsmöglichkeit für das Kind entstünden, welche den im Selbstbehalt enthaltenen Wohnkostenanteil insgesamt überstiegen.

Die Kosten eines erweiterten Umgangs, welcher nach Auffassung der SFK 3 bei einer Umgangsfrequenz von durchschnittlich zehn Tagen im Monat vorliegt, seien nach Billigkeit zu berücksichtigen. Die SFK 3 folgt dabei der Auffassung des BGH zur Umgruppierung innerhalb der Einkommensstufen der Düsseldorfer Tabelle. Befindet sich der Barunterhaltspflichtige bereits in der ersten Einkommensstufe, sei eine Zumutbarkeitsprüfung vorzunehmen und die Herabsetzung des Selbstbehalts zu erwägen.

---

658 Zum Folgenden: Stellungnahme der SFK 3 des DIJuF v. 26.11.2012, abgedruckt in FamRZ 2013, 346 f. sowie v. 23.10.2014, abgedruckt in JAmt 2014, 555. Diesen Vorschlag befürwortend: Eschenbruch/*Schmidt/Kohne*, Kap. 2 Rn. 516.

b) Beispielsfälle

aa) Üblicher Umgang (Fall 1)

Da in Fall 1 der Selbstbehalt des unterhaltspflichtigen Vaters nicht gefährdet ist, würde dessen berücksichtigungsfähiges Einkommen nach dem Vorschlag der SFK 3 pauschal um 50 € verringert. Im Gegensatz zur BGH-Ansicht sind nach Auffassung der SFK 3 auch die für das Vorhalten eines Kinderzimmers entstehenden erhöhten Wohnkosten berücksichtigungsfähig. Sollte V seine konkreten Aufwendungen für Fahrt-, Verpflegungs-, und Wohnkosten in Höhe von insgesamt 150 € darlegen und nachweisen können, würde sich somit der anzurechnende Betrag auf diese Summe erhöhen. In beiden Fällen bliebe es jedoch bei dem regulären Unterhaltsanspruch in Höhe von 397 €, da die anzurechnenden Beträge nicht zur Einordnung in eine andere Einkommensgruppe führen würden.

bb) Erweiterter Umgang (Fall 2)

Selbst unter Abzug der Kosten für den erweiterten Umgang (insg. 200 €) ändert sich an der Höhe des Unterhaltsanspruchs nichts. Legt man ein Einkommen von 2800 € zugrunde, bleibt es bei einem Unterhaltsanspruch von 397 €.

Da die SFK 3 für den erweiterten Umgang der BGH-Ansicht folgt, würde hier im Ergebnis ein Unterhaltsanspruch in Höhe von 336 € verbleiben.

Das Berechnungsbeispiel in Fall 2 zeigt, dass eine pauschale Anrechnung von Umgangskosten nicht geeignet ist, um die dem Umgangselternteil anfallenden Kosten in gerechter Weise zu berücksichtigen. Denn knüpft man bei der Unterhaltsberechnung an das berücksichtigungsfähige Einkommen (bzw. die Höhe des Selbstbehalts) an, wirken sich nur sehr hohe Umgangskosten auf die Höhe des Barunterhalts aus.

4. Abgestufte Unterhaltspflicht

a) Berechnungsmodell

Mitunter wird vorgeschlagen, die Kürzung der Barunterhaltspflicht entsprechend des Mitbetreuungsanteils vorzunehmen (abgestufte Unterhaltspflicht).[659] Betreut ein Elternteil sein Kind gar nicht oder nur bis zu 10 % im Jahr, bleibt es nach Ansicht von *Sünderhauf* bei dessen voller Barunterhaltspflicht. Ab einer jährlichen Mitbetreuung von mehr als 10 % bis zu 30 % verringere sich die Barunterhaltspflicht auf 75 % des regulären Unterhaltsanspruchs. Beträgt die Mitbetreuung mehr als 30 %, kann es sich nach Ansicht von *Sünderhauf* begrifflich bereits um ein Wechselmodell

---

659 *Sünderhauf*, Wechselmodell, S. 533. So auch *Born*, FamRZ 2015, 236, 239, der ein zeitliches Raster mit prozentual ansteigender Barunterhaltskürzung für sinnvoll erachtet. *Rauscher* zieht den prozentualen Betreuungsanteil von der jeweils für beide Elternteile auf Grundlage der eigenen Einkommensverhältnisse ermittelten Barunterhaltspflicht ab, vgl. *Rauscher*, Familienrecht, Rn. 559a.

handeln.[660] In diesem Fall seien beide Elternteile zum Barunterhalt verpflichtet und die Unterhaltsschuld sei anteilig nach ihren Erwerbseinkommen zu berechnen.[661] Die Betreuungszeitanteile seien allein auf Grundlage der Elternvereinbarung zu bestimmen, auch wenn die tatsächliche Betreuungsverteilung schwanke.[662] Etwaiger Mehrbedarf sei nur im Einzelfall unter konkreter Darlegung zu berücksichtigen. Dabei geht *Sünderhauf* davon aus, dass das Vorhalten eines eigenen Kinderzimmers für die Ausübung von Umgangskontakten als auch für die Durchführung einer abwechselnden hälftigen Betreuung nicht erforderlich ist.[663]

b) Beispielsfälle

aa) Üblicher Umgang (Fall 1)

Da die Anzahl der Umgangstage in Fall a) einer Betreuungsquote von 19,2 % (vgl. unter 3. a) entspricht, hätte V nach dem Vorschlag von *Sünderhauf* nur 75 % des Barunterhalts zu leisten. Statt des vollen Barunterhaltsanspruchs von 397 € hätte das Kind mithin nur einen Anspruch in Höhe von 297,75 €.

Der Auffassung von *Sünderhauf*, eine derart hohe Kürzung des Barunterhalts bereits bei Ausübung eines üblichen Umgangs vorzunehmen, ist nicht zu folgen. Da der in Fall a) zugrunde gelegte Umfang an Umgangskontakten dem Regelfall in der Praxis entspricht, müsste der Großteil der Unterhaltsansprüche um ¼ gekürzt werden. Diesbezüglich gelten dieselben Bedenken wie hinsichtlich der Methode von *Gutdeutsch*.

bb) Erweiterter Umgang (Fall 2)

In Fall b) beläuft sich die Betreuungsquote auf 39,17 % (vgl. unter 3. b), was nach der Ansicht von *Sünderhauf* begrifflich bereits als Wechselmodell einzuordnen ist. In diesem Fall bestünde eine anteilige Unterhaltspflicht der Eltern, welche sich nach der in Kapitel 5 (B. V.) ausführlich dargestellten Methode berechnet. Danach ist der Kindesbedarf auf Grundlage der zusammengerechneten Einkünfte der Eltern zu ermitteln. Da das Nettoeinkommen der Mutter 2.100 € und das des V 3.000 € beträgt, ergibt sich der Kindesbedarf aus der 10. Einkommensgruppe der Düsseldorfer Tabelle und beträgt abzüglich des hälftigen Kindergeldes 520 €. Die geltend gemachten Umgangskosten wirken sich nach der Methode von *Sünderhauf* nicht auf den Kindesbedarf aus (vgl. Kapitel 5, B. V.). Im nächsten Schritt sind die Haftungsanteile der Eltern anhand ihrer Einkommensverhältnisse zu berechnen. Hierzu dient die Formel zur Berechnung des Volljährigen Unterhalts. Im Ergebnis beträgt der Haftungsanteil des V 353,6 € und der der Mutter 166,4 €. Da die Mutter das Kindergeld bezieht, ist

---

660 Zur der von *Sünderhauf* vertretenen Definition des Wechselmodells vgl. Kapitel 1, B. III.

661 *Sünderhauf*, Wechselmodell, S. 533.

662 *Sünderhauf*, Wechselmodell, S. 526 ff.

663 A.a.O.

ihr Haftungsanteil noch um den vollen Kindergeldbetrag (190 €) zu erhöhen, sodass er insg. 356,4 € beträgt. Der Elternteil mit dem niedrigeren Haftungsanteil, also hier der V, hat in diesem Fall einen Ausgleichsanspruch in Höhe der Hälfte der Differenz der beiden Haftungsanteile. Nach der Ansicht von *Sünderhauf* hätte somit in Fall b) der Vater gegen die Mutter einen Anspruch auf Ausgleich in Höhe von 1,4 €.

Auch beim erweiterten Umgang führt die Berechnungsweise von *Sünderhauf* zu keinem befriedigenden Ergebnis, da V einen – wenn auch sehr niedrigen – Ausgleichsanspruch gegen die Mutter hat, obwohl er über ein höheres Einkommen verfügt und das Kind in einem geringeren Umfang betreut. Dieses Ergebnis ist dem Umstand geschuldet, dass bereits eine Mitbetreuung von unter 50 % als Wechselmodell verstanden wird.

5. *Anrechnung des tageweisen Unterhaltsbeitrags*

a) Berechnungsmodell

Viefhues ordnet einen erweiterten Umgang begrifflich ebenfalls als Wechselmodell ein und schlägt für die unterhaltsrechtliche Berücksichtigung der Mitbetreuung eine tageweise Quotierung vor.[664] In einem ersten Schritt sei die Höhe der monatlichen Unterhaltspflicht des Umgangselternteils nach der Düsseldorfer Tabelle zu berechnen. Teilt man diesen Betrag durch 30 (Tage im Monat) ergebe sich der tageweise Unterhaltsbeitrag. Je nach Anzahl der Umgangstage im Monat verringere sich der Barunterhaltsanspruch entsprechend.[665] Bei dieser allein auf den Umfang der Mitbetreuung abstellenden Methode kommt es auf die Frage der Notwendigkeit einzelner Aufwendungsposten, insb. der erhöhten Wohnkosten, nicht an.

b) Beispielsfälle

aa) Üblicher Umgang (Fall 1)

Die nach der Auffassung von *Viefhues* vorzunehmende tageweise Quotierung käme in Fall a) zu folgendem Ergebnis: Unter Zugrundlegung eines regulären Unterhaltsanspruchs in Höhe von 397 € würde ein Betreuungstag 13,24 € entsprechen. Da V das Kind im Durchschnitt an 5,75 Tagen im Monat betreut, sind 76,09 € vom Barunterhaltsanspruch abzuziehen.[666] Somit verringert sich die Unterhaltspflicht des V auf 320,91 €.

bb) Erweiterter Umgang (Fall 2)

In Fall b) belaufen sich die Umgangskontakte auf 11,75 Tage im Monat. Daher wären hier 155,57 € vom Barunterhalt abzuziehen.[667] V würde somit einen Barunterhalt in Höhe von 241,43 € schulden.

---

664 *Viefhues*, FPR 2006, 287, 288.

665 A.a.O.

666 13,24 € pro Tag × 5,75 Tage im Monat = 76,09 €.

667 13,24 € pro Tag × 11,75 Tage im Monat = 155,57 €.

Auch diese Berechnungsmethode führt zu dem Ergebnis, dass bereits bei regelmäßigen, üblichen Umgangskontakten eine relativ hohe Kürzung des Barunterhalts vorzunehmen wäre. Somit ist auch dieser Vorschlag unter derselben Argumentation wie bei den Modellen von *Gutdeutsch* und *Sünderhauf* abzulehnen. Ferner dürfte ein Abstellen auf die genaue Anzahl an Betreuungstagen in der praktischen Umsetzung Schwierigkeiten bereiten. Zum einen ist nicht auszuschließen, dass die Anzahl der Betreuungstage von Monat zu Monat schwankt. Zum anderen könnte dies im Unterhaltsverfahren zu ausufernden Streitigkeiten zwischen den Eltern führen.

III. Beurteilung der Berechnungsmethoden und Fazit

Die infolge eines erweiterten Umgangs entstehenden Kosten in gerechter Weise zu verteilen, stellt in mehrerer Hinsicht eine Herausforderung dar. Zum einen sind die Interessen des Umgangselternteils an einer finanziellen Entlastung zu beachten. Der barunterhaltspflichtige Elternteil sollte nicht aus wirtschaftlichen Gesichtspunkten von einer umfangreichen Teilhabe an dem Leben des Kindes abgehalten werden. Anderenfalls würden die verfassungsrechtlich garantierten Umgangsrechte von Eltern und Kind (Art. 6 Abs. 1 GG) durch das Unterhaltsrecht faktisch vereitelt.

Dem Interesse an einer gerechten finanziellen Lastenverteilung zwischen den Eltern steht die Notwendigkeit einer praxistauglichen und prozessökonomischen Methode zur unterhaltsrechtlichen Umsetzung gegenüber. Hier gilt es, ausufernde Unterhaltsstreitigkeiten zu vermeiden, welche sowohl zu einer Überlastung der Gerichte als auch zu negativen Auswirkungen auf die Elternbeziehung führen würden.

Das Spannungsverhältnis zwischen diesen Interessen wird sich nicht zur vollständigen Zufriedenheit aller am Unterhaltsverfahren Beteiligten lösen lassen. Es zeigt sich jedoch, dass manche Berechnungsmethoden zu diesem Zweck besser geeignet erscheinen als andere.

Die Unterhaltsberechnungen nach den Methoden von *Viefhues*, *Sünderhauf* und *Gutdeutsch* führen bereits bei Umgangskontakten im üblichen Umfang zu einer hohen Unterhaltskürzung. Bei dem Bedürfnis nach einer wirtschaftlichen Entlastung des barunterhaltspflichtigen Elternteils bleibt jedoch zu berücksichtigen, dass auch der volle Tabellenwert in vielen Fällen den tatsächlichen Bedarf des Kindes nicht abdecken dürfte. Dies wird häufig zur Folge haben, dass der betreuende Elternteil die finanziellen Lücken durch eigene Aufwendungen schließt und seine Unterhaltspflicht eben nicht nur durch die Betreuung erfüllt.[668] Eine zu hohe Kürzung des Barunterhaltsanspruchs wäre dann mit einer erheblichen Benachteiligung des betreuenden Elternteils verbunden und würde dem Grundsatz der Gleichwertigkeit von Bar- und Betreuungsunterhalt (§ 1606 Abs. 3 S. 2 BGB) zuwiderlaufen. Eine Überforderung des betreuenden Elternteils birgt ferner die Gefahr, dass dieser die Umgangskontakte des anderen Elternteils zur Vermeidung finanzieller Einbußen vereitelt. Verfügt der betreuende Elternteil nicht über die finanziellen

668 *Breithaupt*, in: Scheiwe/Wersig, S. 184.

Möglichkeiten, die auf diese Weise entstehenden Lücken zu schließen, ginge eine Kürzung des Barunterhalts zudem zu Lasten des Kindes.[669] Dem Kindeswohl ist aber Vorrang vor den wirtschaftlichen Interessen des Umgangselternteils einzuräumen. Diese Szenarien zeigen, dass sich eine hohe Kürzung des Barunterhalts zum Nachteil des betreuenden Elternteils oder des Kindes auswirken würde. Zumindest bei Umgangskontakten im üblichen Umfang sollte daher in der Regel gänzlich auf eine Kürzung des Barunterhalts verzichtet werden. Aus diesen Gründen ist der Auffassung des BGH zur Behandlung von Kosten üblicher Umgangskontakte zu folgen, während die Methoden von *Viefhues*, *Sünderhauf* und *Gutdeutsch* abzulehnen sind.

Die Methode des BGH erweist sich auch hinsichtlich der Behandlung von Kosten des erweiterten Umgangs als die vorzugswürdige, da sie auf die im Unterhaltsrecht typische Pauschalierung zurückgreift, indem sie ab einer Mitbetreuung von ca. 1/3 eine Umgruppierung innerhalb der Düsseldorfer Tabelle vornimmt. Dies dürfte die in der Praxis am besten zu handhabende Methode darstellen, da sie kleinliche Streitereien um die Höhe der Umgangskosten und den konkreten Umfang der Mitbetreuung vermeidet.[670] Gleichzeitig steht dem Barunterhaltspflichtigen die Möglichkeit offen, seine Unterhaltspflicht durch eine konkrete Darlegung der bedarfsdeckenden Aufwendungen zusätzlich zu verringern.

Bei den Modellen von *Wohlgemuth*, *Gutdeutsch* und *Viefhues* müsste der Umfang der Betreuung hingegen relativ genau bestimmt werden, was dem Bedürfnis nach einer prozessökonomischen Vorgehensweise entgegensteht.[671] Das Modell der SFK 3 verwendet zwar auch eine Pauschale zur Bemessung der Umgangskosten. Dennoch ist es nicht zu befürworten, da es nur in seltenen Fällen zu einer Änderung des Barunterhalts führt und auch bei hohen Aufwendungen des Umgangselternteils (vgl. Fall b) keine finanzielle Entlastung vorsieht. Ferner muss nach dem Modell des BGH keine allgemeine Toleranzgrenze für die Anrechnung der Ersparnisse gesetzt werden. Eine solche ist bei der Berechnungsmethode von *Wohlgemuth* erforderlich und hat den Nachteil, dass sie bei höheren Einkommen eher überschritten wird als bei niedrigen und somit zu einer Ungleichbehandlung führt.[672] Die von *Sünderhauf* vertretene Einordnung eines erweiterten Umgangs als Wechselmodell führt dazu, dass sich Unterschiede bei den Betreuungsanteilen der Eltern nicht auswirken. Im Einzelfall kommt es dabei zu nicht vertretbaren Ergebnissen. Das gilt für Fall b), bei welchem die Mutter als Hauptbetreuungsperson trotz niedrigeren Einkommens dem Vater gegenüber zum Ausgleich verpflichtet wäre.

---

669 Diesbezüglich weist *Rauscher* zutreffend darauf hin, dass eine großzügige Anrechnung von Umgangskosten auch bei günstigen finanziellen Verhältnissen dazu führen würde, dass das Kind für den Umgang Einbußen bei seinem Lebensstandard hinnehmen müsste, vgl. *Rauscher*, Familienrecht, Rn. 1108.

670 So auch *Born*, FPR 2008, 88, 90; *ders.*, NJW 2007, 1859, 1860 f.; Beck-OGK/*Amend-Traut*, § 1602 Rn. 45.3; Ehinger/Griesche/Rasch/*Ehinger*, Abschnitt A. Rn. 267.

671 So auch *Seiler*, FamRZ 2015, 1845, 1854.

672 *Gutdeutsch*, FamRB 2012, 250, 252.

Unter Berücksichtigung des Umstands, dass die erhöhten Wohnkosten m.E. zurecht außer Betracht bleiben müssen, erscheint eine Verringerung des Barunterhalts aufgrund erweiterter Umgangskontakte in Höhe von 61 € nicht als zu geringfügig. Es ist nicht ersichtlich, weshalb der betreuende Elternteil die Kosten für eine größere Wohnung des anderen Elternteils mittragen sollte. Schließlich steht diesem das Kinderzimmer in dem Großteil der Zeit alleine zur Verfügung, in welcher er es dann zu eigenen Zwecken als Arbeits- oder Gästezimmer nutzen kann.[673] Würde man eine Mithaftung des betreuenden Elternteils an den erhöhten Wohnkosten bejahen, könnte sich der Umgangselternteil allein aus diesem Grund zur Anschaffung einer größeren Wohnung verleitet fühlen.

Betreffend der BGH-Methode wird zutreffend auf das Problem hingewiesen, dass eine Abstufung nicht mehr möglich ist, wenn sich der Unterhaltspflichtige bereits in der niedrigsten Einkommensgruppe befindet. Dieses ließe sich nur durch eine betragsmäßige Kürzung des Barunterhalts lösen. Um kleinliche Streitigkeiten um die Höhe der Umgangskosten und den Betreuungsumfang zu vermeiden, sollte auch in diesen Fällen ein pauschaler Betrag vom Barunterhalt in Abzug gebracht werden. Die Höhe dieses Betrages sollte in etwa dem Umfang entsprechen, in welchem sich bei einer Abstufung um eine bzw. zwei Einkommensgruppen der Barunterhalt verringert. Als Richtwert kann hierfür der zwischen den beiden nächst höheren Einkommensgruppen 1 und 2 liegende Differenzbetrag dienen.

Überblick
Kindesunterhalt beim Residenzmodell mit Umgangskosten: Ergebnisse der Berechnungsbeispiele

	Üblicher Umgang (Fall 1)	**Erweiterter Umgang (Fall 2)**
BGH (Umgruppierung DT)	397 €	336 €
Abstellen auf die prozentuale Mitbetreuung	362 €	281,19 €
Umgruppierung nach Anzahl der Betreuungstage	331 €	307 €
Pauschale Anrechnung von Umgangskosten	397 €	336 €
Abgestufte Unterhaltspflicht	297,75 €	1,40 €
Anrechnung des tageweisen Unterhaltsbeitrags	320,91 €	241,43 €

673 In einem anderen Zusammenhang so auch *Sünderhauf* (bzgl. der Einordnung von Wohnkosten als Mehrbedarf beim Wechselmodell), vgl. *Sünderhauf*, Wechselmodell, S. 526.

Fünftes Kapitel: Bestimmung des Kindesunterhalts im Wechselmodell

A. Rechtsprechung des BGH

Bisher lag dem BGH noch kein Fall vor, in welchem er über den Kindesunterhalt im Wechselmodell im Sinne einer hälftigen Aufteilung der Betreuung zu entscheiden hatte. In seinen Beschlüssen zur Behandlung der Kosten eines erweiterten Umgangs macht der BGH Ausführungen zur Bestimmung des Kindesunterhalts im Wechselmodell, ohne jedoch auf eine detaillierte Berechnungsmethode einzugehen. Nach Auffassung des BGH kommt eine anteilige Unterhaltspflicht in Betracht, da die Eltern im Wechselmodell auch den Betreuungsunterhalt anteilig leisten.[674] Der Kindesbedarf sei dabei auf Grundlage der zusammengerechneten Einkommen der Eltern zu berechnen und um die angemessenen Mehrkosten, die durch die Betreuung im Wechselmodell entstehen, zu erhöhen.[675] Für diesen Gesamtbedarf hätten die Eltern anteilig nach ihren Einkommensverhältnissen und unter Berücksichtigung der erbrachten Naturalunterhaltsleistungen zu haften (§ 1606 Abs. 3 S. 1 BGB).[676] Der BGH orientiert sich somit an der Methode zur Berechnung des Volljährigen-Unterhalts[677], da in beiden Fällen eine Anwendung des § 1606 Abs. 3 S. 2 BGB mangels alleiniger Betreuung durch einen Elternteil entfällt.

B. Berechnungsmodelle

I. Vorbemerkungen

Verfügen die Eltern über ein gleich hohes Einkommen und betreuen ihr Kind jeweils zur Hälfte, stellt sich die Frage nach einer Berechnung des Kindesunterhalts nicht. Denn in diesem (eher seltenen) Fall ist die Barunterhaltspflicht der Eltern gleich hoch und eines Ausgleichs zwischen ihnen für den Regelbedarf des Kindes bedarf es nicht. Lediglich das Kindergeld müsste ausgeglichen werden, indem der Empfänger dieses zur Hälfte an den anderen Elternteil auszahlt. Dasselbe gilt für die Deckung des Mehrbedarfs und größere, einmalige Anschaffungen.[678]

Schwieriger beurteilt sich die Rechtlage, wenn die Einkünfte der Eltern ungleich hoch sind. Denn während sie die Betreuung jeweils hälftig erbringen, sind sie

674 BGH, FamRZ 2015, 236; 2014, 917, 919; 2006, 1015.
675 A.a.O.
676 A.a.O.
677 Hierzu ausführlich in Kapitel 4, A. III. 2. b).
678 Zur praktischen Ausgestaltung vgl. *Scheiwe*, FF 2013, 280.

aufgrund ihrer Einkommensunterschiede in unterschiedlicher Höhe zur Deckung des Barbedarfs des Kindes verpflichtet. Aus der Rechtsprechung des BGH ergibt sich nicht, wie in diesen Fällen der Kindesunterhalt im Einzelnen zu berechnen ist. Dabei bleibt insbesondere die Frage der Berücksichtigung des Kindergeldes offen. Im Schrifttum und der Rechtsprechung der Oberlandesgerichte wurde eine Reihe von Berechnungsmodellen entwickelt.[679] Die meisten Modelle wählen unter Berücksichtigung der BGH-Rechtsprechung die addierten Einkommen der Eltern als Berechnungsgrundlage und orientieren sich damit an der Methode zur Berechnung des Volljährigenunterhalts. Nach einem anderen Ansatz bildet die fiktive alleinige Barunterhaltspflicht von beiden Elternteilen den Ausgangspunkt der Berechnung (vgl. unter VII.). Im Einzelnen unterscheiden sich die Modelle zudem in der Bestimmung des Kindesbedarfs und der Berücksichtigung des Kindergeldes.

Im Folgenden sollen die Berechnungsmodelle dargestellt und anhand eines Beispielsfalls veranschaulicht werden. Hierbei soll ermittelt werden, wie sich die jeweilige Methode auf die Höhe des Ausgleichsanspruchs zwischen den Eltern auswirkt. Um die Aussagekraft der Ergebnisse zu erhöhen, werden die Berechnungsmethoden zusätzlich in einer Abwandlung des Beispielsfalls angewandt. Im Vergleich zum Ausgangsfall besteht in der Abwandlung ein höherer Einkommensunterschied zwischen den Eltern.

II. Modell 1: Abzug des vollen Kindergeldes

1. Berechnung

Der Kindesbedarf ist nach diesem Berechnungsmodell auf Grundlage der zusammengerechneten Einkünfte der Eltern zu bestimmen.[680] Insofern seien beim Wechselmodell beide Elternteile dazu verpflichtet, einer Erwerbstätigkeit nachzugehen. Von dem Regelbedarf sei das Kindergeld wie beim Volljährigen-Unterhalt gemäß § 1612b Abs. 1 Nr. 2 BGB in voller Höhe bedarfsmindernd anzurechnen.[681] Der Bedarf könne im Einzelfall um den durch das Wechselmodell verursachten Mehrbedarf erhöht werden (Wechselmehrbedarf). Dazu könnten Fahrtkosten sowie Kosten für ein zweites Kinderzimmer (erhöhte Wohnkosten) und einer doppelten Anschaffung von Spielzeug und Kleidung zählen.

Ebenso wie beim Unterhalt des Volljährigen seien die Haftungsquoten der Eltern entsprechend ihrer Einkommensverhältnisse zu ermitteln und vorab der angemessene Selbstbehalt (1.300 €) in Abzug zu bringen. Die Formel für die Bestimmung der Haftungsanteile der Eltern beim volljährigen Kind gelte somit auch hier.

---

679 Vgl. hierzu ausführlich DIJuF – Themengutachten (TG-1087), S. 5–13.

680 Zum Folgenden: Wendl/Dose/*Klinkhammer*, 8. Aufl. 2010, § 2 Rn. 449 f.

681 So noch Wendl/Dose/*Klinkhammer*, 8. Aufl. 2010, § 2 Rn. 450. In der Neuauflage befürwortet *Klinkhammer* eine volle Anrechnung des Kindergeldes, vgl. Wendl/Dose/*Klinkhammer*, 9. Aufl. 2015, § 2 Rn. 450.

Ferner sei der Haftungsanteil desjenigen Elternteils, der das Kindergeld bezieht, um den hälftigen Kindergeldbetrag (also 95 €) zu erhöhen. Im nächsten Schritt seien die von jedem Elternteil allein erbrachten Aufwendungen auf ihren jeweiligen Haftungsanteil anzurechnen. Hierzu könnten Aufwendungen für den regulären Mehrbedarf (bspw. Kindergartenkosten, laufend anfallende Kosten einer ärztlichen Behandlung) sowie den durch die Aufteilung der Betreuung entstehenden Mehrbedarf zählen. Daher mindere sich der Haftungsanteil desjenigen Elternteils, der ein zweites Kinderzimmer vorhält, um die dadurch entstehenden erhöhten Wohnkosten.

Der Elternteil, dessen Haftungsanteil höher ist, sei dem anderen zum Ausgleich verpflichtet. Die Höhe des Ausgleichsanspruchs ergebe sich aus der Hälfte der Differenz der Haftungsanteile der Eltern.

Modell 1: Abzug des vollen Kindergeldes

1. Ermittlung des Regelbedarfs nach DT (auf Grundlage der zusammengerechneten Einkünfte beider Elternteile).
2. Abzug des vollen Kindergeldes (190 €).
3. Erhöhung des Kindesbedarfs um Mehrbedarf (regulärer Mehrbedarf + Wechselmehrbedarf inkl. erhöhter Wohnkosten).
4. Berechnung der Haftungsanteile beider Elternteile nach folgender Formel

$$\frac{\text{Gesamtbedarf} \times \text{Einsatzbetrag (Einkommen} - \text{Selbstbehalt)}}{\text{Gesamteinsatzbetrag (beide Einkommen abzüglich Selbstbehalt)}}$$

5. Hinzurechnung des hälftigen Kindergeldes (95 €) auf Haftungsanteil des Kindergeldempfängers.
6. Abzug der jeweiligen Eigenleistungen der Eltern (bspw. Fahrtkosten, auch erhöhte Wohnkosten eines Elternteils).
7. Ausgleichspflicht des Elternteils mit dem höheren Haftungsanteil (iHd. hälftigen Differenz der Haftungsanteile).

2. *Beispielsfälle*

a) *Geringe Einkommensunterschiede*

Fall 1

M und V betreuen ihren 8-jährigen Sohn S gemeinsam, indem dieser wöchentlich von dem Haushalt eines Elternteils zu dem des anderen wechselt. Auch in den Schulferien achten die Eltern auf eine hälftige Aufteilung der Betreuungszeit. V verfügt über ein Nettoeinkommen in Höhe von 3.000 €, während das Nettoeinkommen der M 2.100 € beträgt. Das Kindergeld (190 €) wird der M ausgezahlt. V macht geltend, ihm entstünden aufgrund der Betreuung im Wechselmodell erhöhte Wohnkosten in Höhe von 100 € im Monat. Zudem trägt V die Kosten, die durch die wöchentlichen Fahrten entstehen und monatlich 30 € betragen. M kommt für die Kosten der Nachmittagsbetreuung in der Schule (mtl. 65 €) auf. Die Kosten für die aufgrund der Betreuung im Wechselmodell notwendigen Zweitanschaffungen für Kleidung und Spielzeug bemessen die Eltern im Durchschnitt mit ca. 60 € pro Monat. Für diese Mehrkosten kommt ebenfalls M auf.

Wendet man die dargestellte Berechnungsmethode auf Fall 1 an, ist zunächst der Regelbedarf nach der Düsseldorfer Tabelle auf der Grundlage der zusammengerechneten Einkünfte der Eltern zu ermitteln. Bei einem Gesamteinkommen von 5.100 € beträgt der Regelbedarf 615 € (Einkommensgruppe 10, Altersstufe 2). Nach Abzug des vollen Kindergeldes verbleibt ein Bedarf von 425 €. Dieser ist sodann um den regulären als auch den typischerweise durch das Wechselmodell entstehendem Mehrbedarf zu erhöhen. Hierzu zählen die erhöhten Wohnkosten, die Fahrtkosten sowie die Kosten für doppelte Anschaffungen. Bei den Kosten für die Nachmittagsbetreuung dürfte es sich eher um regulären Mehrbedarf handeln, da diese in jedem Betreuungsmodell auftreten können. Rechnerisch ergibt sich aus der Einordnung als regulären Mehrbedarf oder als Wechselmehrkosten kein Unterschied. Nach Hinzurechnung der Kosten für den Mehrbedarf ergibt sich ein Gesamtbedarf von 680 €.[682]

Die Haftungsanteile der Eltern entsprechen ihren Einkommensverhältnissen. Unter Anwendung der Formel für die Berechnung des Volljährigen-Unterhalts berechnet sich der Haftungsanteil des V wie folgt:

$$\frac{680\ € \times 1.700\ €\ (3.000\ € - 1.300\ €\ \text{Selbstbehalt})}{2.500\ €\ (1.700\ € + 800\ €)}$$

Der Haftungsanteil des V beträgt somit 462,40 € und der der M 217,60 €[683]. Da M das Kindergeld bezieht, erhöht sich ihr Haftungsanteil um das hälftige Kindergeld (95 €) auf 312,60 €. Nach Anrechnung der erbrachten Eigenleistungen des V (Wohnkosten 100 €, Fahrtkosten 30 €) beträgt sein Haftungsanteil 332,40 €. Der Haftungsanteil der M beträgt nach Anrechnung ihrer Eigenleistungen (Nachmittagsbetreuung 65 €, doppelte Anschaffungen 60 €) noch 187,60 €. Im Ergebnis hat M einen Ausgleichsanspruch gegen V in Höhe der hälftigen Differenz der beiden Haftungsanteile, also in Höhe von **72,40 €**.[684]

b) Hohe Einkommensunterschiede

Fall 2

In Abwandlung zu Fall 1 beträgt hier das Nettoeinkommen von V 3.400 € und das von M 1.500 €. Im Übrigen gelten dieselben Angaben wie für Fall 1.

In Fall 2 beträgt der Regelbedarf nach der Düsseldorfer Tabelle abzüglich des vollen Kindergeldes und nach Hinzurechnung des Mehrbedarfs ebenfalls 680 €, da auch hier die zusammengerechneten Einkünfte der Eltern zu einer Eingruppierung in die

---

682 425 € (Regelbedarf) + 100 € (Wohnkosten) + 30 € (Fahrtkosten) + 65 € (Nachmittagsbetreuung) + 60 € (doppelte Ausstattung) = 680 €.

683 $\frac{680\ € \times 800\ €\ (2.100\ € - 1.300\ €\ \text{Selbstbehalt})}{2.500\ €\ (1.700\ € + 800\ €)}$

684 $\frac{332{,}4\ € - 187{,}6\ €}{2}$

Einkommensstufe 10 führen. Der Haftungsanteil des V beläuft sich auf 620,87 €[685], der der M auf 59,13 €[686]. Der Haftungsanteil der M beträgt nach Hinzurechnung des hälftigen Kindergeldes (95 €) und Abzug der Eigenleistungen (Nachmittagsbetreuung 65 €, doppelte Anschaffungen 60 €) im Ergebnis 29,13 €. Der Haftungsanteil des V beträgt nach Abzug seiner Eigenleistungen (Wohnkosten 100 €, Fahrtkosten 30 €) 490,87 €. In Fall 2 hat M einen Ausgleichsanspruch gegen V in Höhe der hälftigen Differenz der beiden Haftungsanteile, also in Höhe von **230,87 €**.[687]

III. Modell 2: Abzug des hälftigen Kindergeldes

1. Berechnung

Das Modell von *Bausch/Gutdeutsch/Seiler* sieht für das Wechselmodell ebenfalls eine Unterhaltsberechnung in Anlehnung an die Methode zur Ermittlung des Volljährigen-Unterhalts vor.[688] Es weicht jedoch in zwei Punkten von dem unter II. dargestellten Modell 1 ab.

Zum einen soll betreffend der Berücksichtigung des Kindergeldes nicht § 1612b Abs. 1 Nr. 2 BGB sondern § 1612b Abs. 1 Nr. 1 BGB zur Anwendung kommen, wonach nur das hälftige Kindergeld bedarfsmindernd anzurechnen ist.[689] Im Rahmen der Anrechnung von Eigenleistungen sei sodann der Haftungsanteil des Empfängers des Kindergeldes um den vollen Kindergeldbetrag zu erhöhen. Zum anderen führen nach Auffassung der Autoren die Mehrkosten für einen erhöhten Wohnbedarf beim Wechselmodell bei keinem Elternteil zu einer Kürzung des Haftungsanteils. Anrechenbar seien nur Aufwendungen, die ausschließlich von einem Elternteil geleistet würden.

Modell 2: Abzug des hälftigen Kindergeldes

1. Ermittlung des Regelbedarfs nach DT (auf Grundlage der zusammengerechneten Einkünfte beider Elternteile).
2. Abzug des hälftigen Kindergeldes (95 €).
3. Erhöhung des Kindesbedarfs um Mehrbedarf (regulärer Mehrbedarf und Wechselmehrbedarf inkl. erhöhter Wohnkosten).
4. Berechnung der Haftungsanteile beider Elternteile nach folgender Formel

685 $\frac{680\text{ €} \times 2.100\text{ € } (3.400\text{ €} - 1.300\text{ € Selbstbehalt})}{2.300\text{ € } (2.100\text{ €} + 200\text{ €})}$

686 $\frac{680\text{ €} \times 200\text{ € } (1.500\text{ €} - 1.300\text{ € Selbstbehalt})}{2.300\text{ € } (2.100\text{ €} + 200\text{ €})}$

687 $\frac{490{,}87\text{ €} - 29{,}13\text{ €}}{2}$

688 Zum Folgenden: *Bausch/Gutdeutsch/Seiler*, FamRZ 2012, 258, 259; Gerhardt/von Heintschel-Heinegg/Klein/*Seiler*, Kap. 6 Rn. 351 ff.

689 So jetzt auch *Klinkhammer*, vgl. Wendl/Dose/*Klinkhammer*, 9. Aufl. 2015, § 2 Rn. 450.

$$\frac{\text{Gesamtbedarf} \times \text{Einsatzbetrag (Einkommen} - \text{Selbstbehalt)}}{\text{Gesamteinsatzbetrag (beide Einkommen abzüglich Selbstbehalt)}}$$

5. Hinzurechnung des Kindergeldes in voller Höhe (190 €) auf Haftungsanteil des Kindergeldempfängers.
6. Abzug der jeweiligen Eigenleistungen der Eltern (bspw. Fahrtkosten, nicht hingegen erhöhte Wohnkosten).
7. Ausgleichspflicht des Elternteils mit dem höheren Haftungsanteil (iHd. hälftigen Differenz der Haftungsanteile).

2. *Beispielsfälle*

a) Geringe Einkommensunterschiede (Fall 1)

Nach Abzug des hälftigen Kindergeldes und Hinzurechnung des gesamten Mehrbedarfs beträgt der Gesamtbedarf insgesamt 775 €.[690] Der Haftungsanteil des V beläuft sich auf 527 €[691], während der Haftungsanteil der M 248 €[692] beträgt. Nach Hinzurechnung des Kindergeldes in voller Höhe beläuft sich der Haftungsanteil der M auf 438 €.

Bei Modell 2 sind nicht alle Eigenleistungen der Eltern auf ihre Haftungsanteile anzurechnen. Das gilt zum einen für die Wohnkosten. Zum anderen dürfte dies auch für die Kosten der doppelten Anschaffung an Spielzeug, Kleidung etc. gelten. Denn wie bei den Wohnkosten muss auch hier berücksichtigt werden, dass nicht nur M, sondern auch V entsprechende Kosten für Kleidung, Spielzeug usw. hat und die Kosten für die Ausstattung in einem Elternhaushalt bereits in den Bedarfssätzen der Düsseldorfer Tabelle enthalten sind. Eine Anrechnung dieser Kosten als Eigenleistung dürfte nach dem Verständnis von *Bausch/Gutdeutsch/Seiler* daher mit derselben Begründung wie bzgl. der Wohnkosten abzulehnen sein. Als Eigenleistung des V anzurechnen sind jedoch die Fahrtkosten (30 €), sodass dessen Haftungsanteil noch 497 € beträgt. Bei der M sind die von ihr geleisteten Kosten der Nachmittagsbetreuung (65 €) anzurechnen, sodass ein Haftungsanteil von 373 € verbleibt. M hat einen Ausgleichsanspruch gegen V in Höhe der hälftigen Differenz und somit in Höhe von **61 €**.[693]

---

690 520 € (Regelbedarf abzgl. 95 €) + 100 € (Wohnkosten) + 30 € (Fahrtkosten) + 65 € (Nachmittagsbetreuung) + 60 € (doppelte Ausstattung) = 775 €.

691 $$\frac{775\text{ €} \times 1.700\text{ € (3.000 €} - 1.300\text{ € Selbstbehalt)}}{2.500\text{ € (1.700 €} + 800\text{ €)}}$$

692 $$\frac{775\text{ €} \times 800\text{ € (2.100 €} - 1.300\text{ € Selbstbehalt)}}{2.500\text{ € (1.700 €} + 800\text{ €)}}$$

693 $$\frac{495\text{ €} - 373\text{ €}}{2}$$

b) Hohe Einkommensunterschiede (Fall 2)

Unter Zugrundelegung der Einkommensverhältnisse in Fall 2 ergibt sich zunächst ein Haftungsanteil des V in Höhe von 707,60 €[694] und ein Haftungsanteil der M in Höhe von 67,39 €[695]. Hier ist noch das volle Kindergeld hinzuzurechnen, womit M in Höhe von 257,39 € haftet. Nach Abzug der Eigenleistung des V (30 € Fahrtkosten) verbleibt ein Haftungsanteil von 677,60 € auf dessen Seite. Bei M sind 65 € für die geleisteten Kosten der Nachmittagsbetreuung abzuziehen, sodass ihr Haftungsanteil 192,39 € beträgt. In Fall 2 hat M somit einen Ausgleichsanspruch gegen V in Höhe von **242,60 €**.[696]

IV. Modell 3: Gesonderte Abrechnung von Grund- und Mehrbedarf

Wohlgemuth unterscheidet beim Wechselmodell zwischen dem Fall, dass die Eltern für den Grundbedarf des Kindes hälftig aufkommen und dem Fall, dass ihre jeweiligen Versorgungsleistungen auf den Grundbedarf ungleich verteilt sind.[697] Hierzu entwickelte die Autorin zwei verschiedene Berechnungsmodelle, wobei im Folgenden nur auf die Berechnungsweise für die erst genannte Konstellation eingegangen wird.[698] Wie auch in ihrer Methode zur Unterhaltsberechnung im Falle des erweiterten Umgangs rechnet *Wohlgemuth* beim Wechselmodell die Haftungsanteile der Eltern für den Grundbedarf und den Mehrbedarf gesondert ab.[699]

1. Berechnung

a) Grundbedarf

Zunächst sei der Regelbedarf des Kindes nach der Düsseldorfer Tabelle auf Grundlage der zusammengerechneten Einkommen beider Elternteile zu ermitteln. Eine Erhöhung des Kindesbedarfs um etwaigen Mehrbedarf finde nicht statt. Wie *Bausch/Gutdeutsch/Seiler* ist auch *Wohlgemuth* der Auffassung, dass das Kindergeld nur in hälftiger Höhe bedarfsmindernd anzurechnen ist.

Im nächsten Schritt seien die Haftungsquoten der Eltern entsprechend ihrer Einkommensverhältnisse zu ermitteln, indem das jeweilige Einkommen abzüglich

---

694 $\frac{775\ € \times 2.100\ €\ (3.400\ € - 1.300\ €\ \text{Selbstbehalt})}{2.300\ €\ (2.100\ € + 200\ €)}$

695 $\frac{775\ € \times 200\ €\ (1.500\ € - 1.300\ €\ \text{Selbstbehalt})}{2.300\ €\ (2.100\ € + 200\ €)}$

696 $\frac{677{,}60\ € - 192{,}39\ €}{2}$

697 So bspw., wenn ein Elternteil das Kind auf Grundlage einer entsprechenden Vereinbarung vollständig mit Schuhen und Kleidung ausstattet.

698 Zur Unterhaltsberechnung bei ungleichen Versorgungsleistungen der Eltern auf den Grundbedarf vgl. in diesem Kapitel unter C. IV.

699 Zum Folgenden: *Wohlgemuth*, FPR 2013, 157 ff.

des angemessenen Selbstbehalts in Verhältnis zum Gesamteinsatzbetrag der Eltern (beide Einkommen jeweils abzüglich Selbstbehalt) gesetzt wird. In der weiteren Berechnung sei zu berücksichtigen, dass sich die Haftungsanteile der Eltern für den Barunterhalt einkommensabhängig beurteilen, während der jeweilige Anteil an der Betreuungsleistung schon per Wechselmodell-Definition des BGH für beide Elternteile 50 % betrage. Da sich die Eltern die Betreuung hälftig aufteilen, jedoch die Anteile am Barunterhalt aufgrund von Einkommensunterschieden differieren, sei zu ermitteln, wie hoch diese prozentuale Differenz ist.

Anders als bei den bisher dargestellten Modellen schlägt *Wohlgemuth* daher vor, von der höheren der beiden Haftungsquoten (also der des einkommensstärkeren Elternteils) zahlenmäßig 50 % abzuziehen. Die Differenz in Prozent (im Folgenden als Ausgleichsquote bezeichnet) ergebe multipliziert mit dem Kindesbedarf in € den Betrag, in Höhe dessen der einkommensstärkere Elternteil gegenüber dem anderen Elternteil zum Ausgleich verpflichtet sei. Zu berücksichtigen ist, dass sich die Methode von *Wohlgemuth* an dieser Stelle rein rechnerisch nicht von den bisher dargestellten Berechnungsmodellen 1 und 2 unterscheidet. Vom Ergebnis her betrachtet macht es keinen Unterschied, ob die Ausgleichspflicht durch Ermittlung der hälftigen Differenz der beiden Haftungsanteile berechnet wird oder erst die Ausgleichsquote (höhere Haftungsquote – 50 %) ermittelt und dann mit dem Kindesbedarf multipliziert wird.

Als letztes ist bei *Wohlgemuth* das hälftige Kindergeld zulasten des Kindergeldempfängers auf den Ausgleichsanspruch anzurechnen.

b) Mehrbedarf

Für den Mehrbedarf gelte auch beim Wechselmodell die anteilige Haftung der Eltern nach § 1606 Abs. 1 S. 1 BGB. Keinen Mehrbedarf des Kindes stellen nach Ansicht von *Wohlgemuth* die Kosten für eine Nachmittagsbetreuung dar, da sie der Lebensführung des Betreuenden zuzurechnen seien.

Wie bei der Unterhaltsberechnung im Falle des erweiterten Umgangs sieht *Wohlgemuth* auch für die Erstattungsfähigkeit von Mehrkosten im Wechselmodell die Festsetzung einer „Opfergrenze“ vor. Da die Eltern nach Treu und Glauben (§ 242 BGB) dazu verpflichtet sind, die üblicherweise während der Betreuung anfallenden Kosten für Naturalleistungen (Fahrtkosten, Kosten der Freizeitgestaltung) allein zu tragen,[700] seien solche Mehrkosten erst ab einem Betrag von 50 € erstattungsfähig.

Ähnlich erfolge die Berücksichtigung von Wohnmehrkosten. Da beide Elternteile das Kind je hälftig betreuen, würden Wohnmehrkosten nur insoweit zu einem Ausgleich gegenüber dem anderen Elternteil berechtigen, als sie über 50 % der im Tabellenunterhalt enthaltenen Wohnkosten hinausgehen. Der im Tabellenunterhalt pauschal enthaltene Wohnkostenanteil (inkl. Heizkosten) sei unter Berücksichtigung des 9. Existenzminimumberichts in Höhe von insgesamt 93 € zu beziffern. Somit habe jeder Elternteil für den hälftigen Betrag (46,50 €) zu haften, weshalb

700 So BGH, FamRZ 2009, 1300, 1304.

nur die darüber hinausgehenden Wohnmehrkosten inkl. Heizung einen Mehrbedarf des Kindes darstellen. Im Ergebnis liegt nach dieser Methode die „Opfergrenze" für Wohnkosten somit bei 46,50 €.

Für die Eigenleistungen der Eltern auf den Mehrbedarf sei zu ermitteln, wie hoch der Mithaftungsanteil des jeweils anderen Elternteils ist. Dazu sei die Höhe der Aufwendungen mit der zuvor ermittelten Haftungsquote des mithaftenden Elternteils zu multiplizieren. Bestehen auf beiden Seiten auszugleichende Mehrkosten, müssen diese zum Schluss noch verrechnet werden, um die Ausgleichspflicht eines Elternteils gegenüber dem anderen zu ermitteln.

Modell 3: Gesonderte Abrechnung von Grund- und Mehrbedarf

1. Ausgleichsanspruch bezüglich des Grundbedarfs
a) Ermittlung des Regelbedarfs nach DT (auf Grundlage der zusammengerechneten Einkünfte beider Elternteile).
b) Abzug des hälftigen Kindergeldes (95 €).
c) Berechnung der Haftungsquoten beider Elternteile nach folgender Formel

$$\frac{\text{Einsatzbetrag (Einkommen – Selbstbehalt)}}{\text{Gesamteinsatzbetrag (beide Einkommen abzüglich Selbstbehalt)}}$$

d) Ermittlung der Ausgleichsquote:
Haftungsquote des einkommensstärkeren Elternteils (z. B. 70 %) – 50 % (z.B. = 20 %).
e) Berechnung der Ausgleichspflicht des einkommensstärkeren Elternteils: Ausgleichsquote (z.B. 20 %) × Gesamtbedarf.
f) Anrechnung des hälftigen Kindergeldes (95 €) auf den Ausgleichsanspruch zulasten des Kindergeldempfängers.

2. Ausgleichsanspruch bezüglich des Mehrbedarfs
a) Erstattungsansprüche der Eltern für Mehrkosten:
Höhe der Aufwendungen (jeweils abzgl. 50 € bzw. 46,50 €) × Haftungsquote des anderen Elternteils
b) Berechnung der Ausgleichspflicht eines Elternteils durch Verrechnung der gegenseitigen Erstattungsansprüche

3. Gesamtausgleich
Ermittlung des ausgleichsberechtigten Elternteils sowie der Höhe des Ausgleichsanspruchs durch Verrechnung der unter 1. und 2. ermittelten Ausgleichsansprüche.

2. *Beispielsfälle*

a) Geringe Einkommensunterschiede (Fall 1)

Zunächst ist der Ausgleichsanspruch bezüglich des Grundbedarfs zu ermitteln. Hier ist vom Regelbedarf (615 €) das hälftige Kindergeld abzuziehen, sodass sich der Kindesbedarf auf 520 € beläuft. Die am Einkommen bemessene Haftungsquote des V beträgt 68 %[701] und die der M 32 %[702]. Um die Ausgleichsquote zu ermitteln, sind von der höheren der beiden Haftungsquoten, also der des V, für die geleistete Betreuung 50 % abzuziehen. Die Ausgleichsquote beträgt mithin 18 %. Der Ausgleichsanspruch der M gegen V beläuft sich auf 18 % des Kindesbedarfs in Höhe von 520 €, also 93,60 €. Nach Anrechnung des hälftigen Kindergeldes zu Lasten der M als Kindergeldempfängerin hat V gegen M einen Ausgleichsanspruch in Höhe von **1,40 €**.[703]

Gesondert zu berechnen ist der Ausgleichsanspruch bezüglich des Mehrbedarfs. Als Mehrbedarf nicht einzuordnen sind die Kosten für die Nachmittagsbetreuung. M könnte einen Ausgleich für ihre Eigenleistungen daher nur hinsichtlich der Kosten für doppelte Anschaffungen (60 €) abzüglich 50 € (Opfergrenze) verlangen. Der Ausgleichsanspruch beläuft sich auf 68 % (Haftungsquote des V) von 10 €, also **6,80 €**. Die Fahrtkosten in Höhe von 30 € kann V nicht geltend machen, da sie die Geringfügigkeitsgrenze von 50 € nicht überschreiten. Der Ausgleichsanspruch des V hinsichtlich der Wohnkosten (100 €) beliefe sich auf 17,12 €.[704] Nach Verrechnung der beiden Ansprüche kommt man somit zu dem Ergebnis, dass V der M gegenüber in Höhe von **10,32 €** zum Ausgleich verpflichtet ist.

Verrechnet man die Ergebnisse zu den Ausgleichsansprüchen beim Grund- und Mehrbedarf hat M gegen V einen Anspruch auf Gesamtausgleich in Höhe von **8,92 €**.

b) Hohe Einkommensunterschiede (Fall 2)

In Fall 2 beträgt die Haftungsquote des V 91,3 %[705] und die der M 8,7 %[706]. Die Ausgleichsquote beläuft sich somit auf 41,3 %, womit man zu einem Ausgleichsanspruch der M gegen V in Höhe von 214,76 € kommt.[707] Dieser Anspruch ist noch um das hälftige Kindergeld zu kürzen, da dieses von M bezogen wird. Im Ergebnis ist V der M gegenüber hinsichtlich des Grundbedarfs in Höhe von 119,76 € zum Ausgleich verpflichtet.

Für die von ihm geleisteten Wohnkosten hätte V gegen M einen Anspruch auf Ausgleich in Höhe von 4,65 €.[708] M hätte gegen V einen Ausgleichsanspruch für die von ihr gezahlten Aufwendungen für doppelte Anschaffungen in Höhe von 9,13 €.[709]

---

701 <u>1.700 € (3.000 € – 1.300 € Selbstbehalt)</u>
2.500 € (1.700 € + 800 €)

702 <u>800 € (2.100 € – 1.300 € Selbstbehalt)</u>
2.500 € (1.700 € + 800 €)

703 93,60 € – 95 € = – 1,40 €.

704 53,50 € (100 € – 46,50 € Opfergrenze für Wohnkosten) × 32 %.

705 <u>2.100 € (3.400 € – 1.300 € Selbstbehalt)</u>
2.300 € (2.100 € + 200 €)

706 <u>200 € (1.500 € – 1.300 € Selbstbehalt)</u>
2.300 € (2.100 € + 200 €)

707 41,3 % × 520 € = 214,76 €.

708 53,50 € (100 € – 46,50 € Opfergrenze für Wohnkosten) × 8,7 %.

709 10 € (60 € – 50 € Opfergrenze) × 91,3 %.

Nach Verrechnung der beiden Ansprüche ist V der M für den Mehrbedarf in Höhe von **4,48 €** zum Ausgleich verpflichtet ist. Unter Hinzuziehung des Ausgleichsanspruchs bezüglich des Grundbedarfs, kommt man zu dem Ergebnis, dass M gegen V einen Anspruch auf Gesamtausgleich in Höhe von **124,24 €** hat.

V. Modell 4: Keine Berücksichtigung des Wechselmehrbedarfs

1. Berechnung

Nach der von *Sünderhauf* vertretenen abgestuften Unterhaltspflicht[710] (vgl. 4. Kap. B. II. 4.) kann bereits ab einer Mitbetreuungsquote von mehr als 30 % ein Wechselmodell vorliegen.[711] Ab dieser Betreuungsquote seien beide Elternteile zum Barunterhalt verpflichtet und die Unterhaltsschuld sei anteilig nach ihren Erwerbseinkommen zu berechnen.[712] Der Bedarf des Kindes richte sich nach den Einkommen beider Elternteile. Bei einer hälftigen Mitbetreuung, wie es die hier zugrunde gelegte Definition des Wechselmodells voraussetzt, bliebe es somit auch bei einer anteiligen Unterhaltspflicht. Das Kindergeld sei in hälftiger Höhe bedarfsmindernd anzurechnen.[713] *Sünderhauf* folgt hinsichtlich der Behandlung des Kindergeldes der Auffassungen von *Bausch/Gutdeutsch/Seiler*, sodass es in voller Höhe dem Haftungsanteil des Kindergeldempfängers hinzuzurechnen ist.

Die Anrechnung von pauschalen Wechselmehrkosten lehnt *Sünderhauf* ab.[714] Bei Kosten für eine Nachmittagsbetreuung handele es sich um sonstigen Mehrbedarf, der bei jedem Betreuungsmodell und mithin auch beim Wechselmodell den Bedarf des Kindes erhöhe.[715]

In Betracht komme eine Minderung des jeweiligen Haftungsanteils auf Grundlage einer Elternvereinbarung, z. B., wenn die Eltern vereinbart haben, dass ein Elternteil das Kind vollständig mit Kleidung ausstattet oder die für ein Hobby des Kindes notwendige Ausrüstung (Sportausrüstung, Musikinstrument) finanziert.[716] In diesem Fall sei der Haftungsanteil dieses Elternteils in Höhe von 50 % der Kosten für die Anschaffung zu mindern.[717]

Im Ergebnis entspricht die Berechnungsmethode von *Sünderhauf* weitestgehend der von *Bausch/Gutdeutsch/Seiler* unter zwei Modifikationen. Zum einen könne die beiderseitige Unterhaltspflicht bereits ab einer Mitbetreuung von mehr als 30 % gelten, während *Bausch/Gutdeutsch/Seiler* von einem hälftigen Betreuungsverhältnis

---

710 Ausführlich hierzu in Kapitel 4, B. II. 4. a).

711 Zur der von *Sünderhauf* vertretenen Definition des Wechselmodells vgl. Kapitel 1, B. III.

712 *Sünderhauf*, Wechselmodell, S. 533; *dies.*, NZFam 2014, 585, 588.

713 *Sünderhauf*, Wechselmodell, S. 528.

714 *Sünderhauf*, Wechselmodell, S. 526 ff.

715 A.a.O.

716 *Sünderhauf*, Wechselmodell, S. 529 ff.

717 A.a.O.

ausgehen. Zum anderen ist kein pauschaler Wechselmehrbedarf anzunehmen, sodass weder Wohn- noch Fahrtkosten oder die Kosten doppelter Anschaffungen Berücksichtigung finden.

Modell 4: Keine Berücksichtigung des Wechselmehrbedarfs

1. Ermittlung des Regelbedarfs nach DT (auf Grundlage der zusammengerechneten Einkünfte beider Elternteile).
2. Abzug des hälftigen Kindergeldes (95 €).
3. Erhöhung des Kindesbedarfs um regulären Mehrbedarf (nicht Wechselmehrbedarf).
4. Berechnung der Haftungsanteile beider Elternteile nach folgender Formel

$$\frac{\text{Gesamtbedarf} \times \text{Einsatzbetrag (Einkommen –Selbstbehalt)}}{\text{Gesamteinsatzbetrag (beide Einkommen abzüglich Selbstbehalt)}}$$

5. Hinzurechnung des Kindergeldes in voller Höhe (190 €) auf Haftungsanteil des Kindergeldempfängers.
6. Evtl. Minderung des jeweiligen Haftungsanteils aufgrund einer Eigenleistung in Höhe der hälftigen Kosten (sofern von den Eltern vereinbart).
7. Ausgleichspflicht des Elternteils mit dem höheren Haftungsanteil (iHd. Differenz der Haftungsanteile / 2).

2. *Beispielsfälle*

a) *Geringe Einkommensunterschiede (Fall 1)*

Da nach Auffassung von *Sünderhauf* der auf Grundlage der zusammengerechneten Einkünfte ermittelte Regelbedarf (615 €) nur um den regulären Mehrbedarf zu erhöhen ist, sind hier ausschließlich die Kosten für die Nachmittagsbetreuung (65 €) dem Regelbedarf hinzuzurechnen, was einen Gesamtbedarf in Höhe von 680 € ergibt. Abzüglich des hälftigen Kindergeldes kommt man zu einem Betrag von 585 €. Der Haftungsanteil des V beträgt demnach 397,80 €[718] und der der M 187,20 €[719]. Der Haftungsanteil der M erhöht sich um den vollen Kindergeldbetrag, was insg. 377,20 € ergibt. Da sie zudem die Kosten des Mehrbedarfs (Nachmittagsbetreuung) trägt, ist ihr Haftungsanteil um den hälftigen Betrag dieser Aufwendung (also 65 € / 2 = 32,50 €) zu reduzieren, sodass der Haftungsanteil der M im Ergebnis 344,70 € beträgt. Es besteht ein Ausgleichsanspruch der M gegen V in Höhe der hälftigen Differenz ihrer Haftungsanteile, mithin in Höhe von **26,55 €**[720].

---

718 $\frac{\text{585 € × 1.700 € (3.000 € – 1.300 € Selbstbehalt)}}{\text{2.500 € (1.700 € + 800 €)}}$

719 $\frac{\text{585 € × 800 € (2.100 € – 1.300 € Selbstbehalt)}}{\text{2.500 € (1.700 € + 800 €)}}$

720 $\frac{\text{397,80 € – 344,70 €}}{2}$

b) Hohe Einkommensunterschiede (Fall 2)

In Fall 2 beträgt der Haftungsanteil des V 534,13 €[721] und der der M 50,87 €[722]. Nach Hinzurechnung des vollen Kindergeldes und Abzug der hälftigen Kosten für die Nachmittagsbetreuung beläuft sich der Haftungsanteil der M auf 208,37 €[723]. Die Differenz der beiden Haftungsanteile beläuft sich auf 325,76 €. In Fall 2 besteht somit ein Ausgleichsanspruch der M gegen V in Höhe des hälftigen Betrages, also **162,88 €**.

VI. Modell 5: Gesonderter Kindergeldausgleich

1. Berechnung

Bisher existieren nur wenige veröffentlichte OLG-Entscheidungen, in denen der Kindesunterhalt bei einer Betreuung im Wechselmodell zu berechnen war. Der 7. Senat des OLG Düsseldorf hat in seiner Entscheidung vom 20.06.2013 den Kindesunterhalt auf Grundlage der zusammengerechneten Einkommen der Eltern und unter Hinzurechnung des durch das Wechselmodell verursachten Mehrbedarfs – mithin in Einklang mit der BGH-Rechtsprechung – berechnet.[724]

Eine Anrechnung des Kindergeldes im Rahmen der Unterhaltsberechnung nimmt der Senat nicht vor. So sei es weder auf den Kindesbedarf anzurechnen, noch sei der Haftungsanteil des Kindergeldempfängers um den Kindergeldbetrag zu erhöhen.[725] Im Ergebnis berücksichtigte das OLG Düsseldorf das Kindergeld bei der Unterhaltsberechnung nicht und verpflichtete den Kindergeldempfänger dazu, das hälftige Kindergeld an den anderen Elternteil auszukehren. *Ehinger* führt diesen Ansatz weiter und schlägt eine Verrechnung des Ausgleichsbetrags mit dem auszukehrenden Kindergeldanteil vor, um die Höhe des Gesamtausgleichs zu ermitteln.[726]

Modell 5: Gesonderter Kindergeldausgleich

1. Ermittlung des Regelbedarfs nach DT (auf Grundlage der zusammengerechneten Einkünfte beider Elternteile).
2. Erhöhung des Kindesbedarfs um Mehrbedarf (regulärer Mehrbedarf + Wechselmehrbedarf inkl. erhöhter Wohnkosten).
3. Berechnung der Haftungsanteile beider Elternteile nach folgender Formel

$$\frac{\text{Gesamtbedarf} \times \text{Einsatzbetrag (Einkommen –Selbstbehalt)}}{\text{Gesamteinsatzbetrag (beide Einkommen abzüglich Selbstbehalt)}}$$

721 $\frac{585\text{ €} \times 2.100\text{ € } (3.400\text{ €} - 1.300\text{ € Selbstbehalt})}{2.300\text{ € } (2.100\text{ €} + 200\text{ €})}$

722 $\frac{585\text{ €} \times 200\text{ € } (1.500\text{ €} - 1.300\text{ € Selbstbehalt})}{2.300\text{ € } (2.100\text{ €} + 200\text{ €})}$

723 240,87 € (50,87 € + 190 €) – 32,5 € = 208,37 €.

724 Zum Folgenden: OLG Düsseldorf, FamRZ 2014, 567, 568.

725 So auch Ehinger/Griesche/Rasch/*Ehinger*, Abschnitt A. Rn. 269 und Heiß/Born/*Heiß/Heiß*, Erster Teil, Kap. 3 Rn. 720a.

726 Ehinger/Griesche/Rasch/*Ehinger*, a.a.O.

4. Abzug der jeweiligen Eigenleistungen der Eltern (bspw. Fahrtkosten, auch erhöhte Wohnkosten eines Elternteils).
5. Ausgleichspflicht des Elternteils mit dem höheren Haftungsanteil (iHd. hälftigen Differenz der Haftungsanteile).
6. Ausgleichspflicht des Kindergeldempfängers in Höhe des hälftigen Kindergeldes (95 €) gegenüber dem anderen Elternteil.
7. Verrechnung des Unterhaltsausgleichsbetrages mit dem auszukehrenden hälftigen Kindergeld.

2. *Beispielsfälle*

a) Geringe Einkommensunterschiede (Fall 1)

Nach der Vorgehensweise des OLG Düsseldorf ist bei der Berechnung der Haftungsanteile der Eltern der auf Grundlage ihrer zusammengerechneten Einkünfte ermittelte Regelbedarf in voller Höhe (ohne Abzug des Kindergeldes) zugrunde zu legen. Dieser beträgt 615 € (Einkommensgruppe 10, Altersstufe 2) und ergibt nach Hinzurechnung des Mehrbedarfs einen Gesamtbedarf von insg. 870 €.[727] Der Haftungsanteil des V beträgt 591,6 €[728] und der der M 278,40 €[729]. Nach Anrechnung der Eigenleistungen verbleibt für V ein Haftungsanteil von 461,60 €[730] und für M ein Haftungsanteil von 153,40 €[731]. Es besteht mithin ein Ausgleichsanspruch der M gegen V in Höhe von **154,10** € für den Barunterhalt.[732] Hinzukommend hat V gegen M noch einen Anspruch auf Auskehr des hälftigen Kindergeldes. Nach Verrechnung der beiden Ausgleichsbeträge hat V **59,10** €[733] an M zu leisten.

b) Hohe Einkommensunterschiede (Fall 2)

In Fall 2 beträgt der Haftungsanteil des V zunächst 794,35 €[734] und der der M 75,65 €[735]. Nach Anrechnung der jeweiligen Eigenleistungen verbleibt bei V ein

727 615 € + 100 € (Wohnkosten) + 30 € (Fahrtkosten) + 65 € (Nachmittagsbetreuung) + 60 € (doppelte Ausstattung) = 870 €.

728 $\frac{\text{870 € × 1.700 € (3.000 € – 1.300 € Selbstbehalt)}}{\text{2.500 € (1.700 € + 800 €)}}$

729 $\frac{\text{870 € × 800 € (2.100 € – 1.300 € Selbstbehalt)}}{\text{2.500 € (1.700 € + 800 €)}}$

730 591,60 – 100 € (Wohnkosten) – 30 € (Fahrtkosten) = 461,60 €.

731 278,40 € – 65 € (Nachmittagsbetreuung) – 60 € (doppelte Ausstattung) = 153,40 €.

732 $\frac{\text{461,60 € – 153,40 €}}{2}$

733 154,10 € – 95 € (hälftiges Kindergeld).

734 $\frac{\text{870 € × 2.100 € (3.400 € – 1.300 € Selbstbehalt)}}{\text{2.300 € (2.100 € + 200 €)}}$

735 $\frac{\text{870 € × 200 € (1.500 € – 1.300 € Selbstbehalt)}}{\text{2.300 € (2.100 € + 200 €)}}$

Haftungsanteil von 664,35 €[736] und bei M kommt man auf -49,35 €[737]. Die Differenz der beiden Haftungsanteile beträgt mithin 713,70 €[738], sodass der Ausgleichsanspruch der M gegen V zunächst in Höhe der Hälfte dieses Betrages, also **356,85 €** besteht. Zusätzlich hat V einen Anspruch gegen M auf Auskehr des hälftigen Kindergeldes. Nach Verrechnung der beiden Ausgleichsbeträge kommt man zu dem Ergebnis, dass V der M **261,85 €**[739] leisten muss.

VII. Modell 6: Fiktive alleinige Barunterhaltspflichten

1. Berechnung

Nach anderer Auffassung kann der Ansatz zur Berechnung des Unterhalts eines volljährigen Kindes nicht auf die Konstellation der Betreuung eines minderjährigen Kindes im Wechselmodell angewendet werden.[740] Die Vertreter dieser Berechnungsmethode ließen außer Betracht, dass dem Kind im Wechselmodell, anders als dem volljährigen Unterhaltsberechtigten, Betreuung geschuldet und geleistet werde. Insgesamt würde der Betreuungsaufwand im Wechselmodell daher zusätzlich zur Deckung der gesamten Unterhaltspflicht der Eltern geleistet. Gleichzeitig zeige sich auch gegenüber minderjährigen Kindern im Residenzmodell eine unterhaltsrechtliche Besserstellung der Wechselmodell-Kinder, da der auf Grundlage der zusammengerechneten Einkünfte der Eltern berechnete Unterhaltsanspruch wesentlich höher sei. Mehrkosten des Wechselmodells sollen bei der Unterhaltsberechnung unberücksichtigt bleiben. Welcher Elternteil welche Bedarfspositionen deckt, sei im Rahmen eines Betreuungs- und Finanzplans zu regeln.

Als vereinfachende Methode schlägt *Spangenberg* daher vor, die Höhe des zwischen den Eltern zu bestimmenden Ausgleichsanspruchs auf Grundlage ihrer fiktiven Barunterhaltsbeiträge zu ermitteln.[741] Danach sei zu berechnen, wie hoch jeweils der Tabellenunterhalt bei alleiniger Barunterhaltspflicht des einen und des anderen Elternteils wäre. Der Elternteil mit der höheren fiktiven Barunterhaltspflicht sei dem anderen gegenüber zum Ausgleich verpflichtet. Die Höhe des Ausgleichsanspruchs ergebe sich aus der hälftigen Differenz der beiden Barunterhaltsansprüche. Hierauf anzurechnen sei noch das Kindergeld. Der Kindergeldempfänger habe sich den hälftigen Betrag (95 €) anrechnen zu lassen, da das Kindergeld beiden Elternteilen gleichermaßen zugutekommen solle.

---

736 794,35 € – 100 € (Wohnkosten) – 30 € (Fahrtkosten) = 664,35 €.

737 75,65 € – 60 € (doppelte Ausstattung) – 65 € (Nachmittagsbetreuung) = – 49,35 €.

738 664,35 € – (– 49,35 €) = 664,35 € + 49,35 € = 713,70 €.

739 343,63 € – 95 € (hälftiges Kindergeld).

740 Zum Folgenden: *Spangenberg*, NZFam 2015, 529, 530; *ders.*, FamRZ 2014, 88, 89 f.

741 So auch OLG Karlsruhe, FamRZ 2006, 1225, 1226; AG Freiburg, FamRZ 2006, 567, 568; *Bosch*, FF 2015, 92, 96; Ehinger/Griesche/Rasch/*Ehinger*, Abschnitt A. Rn. 268; *Horndasch*, ZFE 2007, 329, 331. Im Ergebnis auch *Rauscher*, Familienrecht, Rn. 859a.

Modell 6: Fiktive alleinige Barunterhaltspflichten

1. Ermittlung des Tabellenunterhalts bei unterstellter alleiniger Barunterhaltspflicht des Vaters.
2. Ermittlung des Tabellenunterhalts bei unterstellter alleiniger Barunterhaltspflicht der Mutter.
3. Berechnung der Differenz der beiden unter 1. und 2. ermittelten Unterhaltshöhen. Ausgleichsanspruch des geringer verpflichteten Elternteils in Höhe der hälftigen Differenz.
4. Anrechnung des hälftigen Kindergeldes zulasten des Kindergeldempfängers (je nach Höhe des Ausgleichsanspruchs kann sich die zum Ausgleich verpflichtete Person ändern).[742]

2. *Beispielsfälle*

a) Geringe Einkommensunterschiede (Fall 1)

Hier sind die fiktiven alleinigen Barunterhaltspflichten beider Elternteile bei der Ermittlung des Ausgleichsanspruchs in voller Höhe und ohne Kindergeldabzug zugrunde zu legen, d.h. für V 461 € und für M 423 €. Der Ausgleichsanspruch der M besteht in Höhe der hälftigen Differenz, d.h. in Höhe von 19 €.[743] Nach Abzug des hälftigen Kindergeldes (95 €) zu Lasten von M hat **V gegen M** einen Ausgleichsanspruch in Höhe von **76 €**.[744]

Der Mehrbedarf und die Eigenleistungen der Eltern sind bei der Unterhaltsberechnung nicht zu berücksichtigen, da diese nach Ansicht von *Spangenberg* von den Eltern in einem umfassenden Betreuung- und Finanzplan zu regeln sind. Das Ergebnis der Unterhaltsberechnung hat dennoch Aussagekraft, da die Beiträge der Eltern an Eigenkosten in etwa gleich hoch sind.

b) Hohe Einkommensunterschiede (Fall 2)

In Fall 2 beträgt die fiktive Unterhaltspflicht des V 492 € und die der M 384 €. Die Ausgleichspflicht des einkommensstärkeren V besteht somit zunächst in Höhe von 54 €.[745] Nach Anrechnung des hälftigen Kindergeldes (95 €) zu Lasten der M hat **V gegen M** einen Ausgleichsanspruch in Höhe von **41 €**.

742 So im Fallbeispiel von *Spangenberg*, vgl. FamRZ 2014, 88, 89 f.

743 $\frac{38\,€\ (461\,€ - 423\,€)}{2}$

744 19 € – 95 € = – 76 €.

745 $\frac{108\,€\ (492\,€ - 384\,€)}{2}$

VIII. Weitere Ansichten

Mitunter wird auch vorgeschlagen, den Kindesbedarf beim Wechselmodell ohne Anwendung der Düsseldorfer Tabelle konkret zu bestimmen.[746] Dies wird damit begründet, dass die Bedarfssätze der Düsseldorfer Tabelle auf das Residenzmodell zugeschnitten sind und daher nicht auf eine Betreuung im Wechselmodell passen.[747] In der praktischen Umsetzung dürfte sich die Ermittlung des tatsächlichen Kindesbedarfs jedoch als schwierig und äußert aufwendig erweisen.[748] Die Anwendung pauschaler Tabellenwerte in Unterhaltsverfahren ist schließlich deshalb notwendig, weil eine konkrete Bestimmung des Bedarfs in jedem Verfahren zu einer Überlastung der Gerichte führen würde.

Viefhues stellt zwei Lösungsmodelle für die Unterhaltsberechnung beim Wechselmodell vor, wobei er einen erweiterten Umgang begrifflich als Wechselmodell einordnet. Bei Lösungsansatz 1 soll der Barunterhaltsanspruch auf Grundlage des Einkommens eines Elternteils berechnet werden und sich entsprechend der Anzahl an Mitbetreuungstagen verringern. Die Mitbetreuung werde somit mithilfe einer tageweisen Quotierung berücksichtigt.[749] Dabei kommt *Viefhues* selbst zu dem Ergebnis, dass die Annahme einer alleinigen Barunterhaltspflicht eines Elternteils im Falle der hälftigen Betreuungsaufteilung nicht gerechtfertigt sein kann.[750] Insofern ist dieses Berechnungsmodell nur für die Unterhaltsberechnung beim erweiterten Umgang in Betracht zu ziehen.

Lösungsansatz 2 entspricht weitestgehend dem Berechnungsmodell von *Bausch/Gutdeutsch/Seiler*. Auch *Viefhues* berechnet die Haftungsanteile der Eltern auf Grundlage ihrer Einkommensverhältnisse. Den jeweils hälftig erbrachten Betreuungsunterhalt berücksichtigt er, indem er von den Haftungsanteilen jeweils die Hälfte abzieht.[751] Daraus würden sich die Haftungsanteile der Eltern am Barunterhalt ergeben. Der Ausgleichsanspruch eines Elternteils bestünde in Höhe der hälftigen Differenz der Haftungsanteile. Vom Ergebnis deckt sich diese Methode mit der von *Bausch/Gutdeutsch/Seiler*. Auf die Behandlung eines durch die abwechselnde Betreuung evtl. entstehenden Mehrbedarfs sowie des Kindergeldes geht *Viefhues* nicht ein. Eine Berechnung nach dem von *Viefhues* dargestellten Modell (Lösungsansatz 2) dürfte sich mangels Berücksichtigung dieser Streitfragen nicht umsetzen lassen.

Nicht ganz nachvollziehbar ist die Berechnungsweise des 6. Senats des OLG Düsseldorf in seiner Entscheidung vom 12.01.2001.[752] In dem zugrunde liegenden

---

746 Vgl. *Scheiwe*, FF 2013, 280, 285.

747 A.a.O.

748 So auch *Seiler*, der darin einen Rückschritt in die Zeit vor der Düsseldorfer Tabelle sieht, vgl. FamRZ 2015, 1845, 1847.

749 Zu den Einzelheiten vgl. Kapitel 4, B. II. 4. a).

750 *Viefhues*, FPR 2006, 287, 288.

751 *Viefhues*, FPR 2006, 287, 289.

752 Zum Folgenden: OLG Düsseldorf, NJW 2001, 3344, 3345 f. Dem folgend *Selg*, vgl. Beck-OGK/*Selg*, § 1602 Rn. 45.5.

Verfahren beantragte das im Wechselmodell betreute Kind, den Vater zu Unterhaltszahlungen zu verurteilen. Dieser hatte nach zuvor geleistetem Barunterhalt in voller Höhe die Unterhaltszahlungen vollständig eingestellt mit der Begründung, er komme seiner Unterhaltspflicht durch die hälftige Betreuung des Kindes nach. Das Gericht verurteilte den Beklagten zu einer, wenn auch stark geminderten, Unterhaltszahlung. Unter Berücksichtigung der Betreuung im Wechselmodell orientierte sich das Gericht bei der Ermittlung des Kindesbedarfs an den zusammengerechneten Einkünften beider Elternteile und berechnete die jeweiligen Haftungsanteile der Eltern entsprechend ihrer Einkommensverhältnisse. Den durch die Betreuung geleisteten Naturalunterhalt bezifferte der Senat pauschal mit einem Wert von 800 DM. Von den Haftungsanteilen zog er für den von beiden Eltern gewährten Naturalunterhalt jeweils 400 DM ab. Im Ergebnis hatte das Kind somit einen Unterhaltsanspruch gegen den Vater in Höhe seines Haftungsanteils abzüglich der durch die Betreuung geleisteten 400 DM. Zweifel an dieser Berechnungsweise ergeben sich zum einen aufgrund der pauschalen Schätzung des Wertes der geleisteten Betreuung. Zum anderen berücksichtigte der Senat nicht, dass auch auf Seiten der Mutter nach Abzug des mit 400 DM angesetzten Betreuungsunterhalts eine Barunterhaltspflicht von 60 DM bzw. 120 DM verblieb.

IX. Auswertung der Ergebnisse

Für eine Unterhaltsberechnung auf Grundlage der fiktiven alleinigen Barunterhaltspflichten spricht das Argument der Einfachheit.[753] Für Eltern, die eine Betreuung im Wechselmodell in Betracht ziehen, dürften bei der Methode von *Spangenberg* (Modell 6) die unterhaltsrechtlichen Folgen zwar nachvollziehbar und vorhersehbar sein. Jedoch weicht die Methode von dem eindeutigen Wortlaut des § 1606 Abs. 3 S. 1 BGB ab, wonach mehrere gleich nahe Verwandte anteilig nach ihren Vermögensverhältnissen haften.[754]

Auffallend ist zudem, dass dieses Modell sowohl in Fall 1 als auch Fall 2 zu dem Ergebnis gelangt, dass V einen Ausgleichsanspruch gegen M hat. Da V in beiden Fallvarianten der einkommensstärkere Elternteil ist, sind diese Ergebnisse unvertretbar. Die Modelle 1 bis 5, welche den Unterhalt auf Grundlage der addierten Einkünfte beider Eltern berechnen, gelangen schließlich auch zu einer Ausgleichspflicht des V.

Der Grund für diese abweichenden Ergebnisse liegt darin, dass sich die Bedarfssätze nach der Düsseldorfer Tabelle nicht linear zum Einkommen entwickeln. Da auch bei einem geringen Einkommen der Mindestbedarf des Kindes sichergestellt werden muss, ist ein entsprechend hoher Prozentsatz des Einkommens für den Kindesunterhalt einzusetzen.[755] Der Prozentsatz ist im Vergleich zu der

753 So auch *Seiler*, FamRZ 2015, 1845, 1847.

754 A.a.O.

755 Koch/*Schürmann*, Handbuch des Unterhaltsrechts, Rn. 4291.

Barunterhaltspflicht eines einkommensstarken Elternteils verhältnismäßig groß. Dies führt bei dem Berechnungsmodell von *Spangenberg* dazu, dass die Eltern nicht im Verhältnis ihrer Einkommen für den Bedarf des Kindes haften und der einkommensschwächere Elternteil einen größeren Anteil seines Einkommens einsetzen muss als der einkommensstärkere. In den beiden Fallvarianten ist die auf diese Weise berechnete Differenz der fiktiven Barunterhaltspflichten der Eltern daher relativ gering. Da M sich zudem noch das Kindergeld anrechnen lassen muss, ist sie im Ergebnis ausgleichspflichtig, obwohl V über ein höheres Einkommen verfügt. Die Berechnung auf Grundlage fiktiver alleiniger Barunterhaltspflichten der Eltern erweist sich aus diesen Gründen nicht als ein geeigneter Berechnungsansatz für das Wechselmodell.

Als nächstes sollen daher die Ergebnisse der Modelle, welche den Unterhalt auf Grundlage der zusammengerechneten Einkünfte beider Eltern berechnen, miteinander verglichen werden. Hierbei fällt auf, dass der Ausgleichsanspruch von M gegen V bei den Methoden von *Wohlgemuth* (Modell 3) und *Sünderhauf* (Modell 4) sowohl in Fall 1 als auch Fall 2 vergleichsweise niedrig ausfällt. Bei beiden Modellen ergibt sich eine nennenswerte Ausgleichshöhe erst in Fall 2 und somit nur bei sehr hohen Einkommensunterschieden (hier 1.900 €).

Da eine solch hohe Einkommenskluft eher selten vorkommen dürfte, sind auch diese Berechnungsmethoden abzulehnen. Im Regelfall dürften sie nämlich nicht zu einem angemessenen finanziellen Ausgleich zwischen den Eltern führen. Dass bei den Methoden von *Sünderhauf* und *Wohlgemuth* die Ausgleichspflicht des V wesentlich niedriger ausfällt, liegt daran, dass sie den Mehrbedarf nicht vollständig in die Unterhaltsberechnung einfließen lassen. Bei dem Modell von *Sünderhauf* stellen ausschließlich die Kosten für die Nachmittagsbetreuung einen Mehrbedarf des Kindes dar. Die übrigen Aufwendungen, welche im Einzelfall auch weitaus höher ausfallen können, bleiben dabei unberücksichtigt. Dies führt dazu, dass die Eltern für den Mehrbedarf nicht im Verhältnis ihrer Einkünfte haften. *Wohlgemuth* berücksichtigt den durch das Wechselmodell entstehenden Mehrbedarf zwar in der Unterhaltsberechnung und errechnet einen Erstattungsanspruch für Eigenleistungen anhand der Haftungsquoten der Eltern. Durch die Statuierung einer Opfergrenze in Höhe von 50 € fließt im Ergebnis jedoch nur ein geringer Anteil der Mehrkosten in die Berechnung ein. Insgesamt lässt sich damit festhalten, dass die Nichtberücksichtigung des Wechselmodell-Mehrbedarfs in der Unterhaltsberechnung in vielen Fällen zu einer verhältnismäßig geringen Ausgleichspflicht des einkommensstärkeren Elternteils führt.

Stellt man allein auf die Ergebnisse der Berechnungsbeispiele ab, erweisen sich die Modelle 1 (frühere Ansicht von *Klinkhammer*), 2 (*Bausch/Gutdeutsch/Seiler)* und 5 (OLG Düsseldorf) somit als die vorzugswürdigen. Die Ergebnisse dieser Modelle weichen in beiden Fallvarianten nur geringfügig voneinander ab. Die Berechnungsmethoden unterscheiden sich in erster Linie in der Behandlung des Kindergeldes. Zudem werden bei *Bausch/Gutdeutsch/Seiler* die Wohnkosten sowie die Kosten der doppelten Anschaffungen anders berücksichtigt als bei den Modellen 1 und 5. Aus dem Vergleich der Berechnungsergebnisse ergibt sich zumindest, dass sich die Höhe der Einkommensunterschiede bei Modell 5 (OLG Düsseldorf) am stärksten und bei Modell 1 (frühere Ansicht von *Klinkhammer)* am geringsten auswirkt.[756]

Überblick
Kindesunterhalt beim Wechselmodell: Ergebnisse der Berechnungsbeispiele zur Höhe eines zwischen den Eltern bestehenden Ausgleichsanspruchs

	Geringe Einkommensunterschiede (Fall 1)	**Hohe Einkommensunterschiede (Fall 2)**
Abzug des vollen Kindergeldes (Modell 1)	M gegen V: 72,40 €	M gegen V: 230,87 €
Abzug des hälftigen Kindergeldes (Modell 2)	M gegen V: 61 €	M gegen V: 242,60 €
Grund- und Mehrbedarf gesondert (Modell 3)	M gegen V: 8,92 €	M gegen V: 124,24 €
Kein Wechselmehrbedarf (Modell 4)	M gegen V: 26,55 €	M gegen V: 162,88 €
Gesonderter Kindergeldausgleich (Modell 5)	M gegen V: 59,10 €	M gegen V: 261,85 €
Fiktive alleinige Barunterhaltspflichten (Modell 6)	V gegen M: 76 €	V gegen M: 41 €

C. (Weitere) Streitpunkte im Einzelnen

I. Kindergeld

1. Bedarfsmindernde Anrechnung

Die dargestellten Berechnungsmodelle zeigen insgesamt vier unterschiedliche Möglichkeiten auf, wie das Kindergeld bei der Unterhaltsberechnung zwischen den Eltern verteilt werden kann. Zum Teil wird es unter Anwendung von § 1612b Abs. 1 Nr. 1 BGB zur Hälfte bedarfsmindernd berücksichtigt und sodann in voller Höhe auf den Haftungsanteil des Kindergeldempfängers angerechnet.[757] Andere wenden ebenfalls § 1612b Abs. 1 Nr. 1 BGB an, rechnen hingegen das hälftige

---

756 Die Differenz zwischen dem Ausgleichsanspruch der M in Fall 1 und dem in Fall 2 beträgt bei der Berechnungsmethode des OLG Düsseldorf 202,75 € und bei der Methode von *Klinkhammer* nur 158,47 €.

757 So in den Berechnungsmodellen 2 und 4, vgl. in diesem Kapitel unter B. III. und V. Dem folgend: OLG Dresden, Beschl. v. 29.10.2015 – 20 UF 851/15.

Kindergeld erst auf den Ausgleichsanspruch zulasten des Kindergeldempfängers an.[758] Modell 1 berücksichtigt das Kindergeld unter Anwendung von § 1612b Abs. 1 Nr. 2 BGB in voller Höhe bedarfsmindernd und rechnet es dann zur Hälfte auf den Haftungsanteil des Kindergeldempfängers an. Eine weitere Methode besteht darin, das Kindergeld, unter Außerachtlassung der Regelung des § 1612b BGB, innerhalb der Unterhaltsberechnung unberücksichtigt zu lassen und gesondert zwischen den Eltern auszugleichen, indem der Kindergeldempfänger die Hälfte an den anderen Elternteil auszukehren hat.[759]

Zunächst ist festzuhalten, dass weder § 1612b Abs. 1 Nr. 1 BGB noch § 1612b Abs. 1 Nr. 2 BGB auf eine Betreuung im Wechselmodell zugeschnitten sind. § 1612b Abs. 1 Nr. 1 BGB regelt ausschließlich den Fall der alleinigen Betreuung durch einen Elternteil im Sinne des § 1606 Abs. 3 S. 2 BGB.[760] Das Wechselmodell zeichnet sich aber gerade dadurch aus, dass § 1606 Abs. 3 S. 2 BGB mangels eines Betreuungsschwerpunktes bei einem Elternteil keine Anwendung findet. Nach früherer Ansicht von *Klinkhammer* ergebe sich daraus, dass die Betreuung im Wechselmodell unter § 1612b Abs. 1 Nr. 2 BGB zu subsumieren ist, da nach dem Wortlaut der Regelung in allen anderen Fällen, und somit auch dem des Wechselmodells, eine Anrechnung des vollen Kindergeldes vorzunehmen ist.[761] Zutreffend handelt es sich bei § 1612b Abs. 1 Nr. 2 BGB um eine Auffangnorm. Nach der Gesetzesbegründung bezieht sich die Regelung jedoch auf die Fälle, in denen eine Unterhaltsleistung in Form der Betreuung des Kindes nicht mehr stattfindet und nur Barunterhalt geleistet wird.[762] Erfasst sind demnach die Fälle des unterhaltsberechtigten, volljährigen Kindes und der Fremdbetreuung durch Dritte.[763] Da die Eltern beim Wechselmodell ihre Unterhaltspflicht zum Teil durch Betreuung erfüllen, passt auch die Regelung des § 1612b Abs. 1 Nr. 2 BGB mithin nicht.

Ist daraus zu folgern, dass das Kindergeld bei der Unterhaltsberechnung im Wechselmodell nicht zu berücksichtigen und gesondert auszugleichen ist? In diese Richtung argumentiert *Ehinger*, welche in einem Vorabzug des Kindergeldes eine Begünstigung des einkommensstärkeren Elternteils sieht.[764] Dem ist entgegenzuhalten, dass die Minderung des Kindesbedarfs in Höhe des (hälftigen) Kindergeldes auch beim Residenzmodell sowie dem Volljährigen-Unterhalt zu einer

---

758 So in den Berechnungsmodellen 3 und 5, vgl. in diesem Kapitel unter B. IV. und VI. So im Ergebnis auch *Kleffmann/Kleffmann*, FuR 2015, 80. Vertiefend *Wohlgemuth*, FamRZ 2015, 808 f.

759 So in den Berechnungsmodellen 5 und 6, vgl. in diesem Kapitel unter B. VI. und VII.

760 Vgl. BT-Drs. 16/1830, S. 30.

761 Wendl/Dose/*Klinkhammer*, 8. Aufl. 2011, § 2 Rn. 450.

762 A.a.O.

763 A.a.O.; MüKo/*Born*, § 1612b Rn. 40 ff.

764 Ehinger/Griesche/Rasch/*Ehinger*, Abschnitt A. Rn. 269. Für einen gesonderten Kindergeldausgleich sprach sich auch der 20. DFGT (Arbeitskreis 15) aus, vgl. 20. DFGT, Ergebnisse des Arbeitskreises 15.

Besserstellung des einkommensstärkeren Elternteils führt. Nicht ersichtlich ist, weshalb dies beim Wechselmodell der Grund für einen gesonderten Ausgleich sein soll. Zur Beurteilung der o.g. Frage gilt es vielmehr den Sinn und Zweck des § 1612b BGB näher zu beleuchten. Die Regelung ist zum einen notwendig, um einen gerechten Kindergeldausgleich zwischen den Eltern herbeizuführen, da es nach § 64 EStG nur an einen Elternteil in voller Höhe ausgezahlt werden kann. Zum anderen wird durch die bedarfsmindernde Anrechnung des Kindergeldes zum Ausdruck gebracht, dass es sich hierbei um eine öffentliche Leistung handelt, die dazu bestimmt ist, das Existenzminimum des Kindes zu sichern.[765] Auch wenn es an die Eltern ausgezahlt wird, steht es im wirtschaftlichen Sinne dem Kind zu und hat die Funktion dessen Bedarf zu decken. Aufgrund dieser Zweckbindung hat das minderjährige Kind einen Anspruch gegen die Eltern auf Zuwendung des Kindergeldes in Form von Aufwendungen für Naturalleistungen und das volljährige Kind wahlweise auf dessen Auszahlung.[766] Würde man beim Wechselmodell auf eine bedarfsmindernde Anrechnung des Kindergeldes verzichten, würden die Grundprinzipien des Kindergeldausgleichs missachtet. Das Kindergeld würde faktisch wie ein Einkommen der Eltern behandelt. Im Ergebnis sollte es daher bei der Unterhaltsberechnung bedarfsmindernd berücksichtigt werden.[767]

2. *Anrechnungshöhe*

Es stellt sich die Folgefrage, in welcher Höhe das Kindergeld bedarfsmindernd angerechnet werden sollte. Da eine direkte Anwendung von § 1612b Abs. 1 Nr. 1 und Nr. 2 BGB ausscheidet, sind die Voraussetzungen einer Analogie zu überprüfen. Die Nichtregelung der Behandlung des Kindergeldes im Falle einer Betreuung im Wechselmodell dürfte eine planwidrige Regelungslücke darstellen. Denn ausweislich der Gesetzesbegründung aus dem Jahr 2006 hat der Gesetzgeber die ihm bekannten Betreuungsalternativen beim Verfassen des § 1612b BGB berücksichtigt[768], wobei noch nicht abzusehen war, dass sich im Laufe der Zeit das Wechselmodell als Betreuungsoption herausstellen würde.

---

765 BT-Drs. 16/1830, S. 30.

766 A.a.O.; Palandt/*Brudermüller*, § 1612b Rn. 13 f.

767 Etwas anderes gilt dann, wenn ein Wechselmodell einvernehmlich praktiziert wird, jedoch kein finanzieller Ausgleich zwischen den Eltern stattfindet. Eine isolierte Geltendmachung des Kindergeldausgleichs muss in diesem Fall möglich sein, da keine Unterhaltsberechnung vorgenommen wird, im Rahmen welcher das Kindergeld bedarfsmindernd angerechnet werden könnte. Das OLG Schleswig bejahte in einem solchen Fall einen Anspruch auf Auskehr des hälftigen Kindergeldes gegen den beziehenden Elternteil auf der Grundlage eines familienrechtlichen Ausgleichsanspruchs, vgl. OLG Schleswig, FamRZ 2015, 965, 967. Zur Rechtsfigur des familienrechtlichen Ausgleichsanspruchs ausführlich in Kapitel 6, A. II. 1.

768 Vgl. BT-Drs. 16/1830, S. 28 ff.

Bei dem Erfordernis der vergleichbaren Interessenlage stellt sich die Frage, ob eine volle oder hälftige Anrechnung des Kindergeldes der Interessenlage im Wechselmodell besser entspricht und somit § 1612b Abs. 1 Nr. 1 oder § 1612b Abs. 1 Nr. 2 BGB analog angewendet werden sollte. Gegen eine bedarfsmindernde Anrechnung des Kindergeldes in voller Höhe wird zutreffend angeführt, dass der Kindesbedarf dadurch insbesondere in niedrigen Einkommensstufen unangemessen herabgesetzt würde.[769] Zudem führe eine Anrechnung des Kindergeldes in voller Höhe im Falle der Leistungsunfähigkeit eines Elternteils zu einem ungerechneten Ergebnis. Denn in diesem Fall käme das Kindergeld ausschließlich dem dann allein barunterhaltspflichtigen Elternteil zugute.[770]

§ 1612b Abs. 1 Nr. 1 BGB bezweckt eine Entlastung des betreuenden als auch barunterhaltspflichtigen Elternteils durch das Kindergeld. Durch die nur hälftige Anrechnung mit Verweis auf § 1606 Abs. 3 S. 2 BGB wird der Gleichwertigkeit von Bar- und Betreuungsunterhalt auch im Rahmen des Kindergeldausgleichs Rechnung getragen.[771] Im Wechselmodell werden ebenso wie im Residenzmodell Bar- und Betreuungsleistungen erbracht, nur mit dem Unterschied, dass beide Elternteile ihre Unterhaltspflicht durch beide Leistungsarten erfüllen. Vor diesem Hintergrund wird zutreffend angeführt, dass eine andere Behandlung des Kindergeldes als im Residenzmodell nicht gerechtfertigt sei, zumal § 1612b Abs. 1 Nr. 2 BGB voraussetzt, dass kein Elternteil das Kind betreut.[772] Die Wahl des Betreuungsmodells solle zudem keinen Einfluss auf die Höhe des Kindesbedarfs haben.[773] Durch eine hälftige Anrechnung bleibt die auf die Betreuung fallende Kindergeldhälfte von der Anteilsberechnung ausgenommen und kommt somit beiden Elternteilen gleichermaßen zugute, da sie auch die Betreuung gleichermaßen (hälftig) aufteilen.[774] Von der anderen, auf den Barunterhalt fallenden Hälfte des Kindergeldes profitieren auf diese Weise ebenfalls beide Elternteile, jedoch im Verhältnis ihrer Einkommen.[775] Im Ergebnis ist daher eine Bedarfsminderung in Höhe des hälftigen Kindergeldes zu befürworten.

---

769 *Wohlgemuth*, FPR 2013, 157; *Knittel*, JAmt 2014, 287; *Seiler*, FamRZ 2015, 1845, 1848.

770 *Bausch/Gutdeutsch/Seiler*, FamRZ 2012, 258, 259.

771 MüKo/*Born*, § 1612b Rn. 37.

772 *Jokisch*, FuR 2014, 25, 27; Erman/*Hammermann*, § 1612b Rn. 13a.

773 *Wohlgemuth*, FuR 2012, 218.

774 In seiner Entscheidung vom 20.04.2016 spricht sich der BGH für eine hälftige bedarfsmindernde Anrechnung des Kindergeldes beim Wechselmodell aus, vgl. Beschl. v. 20.04.2016 – XII ZB 45/15; Weinreich/Klein/*Müting*, § 1606 Rn. 34a; *Seiler*, FamRZ 2015, 1845, 1848; Wendl/Dose/*Klinkhammer*, 9. Aufl. 2015, § 2 Rn. 450.

775 BGH, Beschl. v. 20.04.2016 – XII ZB 45/15; *Sünderhauf*, Wechselmodell, S. 528; *Wohlgemuth*, FuR 2012, 401, 403.

3. *Erhöhung des Haftungsanteils*

Rechnet man das Kindergeld zur Hälfte bedarfsmindernd an, stellt sich als nächstes die Frage, ob in der weiteren Berechnung der Haftungsanteil des Kindergeldempfängers in Höhe des vollen Kindergeldes erhöht wird oder das hälftige Kindergeld zulasten des Kindergeldempfängers auf den Ausgleichsanspruch angerechnet wird. Insofern überzeugt die Argumentation von *Bausch/Gutdeutsch/Seiler*, wonach sowohl die auf den Barunterhalt als auch auf den Betreuungsunterhalt fallende Kindergeldhälfte beiden Elternteilen zugutekommen soll.[776] Durch Anrechnung des vollen Kindergeldes auf den Haftungsanteil des Kindergeldempfängers würde ein vollständiger Ausgleich zwischen den Eltern erreicht.[777] Einen völlig anderen Ansatz wählt *Schürmann*, indem er die Höhe der anzurechnenden Kindergeldanteile nach den Einkommensverhältnissen der Eltern bestimmt und hierzu die jeweilige Haftungsquote der Eltern mit dem Kindergeldbetrag von 184 € multipliziert.[778] Bei dieser Berechnungsweise bleibt jedoch unberücksichtigt, dass den Eltern für die von beiden geleistete Betreuung jeweils die Hälfte des Kindergeldes zugutekommen sollte und zwar unabhängig von ihren Einkommensverhältnissen.[779] *Wohlgemuth* sieht hierin zutreffend eine Benachteiligung des einkommensschwächeren Elternteils.[780]

II. Wechselmehrbedarf

Die dargestellten Berechnungsmodelle unterscheiden sich in der Behandlung des durch die Aufenthaltswechsel entstehenden Mehrbedarfs des Kindes. Zum einen hinsichtlich der Frage, welche Mehrkosten typischerweise bei einer Betreuung im Wechselmodell entstehen und in welcher Höhe diese anzurechnen sind. Zum anderen in der Methode zur Abrechnung der Mehrkosten.

1. *Anrechenbare Mehrkosten*

Rechtsprechung und Literatur sind sich größtenteils darin einig, dass bei einer Betreuung im Wechselmodell zwangsläufig dadurch Mehrkosten entstehen, dass das Kind in zwei Haushalten lebt und versorgt wird.[781] Diese mitunter als Wechselmehrkosten (bzw. Wechselmehrbedarf) bezeichneten Aufwendungen sollen in erhöhten Fahrtkosten zum Zwecke des regelmäßigen Aufenthaltswechsels des Kindes, zusätzlichen Wohnkosten für ein zweites Kinderzimmer sowie der Kosten für doppelte Anschaffungen (Kleidung, Spielzeug etc.) bestehen.

---

776 *Bausch/Gutdeutsch/Seiler*, FamRZ 2012, 258, 259. So auch *Knittel*, JAmt 2014, 287, 290.

777 *Bausch/Gutdeutsch/Seiler*, a.a.O.

778 *Schürmann*/Schriftenreihe des ISUV, Band 7, S. 60.

779 *Wohlgemuth*, FamRZ 2015, 808, 809.

780 A.a.O.

781 Vgl. BGH, FamRZ 2014, 917, 919; 2006, 1015; *Jokisch*, FuR 2014, 25, 27; Weinreich/Klein/*Müting*, § 1606 Rn. 34.

Sünderhauf vertritt hingegen die Ansicht, dass eine Betreuung im Wechselmodell keine höheren Kosten als eine Betreuung im Residenzmodell verursacht.[782] Dabei geht sie davon aus, dass das Vorhalten eines eigenen Kinderzimmers für die Durchführung einer abwechselnden Betreuung nicht erforderlich ist. Im Vergleich zu einer Betreuung im Residenzmodell entstünden beim Wechselmodell somit weder erhöhte Wohnkosten noch erhöhte Fahrtkosten.[783] Dasselbe gelte hinsichtlich der Kosten für doppelte Anschaffungen (Spielzeug, Kleidung).[784] Diese Aufwendungen würden im Residenzmodell als umgangsbedingte Kosten nicht bedarfserhöhend angerechnet, weshalb eine Anrechnung auch im Wechselmodell abzulehnen sei.[785] Dem ist entgegenzuhalten, dass im Residenzmodell nicht immer ein größerer Wohnbedarf und doppelte Anschaffungen notwendig sind und dies vielmehr von dem Umfang der Umgangskontakte im Einzelfall abhängt. Im Unterschied dazu hat das Kind beim Wechselmodell schon per Definition zwei Lebensmittelpunkte, was die genannten Mehraufwendungen rechtfertigt. Daher ist davon auszugehen, dass bei einer Betreuung im Wechselmodell ein typischer Wechselmehrbedarf entsteht.

Nach zutreffender Auffassung sind bedarfserhöhende Mehrkosten eines Elternteils nur dann auf dessen Haftungsanteil anzurechnen, wenn sie ausschließlich von ihm erbracht werden.[786] Das gilt für **Fahrtkosten** sowie für die **Kosten doppelter Anschaffungen**, sofern dies von den Eltern so vereinbart wurde. Probleme bereitet die Behandlung der zusätzlichen **Wohnkosten**. Denn hierbei muss berücksichtigt werden, dass in dem Regelbedarf nach der Düsseldorfer Tabelle bereits die einmaligen Wohnkosten für das Kind enthalten sind. Dies wird in der in Berechnungsmodell 1 dargestellten früheren Auffassung von *Klinkhammer* übersehen, nach welchem die erhöhten Wohnkosten eines Elternteils als Versorgungsleistung auf dessen Haftungsanteil anzurechnen sind.[787] Bei dieser Vorgehensweise wird außer Betracht gelassen, dass auch der andere Elternteil aufgrund der Bereithaltung eines Kinderzimmers erhöhte Wohnkosten hat. Nach der nun in der Neuauflage vertretenen Ansicht von *Klinkhammer* sind die auf beiden Seiten entstehenden erhöhten Wohnkosten als Mehrbedarf zu berücksichtigen und als Eigenleistungen auch auf die Haftungsanteile beider Elternteile anzurechnen.[788] Auch hierbei bleibt aber unberücksichtigt, dass der Regelbedarf bereits die einmaligen Wohnkosten enthält. Zutreffend gehen *Bausch/Gutdeutsch/Seiler* daher davon aus, dass die Mehrkosten für einen erhöhten Wohnbedarf bei keinem Elternteil zu einer Kürzung des Haftungsanteils führen. Die zusätzlichen Aufwendungen für ein zweites Kinderzimmer seien als beim Wechselmodell typischerweise anfallender Mehrbedarf

782 *Sünderhauf*, Wechselmodell, S. 525.
783 *Sünderhauf*, Wechselmodell, S. 526 f.
784 A.a.O.
785 A.a.O.
786 *Bausch/Gutdeutsch/Seiler*, FamRZ 2012, 258, 259.
787 Vgl. in diesem Kapitel unter B. II sowie Wendl/Dose/*Klinkhammer*, 8. Aufl. 2011, § 2 Rn. 450.
788 Wendl/Dose/*Klinkhammer*, 9. Aufl. 2015, § 2 Rn. 450.

bedarfserhöhend anzurechnen. Da aber auch der andere Elternteil ein Kinderzimmer vorhalten müsse und ihm somit dieselben erhöhten Wohnkosten entstünden, solle bei keinem Elternteil eine Anrechnung der Wohnmehrkosten auf den Haftungsanteil vorgenommen werden.[789]

Ferner stellt sich die Frage, in welcher Höhe die zusätzlichen Wohnkosten auf den Kindesbedarf anzurechnen sind. Nach einer Ansicht ist die Höhe der anzusetzenden Wohnkosten pauschal mithilfe der Bedarfssätze der Düsseldorfer Tabelle zu berechnen. Hierbei sei für jeden Elternteil zu ermitteln, wie hoch unter Zugrundelegung seines Einkommens der Wohnkostenanteil des Tabellenwertes ist und wie hoch im Vergleich hierzu der Wohnkostenanteil des auf Grundlage der zusammengerechneten Einkünfte ermittelten Tabellenwertes ist.[790] Einfacher gehen *Bausch/Gutdeutsch/Seiler* vor, indem sie die tatsächlichen erhöhten Wohnkosten eines Elternteils als Maßstab nehmen.[791] Die Berechnung erhöhter Wohnkosten mithilfe der Bedarfssätze der Düsseldorfer Tabelle mache die Gesamtberechnung noch komplizierter, wobei sie im Ergebnis dadurch nicht gerechter würde.[792] Dem ist zuzustimmen, zumal die Höhe der Wohnmehrkosten beider Elternteile in der Regel nicht weit auseinanderliegen dürfte. Bestehen zwischen den Eltern große Einkommensunterschiede, ist nicht auszuschließen, dass die zusätzlichen Wohnkosten des Mehrverdienenden wesentlich höher sind als die des anderen Elternteils. Damit der Mehrverdienende die Kosten für eine wesentlich teurere Wohnung nicht auf den einkommensschwächeren Elternteil abwälzen kann, sollte der Maßstab für die Bedarfserhöhung in diesen Fällen die Höhe der Wohnmehrkosten des einkommensschwächeren Elternteils sein.[793] Bei einer Bestimmung der Wohnmehrkosten auf Grundlage der tatsächlichen Verhältnisse dürfte es sich auch nicht um einen „systemwidrigen Eingriff in das Pauschalierungssystem der Düsseldorfer Tabelle“[794] handeln, da auch bei der Ermittlung des Mehrbedarfs in allen anderen Fällen die Höhe der tatsächlichen, berechtigten Aufwendungen zugrunde gelegt wird.

Auch hinsichtlich der Anrechenbarkeit von zusätzlichen **Kosten für eine Betreuung** des Kindes in einem Hort, Kindergarten oder einer Ganztagsschule gehen die Ansichten zum Teil auseinander. Bei diesen Kosten handelt es sich um keine typischen Wechselmehrkosten, da eine Nachmittagsbetreuung auch im Residenzmodell häufig in Anspruch genommen wird. In diesen Fällen werden die

789 *Bausch/Gutdeutsch/Seiler*, FamRZ 2012, 258, 259; Gerhardt/von Heintschel-Heinegg/Klein/*Seiler*, Kap. 6 Rn. 355.

790 OLG Dresden, Beschl. v. 29.10.2015 – 20 UF 851/15; *Jokisch*, FuR 2014, 25, 28; Weinreich/Klein/*Müting*, § 1606 Rn. 34.

791 *Bausch/Gutdeutsch/Seiler*, FamRZ 2012, 258, 259. Abweichend hiervon nun *Seiler*, der eine Haftungsanrechnung erhöhter Wohnkosten nach anteiliger Verteilung der im Grundbedarf enthaltenen Wohnkosten auf beide Elternteile jetzt anerkannt, vgl. FamRZ 2015, 1845, 1847.

792 *Bausch/Gutdeutsch/Seiler*, a.a.O.

793 A.a.O.

794 So *Müting*, vgl. Weinreich/Klein/*Müting*, § 1606 Rn. 34.

Aufwendungen für eine Fremdbetreuung als Mehrbedarf des Kindes eingeordnet, welcher sich bei der Unterhaltsberechnung bedarfserhöhend auswirkt.[795] Nicht ersichtlich ist, weshalb bei einer Betreuung im Wechselmodell etwas anderes gelten sollte. Der Argumentation von *Wohlgemuth*, solche Kosten seien der Lebensführung des Betreuenden zuzurechnen, da sie diesem einen Zeitgewinn ermöglichen, um einer Erwerbstätigkeit nachzugehen[796], überzeugt daher nicht. Der BGH hat diesbezüglich entschieden, dass eine Betreuung im Kindergarten oder einer anderen kindgerechten Einrichtung in erster Linie erzieherischen Zwecken dient und somit dem Kind zugutekommt.[797] Dies muss jedenfalls für eine durchgehende Betreuung gelten, wie sie zum Beispiel beim Besuch einer Ganztagsschule oder der Nachmittagsbetreuung im Kindergarten stattfindet. Nimmt hingegen nur ein Elternteil eine zusätzliche Fremdbetreuung während seiner Betreuungszeit in Anspruch, wäre es unsachgemäß auch den anderen Elternteil für diese Kosten haften zu lassen.[798]

Mehrbedarf wird nur dann bedarfserhöhend angerechnet, wenn er sachlich notwendig und angemessen ist.[799] Unter diesem Vorbehalt steht daher auch die Anrechnung der Wechselmehrkosten. Vor diesem Hintergrund dürfte auch die Festsetzung einer Opfergrenze, wie *Wohlgemuth* sie vorsieht[800], unnötig sein. Vor allem würde bei Anwendung einer Opfergrenze von 50 € der Kindesbedarf durch den Mehrbedarf nur geringfügig erhöht. Die Höhe des so ermittelten Gesamtbedarfs würde nicht das widerspiegeln, was das Kind tatsächlich benötigt. Dadurch erstreckt sich die einkommensabhängige Haftungsverteilung auch nicht auf den tatsächlichen Gesamtbedarf des Kindes, was zu einer ungerechten Lastenverteilung zwischen den Eltern führen kann.

2. *Berechnungsmethode*

Nach der Rechtsprechung des BGH und in den meisten der dargestellten Berechnungsmodelle fließt der Mehrbedarf in der Weise in die Unterhaltsberechnung mit ein, als er dem Grundbedarf hinzugerechnet und daraus ein Gesamtbedarf gebildet wird.[801] *Wohlgemuth* rechnet Grund- und Mehrbedarf getrennt voneinander ab.[802] Nach ihrer Auffassung werde durch die Berechnung eines Ausgleichsanspruchs berücksichtigt, dass die Eltern ihre Unterhaltspflicht hinsichtlich des Regelbedarfs

795 BGH, NJW 2009, 1816.
796 *Wohlgemuth*, FPR 2013, 157, 158.
797 BGH, NJW 2009, 1816.
798 *Seiler*, FamRZ 2015, 1845, 1848.
799 Koch/*Wellenhofer*, Handbuch des Unterhaltsrechts, Rn. 4054.
800 Vgl. in diesem Kapitel unter B. IV. 1.
801 So bei den Berechnungsmodellen 1 (frühere Ansicht v. *Klinkhammer*), 2 (*Bausch/Gutdeutsch/Seiler*), 4 (*Sünderhauf*) und 5 (OLG Düsseldorf). A.A. *Schürmann*, der vorschlägt den Regelbedarf um den Anteil des Wohnbedarfs am Tabellensatz zu kürzen, vgl. *Schürmann*/Schriftenreihe des ISUV, Band 7, S. 60.
802 Vgl. in diesem Kapitel unter B. IV. 1.

auch durch (hälftige) Betreuungsleistungen erbringen. Die Haftung für den Mehrbedarf könne hingegen nicht durch Betreuung teilweise erfüllt werden. Eine Gesamtabrechnung vorzunehmen und den Mehrbedarf in diese Berechnung miteinfließen zu lassen, sei daher unzulässig.[803] *Spangenberg* verzichtet hingegen vollständig auf eine Einbeziehung der Mehrkosten des Wechselmodells in die Unterhaltsberechnung. Seiner Auffassung nach würden diese überhöht eingeschätzt und könnten daher viele Eltern von einer Betreuung im Wechselmodell abschrecken.[804] Im Rahmen eines von den Eltern aufzustellenden Betreuungs- und Finanzplans sei neben der Organisation der Betreuung auch zu regeln, wer welche Bedarfspositionen deckt.[805]

Im Ergebnis dürfte der erstgenannten Ansicht zu folgen sein. Eine getrennte Abrechnung von Grund- und Mehrbedarf verkompliziert die Berechnung des Ausgleichsanspruchs unnötig.[806] Denn im Ergebnis haften die Eltern für beide Bedarfe entsprechend ihrer Einkommensverhältnisse, weshalb sich eine Gesamtabrechnung anbietet. *Jokisch* weist darauf hin, dass sich bei der getrennten Abrechnung im Vergleich zur Gesamtabrechnung rechnerisch ein nur geringfügiger Unterschied ergibt.[807] Die vollständige Außerachtlassung des Mehrbedarfs bei der Unterhaltsberechnung dürfte in den von *Spangenberg* beschriebenen Fällen, in denen die Eltern einen umfassenden Betreuungs- und Finanzplan erstellt haben, möglich sein. Für alle anderen Fälle, in denen eine solche Vereinbarung nicht getroffen wurde und evtl. Streitigkeiten über die Mehrkosten bestehen, sollte mithilfe der Berechnung des Ausgleichsanspruchs eine gerechte Lastenverteilung erzielt werden können. Daher erscheint eine Unterhaltsberechnung auf Grundlage eines zuvor ermittelten Gesamtbedarfs des Kindes als vorzugswürdig.

III. Unterhaltsberechnung bei Leistungsunfähigkeit

Die dargestellten Berechnungsmodelle unterliegen der Annahme, dass beide Elternteile erwerbstätig und leistungsfähig sind. Sehr häufig dürfte jedoch die Leistungsfähigkeit eines Elternteils nicht gegeben sein. Die Haftungsverteilung zwischen den Eltern richtet sich in diesen Fällen nach der allgemeinen Regelung des § 1603 Abs. 1, 2 S. 3 BGB, welche nicht nur für den privilegiert Volljährigen, sondern auch bei einer Drittbetreuung des Kindes Anwendung findet.[808]

Liegt ein unterhaltsrechtlicher Mangelfall dergestalt vor, dass nur ein Elternteil seinen Unterhaltsbeitrag nicht erbringen kann, ohne seinen angemessenen Selbstbehalt zu gefährden, tritt demnach die Ersatzhaftung des anderen Elternteils ein (vgl. § 1603 Abs. 2 S. 2 BGB). Unter der Voraussetzung, dass dessen angemessener Selbstbehalt gewahrt bleibt, ist er in diesem Fall allein zur Deckung des Barbedarfs

803 *Wohlgemuth*, FPR 2013, 157, 158.
804 *Spangenberg*, FamRZ 2014, 88, 90.
805 A.a.O.
806 So auch *Seiler*, vgl. Gerhardt/von Heintschel-Heinegg/Klein/*Seiler*, Kap. 6 Rn. 354.
807 *Jokisch*, FuR 2014, 25, 29.
808 *Wohlgemuth*, FamRZ 2014, 84.

und mithin zum Ausgleich gegenüber dem anderen Elternteil verpflichtet.[809] Der Ausgleichsbetrag darf jedoch nicht über das hinausgehen, was er nach der Düsseldorfer Tabelle auf der Grundlage seines Einkommens an Barunterhalt zu leisten hätte.[810] Nach Auffassung des 15. Arbeitskreises des 20. DFGT ist seine Ausgleichspflicht auf die Hälfte des bei alleiniger Barunterhaltspflicht geschuldeten Tabellenunterhalts zu begrenzen.[811]

Orientiert man sich bei der Unterhaltsberechnung im Wechselmodell an der Methode des Volljährigenunterhalts, wird auch im Falle der Leistungsunfähigkeit eines Elternteils der Kindesbedarf auf Grundlage der zusammengerechneten Einkommen beider Elternteile ermittelt, für welchen jedoch der leistungsfähige Elternteil allein aufkommen muss.[812] Eine Berechnung der Haftunganteile auf Grundlage der Einkommensverhältnisse der Eltern findet daher nicht statt. Auch hier sind erbrachte Leistungen sowie das Kindergeld vor Ermittlung des Ausgleichsanspruchs abzuziehen.[813] Sind beide Elternteile außerstande, für den Kindesbedarf ohne Gefährdung ihres angemessenen Selbstbehalts aufzukommen, ist der vom Einkommen abzuziehende Selbstbehalt für beide auf den notwendigen Selbstbehalt herabzusetzen.[814]

Wählt man für die Unterhaltsberechnung im Wechselmodell den Ansatz, die fiktiven alleinigen Barunterhaltspflichten der Eltern gegenüberzustellen, ändert sich im Falle der Leistungsunfähigkeit eines Elternteils an den Rechenschritten nichts. Im Ergebnis entfällt die fiktive Barunterhaltspflicht eines Elternteils, wenn dessen Einkommen unter dem Betrag für den notwendigen Selbstbehalt liegt. Auch hier müsste der andere Elternteil allein für den Kindesbedarf aufkommen, wobei sein Haftungsanteil höher ausfallen würde, als wenn auch der andere Elternteil leistungsfähig wäre.[815] Fraglich ist, wie sich der Ausgleichsanspruch nach dieser Methode berechnet, wenn der einkommensschwächere Elternteil seinen Haftungsanteil erbringen könnte, ohne seinen notwendigen Selbstbehalt zu gefährden, hierbei jedoch den angemessenen Selbstbehalt unterschreiten würde. Grundsätzlich greift für diesen Fall die Ersatzhaftung des anderen Elternteils (§ 1603 Abs. 2 S. 3 BGB). Um den Besonderheiten des Wechselmodells Rechnung zu tragen, könnte man aber darüber nachdenken, in diesen Fällen auch für den einkommensschwächeren Elternteil eine fiktive Barunterhaltspflicht (unter Wahrung des notwendigen Selbstbehalts) zu ermitteln und ihn somit in die Haftung zu nehmen. Auf diese Weise würde die Haftung für den Barbedarf besser unter den Eltern verteilt und der einkommensstärkere Elternteil müsste nicht allein dafür aufkommen.

809 A.a.O.
810 A.a.O.; Wendl/Dose/*Klinkhammer*, 9. Aufl. 2015, § 2 Rn. 421.
811 20. DFGT, Ergebnisse des Arbeitskreises 15.
812 Gerhardt/von Heintschel-Heinegg/Klein/*Seiler*, Kap. 6 Rn. 350.
813 A.a.O.
814 *Wohlgemuth*, FamRZ 2014, 84.
815 *Bosch*, FF 2015, 92, 97.

IV. Ungleiche Versorgungsleistungen auf den Grundbedarf

Wohlgemuth hat sich der Frage gewidmet, welche Auswirkungen es hat, wenn Eltern das Wechselmodell praktizieren und aufgrund einer Absprache ungleiche Versorgungsleistungen, die Teile des Grundbedarfs abdecken, erbringen.[816] So dürfte es bereits aus praktischen Gründen nicht selten vorkommen, dass sich die Eltern beim Wechselmodell bestimmte Verantwortungsbereiche aufteilen, bspw. dass ein Elternteil das Kind vollständig mit Kleidung und Schuhen ausstattet. Da diese Aufwendungen keinen Mehrbedarf darstellen, sondern den Grundbedarf des Kindes teilweise decken, verringert sich dieser nach der Ansicht von *Wohlgemuth* entsprechend. Hinzukommend müsse die Haftung für den Restbedarf unter Berücksichtigung der Einkommensverhältnisse der Eltern berechnet werden.

Wohlgemuth hat zu diesem Zweck eine Berechnungsmethode entwickelt, die nur zum Teil von dem bereits dargestellten Modell zur Berechnung bei gleichen Versorgungsleistungen der Eltern auf den Grundbedarf abweicht.

Zunächst sei auch hier der Grundbedarf abzüglich des hälftigen Kindergeldes zu berechnen und die Haftungsquoten der Eltern anhand ihrer Einkommensverhältnisse zu ermitteln. Diesbezüglich bestehen keine Unterschiede zu dem in Kapitel 5 unter B. IV. 1. bereits dargestellten Berechnungsmodell.

Um die Aufwendungen auf den Grundbedarf berücksichtigen zu können, greift *Wohlgemuth* auf den jeweiligen prozentualen Anteil des Verantwortungsbereichs am Gesamtbedarf des Kindes zurück. Wie oben (B. IV. 1.) bereits dargestellt, wendet sie zu diesem Zweck die Beträge des 9. Existenzminimumberichts und § 6 RBEG an. Danach machen die gesamten Aufwendungen für **Schuhe und Kleidung 10 %**, für **Freizeitgestaltung 11 %** und für **Bildung und Teilhabe 5 %** des Grundbedarfs aus. Von den 100 % Gesamtbedarf sind daher zunächst die von beiden Eltern jeweils allein erbrachten Versorgungsleistungen prozentual abzuziehen. Dies ergibt den prozentualen Restbedarf, der von beiden Elternteilen hälftig getragen wird.

Im nächsten Schritt ist unter Berücksichtigung der jeweils allein aufgewendeten Versorgungsleistungen zu ermitteln, wie hoch die tatsächliche Lastentragung der beiden Elternteile als Prozentsatz vom Gesamtbedarf ist. Dies ergibt sich durch Addition des hälftigen Restbedarfs mit der jeweiligen allein aufgewendeten Versorgungsleistung. Sodann ist die Ausgleichsquote zu ermitteln, indem die prozentuale Lastentragung eines Elternteils mit dessen Haftungsquote verrechnet wird. Zur Berechnung der Höhe des Ausgleichsanspruchs ist die Ausgleichsquote mit dem zu Anfang der Berechnung ermittelten Grundbedarf in € zu multiplizieren.

Am Ende ist auch hier noch das hälftige Kindergeld zu Lasten des Kindergeldempfängers anzurechnen. Hinsichtlich der Berechnung des Ausgleichsanspruchs bezüglich des Mehrbedarfs ergeben sich keine Unterschiede zu der bei gleichen Versorgungsleistungen der Eltern auf den Grundbedarf.

---

816 Zum Folgenden: *Wohlgemuth*, FamRZ 2014, 84, 85 f.; *dies.*, FuR 2012, 401, 402.

Unterhaltsberechnung bei ungleichen Versorgungsleistungen auf den Grundbedarf

1. Ausgleichsanspruch bezüglich des Grundbedarfs

a) Ermittlung des Regelbedarfs nach DT (auf Grundlage der zusammengerechneten Einkünfte beider Elternteile).

b) Abzug des hälftigen Kindergeldes (95 €).

c) Berechnung der Haftungsquoten beider Elternteile nach folgender Formel

$$\frac{\text{Einsatzbetrag (Einkommen – Selbstbehalt)}}{\text{Gesamteinsatzbetrag (beide Einkommen abzüglich Selbstbehalt)}}$$

d) Prozentualer Restbedarf nach Abzug der Versorgungsleistungen:
100 % (Gesamtbedarf) – (z. B. 10 % für Bekleidung und 5 % für Bildung und Teilhabe = 85 %).

e) Tatsächliche Prozentuale Lastentragung des Vaters:
Restbedarf : 2 (z. B. 42,5 %) + allein aufgewendete Versorgungsleistung (z. B. 10 % für Bekleidung = 52,5 %).

f) Tatsächliche Prozentuale Lastentragung der Mutter:
Restbedarf : 2 (z. B. 42,5 %) + allein aufgewendete Versorgungsleistung (z. B. 5 % für Bildung und Teilhabe = 47,5 %).

g) Ermittlung der Ausgleichsquote:
Verrechnung der Haftungsquote mit der jew. tatsächlichen prozentualen Lastentragung z. B. Haftungsquote des Vaters – 52,5 % = Ausgleichsquote.

h) Ermittlung der Ausgleichspflicht: Ausgleichsquote × Gesamtbedarf.

i) Anrechnung des hälftigen Kindergeldes (92 €) auf den Ausgleichsanspruch zulasten des Kindergeldempfängers.

2. Ausgleichsanspruch bezüglich des Mehrbedarfs

a) Erstattungsansprüche der Eltern für Mehrkosten: Höhe der Aufwendungen (jeweils abzgl. 50 € bzw. 46,50 €) × Haftungsquote des anderen Elternteils.

b) Berechnung der Ausgleichspflicht eines Elternteils durch Verrechnung der gegenseitigen Erstattungsansprüche.

3. Gesamtausgleich

Ermittlung des ausgleichsberechtigten Elternteils sowie der Höhe des Ausgleichsanspruchs durch Verrechnung der unter 1. und 2. ermittelten Ausgleichsansprüche.

Das von *Wohlgemuth* entwickelte Modell ist im Ergebnis gerecht, da es die unterschiedlich hohe Deckung des Grundbedarfs durch beide Elternteile berücksichtigt. Realisierbar ist diese Methode jedoch nur, wenn auch tatsächlich feststeht, wer welche Verantwortungsbereiche übernimmt. Sind die Eltern ohnehin zum Abschluss einer Vereinbarung bereit, erscheint es fraglich, ob eine solch aufwendige und komplizierte Berechnung erforderlich ist. Denn die in Betracht kommenden Verantwortungsbereiche, welche im Wechselmodell einem Elternteil allein übertragen werden können, stellen nur einen geringen Anteil am Gesamtbedarf dar (z. B. 10 % für Kleidung und Schuhe). Die Höhe des Ausgleichsanspruchs dürfte zumindest nicht wesentlich anders ausfallen, als wenn man diese Aufwendungen bei der Bestimmung des Grundbedarfs unberücksichtigt ließe. Insbesondere empfiehlt es sich in diesen Fällen eher, die Verantwortungsbereiche von vornherein so zwischen den aufzuteilen, dass sie in etwa dieselben finanziellen Lasten zu tragen haben.

D. Zusammenfassung und Fazit zu Kapitel 5

I. Abschließende Beurteilung zum Kindesunterhalt im Wechselmodell

Nach Anwendung der Berechnungsbeispiele auf die zu dem Wechselmodell vertretenen Berechnungsmethoden haben sich das Modell 1 (frühere Ansicht *Klinkhammer*), Modell 2 (*Bausch/Gutdeutsch/Seiler)* und das Modell 5 (OLG Düsseldorf) als vorzugswürdig erwiesen.[817]

Das Kindergeld sollte unter analoger Anwendung von § 1612b Abs. 1 Nr. 2 BGB hälftig auf den Kindesbedarf angerechnet werden. Eine bedarfsmindernde Anrechnung in voller Höhe scheidet aus, da § 1612b Abs. 1 Nr. 2 BGB ausschließlich die Fälle der Nichtbetreuung durch die Eltern erfasst. Ein gänzlicher Verzicht auf eine Anrechnung des Kindergeldes widerspricht den Grundsätzen des Kindergeldausgleichs im Unterhaltsrecht. Das Wechselmodell erweist sich gegenüber dem Residenzmodell als das teurere Betreuungsarrangement, da sich der Gesamtbedarf um die Wechselmehrkosten erhöht, welche insbesondere in zusätzlichen Fahrtkosten, Kosten für doppelte Anschaffungen und erhöhte Wohnkosten bestehen. Anrechenbar auf die Haftungsanteile der Eltern sind jedoch nur solche Aufwendungen auf den Mehrbedarf, die ausschließlich von einem Elternteil erbracht werden. Daher mindern erhöhte Wohnkosten die Haftungsanteile nicht.

Unter Berücksichtigung dieser Ergebnisse ist das von *Bausch/Gutdeutsch/Seiler* entwickelte Berechnungsmodell für die Beurteilung des Kindesunterhalts im Wechselmodell anzuwenden. Auch im Falle der Leistungsunfähigkeit eines Elternteils berechnet sich der Kindesbedarf auf Grundlage der zusammengerechneten Einkünfte der Eltern. Schwierigkeiten bereitet die Unterhaltsberechnung im Falle ungleicher Versorgungsleistungen der Eltern auf den Grundbedarf. In der Praxis dürfte diese Variante häufig auftreten, da es für beide Elternteile eine Erleichterung darstellen dürfte, wenn sie die Verantwortungsbereiche untereinander aufteilen. Der Möglichkeiten der konkreten Ausgestaltung im Einzelfall sind dabei keine Grenzen gesetzt. Diese Problematik zeigt einmal mehr, dass eine Betreuung im Wechselmodell – auch in finanzieller Hinsicht – nur mithilfe einer umfassenden Elternvereinbarung gerecht und konfliktfrei umgesetzt werden kann.[818] Auch für die Aufteilung sowie die Festsetzung der Höhe der Mehrbedarfskosten sind Absprachen unter den Eltern unerlässlich.

817 Vgl. die Auswertung der Berechnungsergebnisse in diesem Kapitel unter B. IV.
818 Zu diesem Fazit gelangt auch *Seiler*, FamRZ 2015, 1845, 1851.

II. Folgen für die Bestimmung des Wechselmodellbegriffs

Die entscheidende Grenze für die Anwendung des § 1606 Abs. 3 S. 2 BGB, und somit der Frage einer gemeinsamen Barunterhaltspflicht der Eltern oder einseitigen Barunterhaltspflicht eines Elternteils, liegt bei der Einordnung des Betreuungsarrangements als Residenzmodell mit erweitertem Umgang oder als Wechselmodell. Wie in Kapitel 1 bereits ausgeführt, sollte der Begriff des Wechselmodells daher unter Berücksichtigung der unterhaltsrechtlichen Folgen näher bestimmt werden.[819] Hierzu zählt insbesondere der Vergleich des Unterhaltsrechts im Falle des erweiterten Umgangs mit dem Unterhaltsrecht im Wechselmodell.[820]

Nach der hier vertretenen Auffassung ist hinsichtlich der Kosten des erweiterten Umgangs an der Methode des BGH festzuhalten, nach welcher ab einem Mitbetreuungsanteil von ca. 30 % eine Herabstufung innerhalb der Einkommensgruppen der Düsseldorfer Tabelle um eine oder mehrere Einkommensstufen sowie eine teilweise Anrechnung bedarfsdeckender Kosten durch den barunterhaltspflichtigen Elternteil erfolgen kann.[821] Berücksichtigt man die Kosten des erweiterten Umgangs auf diese Weise, ergibt sich für den mitbetreuenden Elternteil (V) in Fall 2 zum Abschnitt über die Umgangskosten eine Barunterhaltspflicht in Höhe von 336 €.[822] Die Einkommensverhältnisse und Aufwendungen des V sind in Fall 1 zum Abschnitt der Unterhaltsberechnung im Wechselmodel nahezu identisch. Unter Anwendung der m.E. vorzugwürdigen Berechnungsmethode von *Bausch/Gutdeutsch/Seiler* kommt man zu dem Ergebnis, dass V der M zu einem Ausgleich in Höhe von 61 € verpflichtet ist.[823]

Dieses Ergebnis mag auf den ersten Blick ungerecht erscheinen, da die finanzielle Belastung des V bei dem erweiterten Umgang ca. fünfmal so hoch ist, als bei einer Betreuung im Wechselmodell. Diese große Differenz ist bedenklich, da der Mitbetreuungsanteil im Falle des erweiterten Umgangs im Einzelfall einen Umfang von über 40 % annehmen kann. So kann ein Betreuungstag weniger in der Woche dazu führen, dass der mitbetreuende Elternteil das Fünffache zahlen muss. Jedoch muss dabei berücksichtigt werden, dass sich diese Differenz mit zunehmenden Einkommensunterschieden der Eltern relativiert[824]: In Fall 2 zum Abschnitt der Unterhaltsberechnung im Wechselmodel verfügt V über ein wesentlich höheres Einkommen (3.400 €) als M, weshalb er ihr gegenüber zu einem Ausgleich in Höhe von 242,60 € verpflichtet ist. Unter Zugrundlegung einer Einkommenshöhe des V von 3.400 € würde sich seine Barunterhaltspflicht in Fall 2 zum Abschnitt über

819 Vgl. Kapitel 1, D.

820 Ein solcher Vergleich unter Auswahl anderer Fallbeispiele findet sich auch bei *Seiler*, FamRZ 2015, 1845, 1856 ff.

821 Zur Begründung vgl. Kapitel 4, B. III.

822 Vgl. Kapitel 4, B. I. 3. b).

823 Vgl. Kapitel 5, B. III. 2. a).

824 Auch *Seiler* gelangt bei seinen Vergleichsberechnungen zu dem Ergebnis, dass der BGH-Rechtsprechung zu den Kosten des erweiterten Umgangs zu folgen ist, vgl. FamRZ 2015, 1845, 1858.

die Umgangskosten im Ergebnis auf 367 € belaufen. Wegen der Kosten des erweiterten Umgangs würde eine Höhergruppierung nach Anm. 1 der Düsseldorfer Tabelle unterlassen, sodass sich der Unterhalt nach der Einkommensgruppe 6 und der Altersstufe 2 richten würde (397 €). Nach Abzug der teilweisen Deckung des Kindesbedarfs in Höhe von 30 € vom Unterhaltsanspruch[825], verbliebe eine Unterhaltspflicht in Höhe 367 €.

Ferner sollte in Unterhaltsverfahren aus Kindeswohlgesichtspunkten die ausreichende Deckung des Kindesbedarfs im Blick behalten werden. Der häufig anzutreffende Vorschlag, je höher der Mitbetreuungsanteil, umso höher müsse auch die Kürzung der Barunterhaltspflicht sein[826], unterliegt dem Irrglauben, dass mit jedem Betreuungstag eine Einsparung beim anderen Elternteil verbunden sei.[827] Dies ist jedoch nicht der Fall. Ganz im Gegenteil erhöhen sich in diesen Fällen die Gesamtkosten für die Betreuung des Kindes.

Welche Schlussfolgerungen sind daraus für die Bestimmung des Begriffs „Wechselmodell" zu ziehen? Die Einordnung einer gelebten Betreuung als Wechselmodell im Unterhaltsverfahren hat weitreichende Rechtsfolgen für die Beteiligten. Im Ergebnis ist daher nur im Falle einer tatsächlichen gleichmäßigen Lastenverteilung zwischen den Eltern die Annahme eines Wechselmodells gerechtfertigt.

Um beurteilen zu können, ob ein Wechselmodell in diesem Sinne vorliegt, müssen die Gerichte daher alle Umstände des Einzelfalls berücksichtigen und eine sorgfältige Abwägung vornehmen. Zu diesem Zweck ist nicht nach einer starren Definition zu suchen, sondern nach Kriterien, anhand derer die Familiengerichte den Einzelfall umfassend würdigen sollten. Maßgebliches Kriterium sollte die gemeinsame Übernahme der Verantwortung für die Erziehung und Versorgung des Kindes sowie die Frage sein, ob das Kind bei beiden Eltern einen verlässlichen Lebensmittelpunkt hat. Insofern kann der Rechtsprechung des BGH zugestimmt werden, welche bei der Beurteilung der Verantwortungsübernahme auch Fragen der Strukturierung des Kindesalltags, der Beschaffung von Kleidung, Spielzeug usw., der Entscheidung über Alltagsfragen sowie der Zuverlässigkeit der Betreuungsübernahme berücksichtigt. Auch das Bereitstellen eines Kinderzimmers in der eigenen Wohnung spricht m.E. für die Übernahme von Betreuungsverantwortung, da darin der feste Entschluss und Wille, dem Kind einen zweiten Lebensmittelpunkt zu schaffen, zum Ausdruck kommt.

Eine umfassende Ermittlung der tatsächlichen Lastenverteilung zwischen den Eltern ist mit einem Mehraufwand der Familiengerichte verbunden, wobei die tatsächliche Verantwortungsübernahme häufig schwer feststellbar sein wird.[828] Aus diesem Grund greift auch der BGH zurecht zu dem praktikablen Abgrenzungskriterium

825 Vgl. Kapitel 4, B. I. 3. b).

826 *Sünderhauf*, Wechselmodell, S. 533; *Born*, FamRZ 2015, 236, 239. Ausführlich zum Vorschlag einer abgestuften Unterhaltspflicht vgl. Kapitel 4, B. II. 4.

827 Hierzu *Scheiwe/Wersig*, Cash und Care, S. 99, 105.

828 Kinderrechtekommission des DFGT, FamRZ 2014, 1157, 1165.

des zeitlichen Betreuungsumfangs. Dennoch erweist sich seine bisherige Praxis zum Teil als zu restriktiv. Ein Wechselmodell bereits aufgrund einer geringen Unterschreitung eines Betreuungsverhältnisses von 50:50 zu verneinen[829], wird der Sachlage im Hinblick auf die weitreichenden Folgen für das Unterhaltsrecht nicht gerecht. Ab einer relevanten Mitbetreuung von ca. 40 % sollte die Annahme eines Wechselmodells zumindest nicht ausgeschlossen sein.

Eine nähere Bestimmung des Begriffs „Wechselmodell", welche die gemeinsame Übernahme der Verantwortung für das Kind in den Vordergrund stellt, könnte wie folgt lauten:

Eine Betreuung im Wechselmodell liegt vor, wenn
1. das Kind zu in etwa gleichen zeitlichen Anteilen bei beiden Elternteilen lebt
2. in beiden Haushalten einen verlässlichen Lebensmittelpunkt hat und
3. beide Elternteile die Verantwortung für die Erziehung und Versorgung des Kindes gleichermaßen tragen.

III. Reformvorschläge

Den Regelungen zum Kindesunterhalt liegt das Konzept einer Betreuung im Residenzmodell zugrunde. Daran sollte sich nichts ändern, da die weit überwiegende Mehrheit der getrennt lebenden Eltern ihre Kinder im Residenzmodell betreuen. Dies rechtfertigt die Normierung der Gleichwertigkeit von Bar- und Betreuungsunterhalt in § 1606 Abs. 3 S. 2 BGB. Gleichzeitig sollte sich das Familienrecht stetig den gesellschaftlichen Änderungen anpassen. Da diese auf eine Zunahme des Wechselmodells als Betreuungsarrangement nach Trennung der Eltern hindeuten, bedarf es für das Unterhaltsrecht klarstellender Regelungen. Nur so sind Eltern in der Lage, die Voraussetzungen und finanziellen Folgen – auch für den Streitfall – richtig abzuschätzen.

Nach der hier vertretenen Auffassung erscheint eine Unterhaltsberechnung nach dem Vorbild des Volljährigenunterhalts und unter Anrechnung des hälftigen Kindergeldes als vorzugswürdig.

Um diese Berechnungsmethode gesetzlich zu verankern, muss das Wechselmodell in § 1606 Abs. 3 BGB sowie § 1612b Abs. 1 Nr. 1 BGB Berücksichtigung finden. Eine analoge Anwendung des § 1612 b Abs. 1 Nr. 1 BGB wäre in der Rechtspraxis mit Unsicherheiten behaftet. Ferner würde die Aufnahme einer Legaldefinition des Wechselmodells für mehr Rechtsklarheit sorgen.

§ 1606 Abs. 3 müsste um einen dritten Satz erweitert werden. In einem weiteren Satz 4 ist die Aufnahme der Legaldefinition des Wechselmodells zu empfehlen.

§ 1606 BGB
(3) Mehrere gleich nahe Verwandte haften anteilig nach ihren Erwerbs- und Vermögensverhältnissen. Der Elternteil, der ein minderjähriges unverheiratetes Kind betreut,

829 Ausführlich hierzu in Kapitel 1, B. II. 2.

erfüllt seine Verpflichtung, zum Unterhalt des Kindes beizutragen, in der Regel durch die Pflege und die Erziehung des Kindes. *Dies gilt nicht, wenn die Eltern das Kind gleichermaßen betreuen. Eine gleichmäßige Betreuung durch die Eltern liegt vor, wenn das Kind zu in etwa gleichen zeitlichen Anteilen bei beiden Elternteilen lebt, in beiden Haushalten einen verlässlichen Lebensmittelpunkt hat und beide Elternteile die Verantwortung für die Erziehung und Versorgung des Kindes gleichermaßen tragen (Wechselmodell).*

Zudem müsste § 1612b Abs. 1 BGB geändert werden, um auch den Fall des Wechselmodells zu umfassen.

§ 1612b BGB
(1) Das auf das Kind entfallende Kindergeld ist zur Deckung seines Barbedarfs zu verwenden:

1. zur Hälfte, wenn ein Elternteil seine Unterhaltspflicht durch Betreuung des Kindes erfüllt (§ 1606 Abs. 3 Satz 2) *oder die Eltern das Kind im Wechselmodell betreuen*;
2. in allen anderen Fällen in voller Höhe.

In diesem Umfang mindert es den Barbedarf des Kindes.

Sechstes Kapitel: Durchsetzung des Kindesunterhalts im Wechselmodell

A. Rechtliche Einordnung und prozessuale Geltendmachung

Von der konkreten Ermittlung der Barunterhaltshöhe bzw. eines Ausgleichsanspruchs zwischen den Eltern ist die Frage der Geltendmachung dieser Ansprüche zu unterscheiden. Zum Teil wird die Ansicht vertreten, auch im Falle des Wechselmodells handele es sich hierbei um einen Unterhaltsanspruch des Kindes. Andere möchten die finanziellen Rechtsfolgen des Wechselmodells in Form eines familienrechtlichen Ausgleichsanspruchs abwickeln.

I. Geltendmachung als Unterhaltsanspruchs des Kindes

1. *Einzelvertretungsbefugnis (§ 1629 Abs. 2 S. 2 BGB)*

Vertritt man die Auffassung, dass auch im Wechselmodell ein Unterhaltsanspruch des Kindes besteht, stellt sich die Frage, wie dieser im Unterhaltsverfahren geltend gemacht werden kann.

Da minderjährige Kinder in Unterhaltsverfahren nicht verfahrensfähig sind (§ 9 Abs. 1 Nr. 2 FamFG iVm. § 106 BGB), bedarf es einer Vertretung durch den oder die gesetzlichen Vertreter (§ 9 Abs. 2 FamFG). Ist ein Elternteil allein sorgeberechtigt, ergibt sich seine alleinige Vertretungsbefugnis aus § 1629 Abs. 1 S. 1 BGB. Besteht ein gemeinsames Sorgerecht der Eltern, was bei einer Betreuung im Wechselmodell regelmäßig der Fall sein wird, kann derjenige Elternteil, in dessen Obhut sich das Kind befindet, die Unterhaltsansprüche des Kindes gegen den anderen Elternteil geltend machen (§ 1629 Abs. 2 S. 2 BGB). Sofern die Eltern noch miteinander verheiratet sind, aber bereits getrennt leben oder eine Ehesache zwischen ihnen anhängig ist, hat der vertretungsbefugte Elternteil den Unterhaltsanspruch des Kindes im eigenen Namen geltend zu machen (gesetzliche Verfahrensstandschaft, vgl. § 1629 Abs. 3 S. 1 BGB).[830] Hierdurch soll vermieden werden, dass das Kind in den Rechtsstreit der Eltern als Partei einbezogen wird.[831]

Bei der Feststellung, ob sich das Kind in Obhut des antragsstellenden Elternteils befindet, ist auf die tatsächlichen Betreuungsverhältnisse abzustellen.[832] Der Begriff

---

830 *Koch*, Unterhaltsrecht, Rn. 7028; Palandt/*Götz*, § 1629 Rn. 27.

831 MüKo/*Huber*, § 1629 Rn. 3.

832 MüKo/*Huber*, § 1629 Rn. 76; NK-BGB/*Kaiser*, § 1629 Rn. 41; Johannsen/Henrich/*Jaeger*, § 1629 Rn. 6; Staudinger/*Peschel-Gutzeit*, § 1629 Rn. 334.

der Obhut meint den Schwerpunkt der tatsächlichen Fürsorge und Betreuung. Diese ist gegeben, wenn ein Elternteil die elementaren Lebensbedürfnisse des Kindes nach Pflege, Verköstigung, Kleidung, ordnender Gestaltung des Tagesablaufs und ständig abrufbereiter emotionaler Zuwendung vorrangig befriedigt oder sicherstellt.[833] Auf ein Zusammenleben mit dem Kind in einer häuslichen Gemeinschaft kommt es dafür nicht an. So kann sich das Kind auch in Obhut desjenigen Elternteils befinden, der den Unterhalt des Kindes durch die Organisation einer Fremdunterbringung (Internat, Verwandte) sicherstellt.[834] Die Darlegungs- und Beweislast für die Obhut des Kindes trägt der den Kindesunterhalt geltend machende Elternteil.[835] So wie § 1606 Abs. 3 S. 2 BGB ist auch die Regelung des § 1629 Abs. 2 S. 2 BGB auf das Residenzmodell zugeschnitten, da der betreuende Elternteil das Kind auch in Obhut hat.[836]

Nach überwiegender Ansicht hat im Falle einer Betreuung im Wechselmodell mit gleich langen Betreuungszeiten kein Elternteil die Obhut für das Kind inne.[837] Gemäß der vom BGH vertretenen Definition des Wechselmodells ist dies nur gegeben, wenn „die Eltern ihr Kind in der Weise betreuen, dass es in etwa gleich langen Phasen abwechselnd jeweils bei dem einen und dem anderen Elternteil lebt, sodass sich ein Schwerpunkt der Betreuung nicht ermitteln lässt".[838] Daher sei auch für die Frage der Einzelvertretungsbefugnis eines Elternteils erforderlich, dass bei diesem ein eindeutig feststellbares Übergewicht bei der tatsächlichen Fürsorge für das Kind besteht, wobei dem zeitlichen Betreuungseinsatz der Eltern besondere Bedeutung zukommt.[839] Im Ergebnis gelten nach der BGH-Rechtsprechung dieselben Kriterien wie bei der Beurteilung, ob eine Befreiung von der Barunterhaltspflicht nach § 1606 Abs. 3 S. 2 BGB gegeben ist. So ging der BGH auch bei einem Betreuungsverhältnis von ca. 1/3 zu 2/3 und sogar bei Betreuungsanteilen von 46 % zu 54 % von der Obhut des Kindes bei dem Elternteil mit dem größeren Betreuungsanteil aus.[840] Andererseits wird in der OLG-Rechtsprechung vereinzelt die Ansicht vertreten, dass auch

833 OLG Hamburg, FamRZ 2001, 1235; MüKo/*Huber*, § 1629 Rn. 76.

834 MüKo/*Huber*, § 1629 Rn. 76.

835 NK-BGB/*Kaiser*, § 1629 Rn. 41; OLG Karlsruhe, Beschl. v. 22.03.2006 – 16 WF 46/06.

836 Johannsen/Henrich/*Jaeger*, § 1629 Rn. 6.

837 BGH, FamRZ 2014, 917; 2006, 1015, 1016; OLG Karlsruhe, Beschl. v. 18.08.2014 – 18 WF 277/13; OLG Köln, Beschl. v. 21.03.2014 – 4 UF 1/14; Johannsen/Henrich/*Jaeger*, § 1629 Rn. 6; MüKo/*Huber*, § 1629 Rn. 77; Beck-OGK/*Amend-Traut*, § 1629 Rn. 80; NK-BGB/*Kaiser*, § 1629 Rn. 41; Kinderrechtekommission des DFGT, FamRZ 2014, 1157, 1165; Ehinger/Griesche/Rasch/*Ehinger*, Abschnitt A. Rn. 271; Eschenbruch/*Schmidt-Kohne*, Kap. 2 Rn. 522; *Hennemann*, FPR 2006, 295, 296 f.

838 BGH, FamRZ 2014, 917; 2006, 1015, 1016. So auch OLG Karlsruhe, Beschl. v. 18.08.2014 – 18 WF 277/13.

839 BGH, a.a.O. Dieser Ansicht folgend: OLG Karlsruhe, Beschl. v. 18.08.2014 – 18 WF 277/13; OLG Köln, Beschl. v. 21.03.2014 – 4 UF 1/14; OLG Koblenz, Beschl. v. 03.07.2008 – 11 WF 547/08; MüKo/*Huber*, § 1629 Rn. 77; NK-BGB/*Kaiser*, § 1629 Rn. 41; Johannsen/Henrich/*Jaeger*, § 1629 Rn. 6.

840 BGH, FamRZ 2015, 236; 2006, 1015, 1017.

bei einem Betreuungsverhältnis von 1/3 zu 2/3 keinem Elternteil die Obhut für das Kind zukommt.[841]

Zustimmung erhält der BGH für seine restriktive Annahme eines Wechselmodells im Rahmen des § 1629 Abs. 2 S. 2 BGB, weil es zu einer erheblichen Vereinfachung des Verfahrens beitrage.[842] Denn nimmt man ein Wechselmodell mit der Folge an, dass eine Einzelvertretungsbefugnis in Unterhaltssachen nicht besteht, muss entweder gemäß § 1909 BGB ein Pfleger für das Kind bestellt oder eine Übertragung der Alleinentscheidungsbefugnis nach § 1628 BGB für die Geltendmachung des Kindesunterhalts bewirkt werden (vgl. hierzu b) und c).[843] Eine andere Ansicht geht aus diesem Grund noch weiter und lässt einen geringfügig höheren Betreuungsanteil eines Elternteils für die Annahme einer Obhut genügen.[844] Einen grundlegend anderen Ansatz wählt *Sünderhauf*. Nach ihrer Auffassung befinden sich die im Wechselmodell betreuten Kinder in der Obhut beider Elternteile.[845] Dies habe zur Folge, dass auch beide Elternteile Kindesunterhalt geltend machen könnten.[846] Eine solche Auslegung ist nicht von Funktion und Regelungsgehalt des § 1629 Abs. 2 S. 2 BGB gedeckt.[847] Danach soll die Vertretungsbefugnis für Unterhaltssachen trotz gemeinsamer Sorge nur einem Elternteil zukommen, um eine effektive Durchsetzung des Kindesunterhalts zu gewährleisten.[848] Aus dem Umstand, dass § 1629 Abs. 2 S. 2 BGB dem Wortlaut nach nicht von alleiniger Obhut spricht, ist entgegen der Ansicht von *Sünderhauf* daher nicht zu schließen, dass auch beide Elternteile gleichzeitig die Obhut für das Kind haben können.

Spangenberg schlägt vor, die Frage der Obhut im Sinne des § 1629 Abs. 2 S. 2 BGB als sog. doppelrelevante Tatsache im Sinne des Prozessrechts zu behandeln.[849] Bei einer doppelrelevanten Tatsache handelt es sich um eine Tatsache, die gleichzeitig Voraussetzung für die Zulässigkeit und Begründetheit der Klage ist.[850] Die Beurteilung, ob das Kind überwiegend von einem Elternteil betreut wird, entscheide nach Ansicht von *Spangenberg* sowohl über die Einzelvertretungsbefugnis dieses Elternteils als auch über die alleinige Barunterhaltspflicht des in Anspruch genommenen

---

841 KG, FamRZ 2003, 53.

842 MüKo/*Huber*, § 1629 Rn. 77; Beck-OGK/*Amend-Traut*, § 1629 Rn. 81; Wendl/Dose/*Klinkhammer*, 9. Aufl. 2015, § 2 Rn. 448; DIJuF – Themengutachten (TG-1086), S. 11.

843 A.a.O.; BGH, FamRZ 2014, 917; 2006, 1015, 1016; OLG Koblenz, Beschl. v. 03.07.2008 – 11 WF 547/08; NK-BGB/*Kaiser*, § 1629 Rn. 41; Johannsen/Henrich/*Jaeger*, § 1629 Rn. 6; Ehinger/Griesche/ Rasch/*Ehinger*, Abschnitt A. Rn. 271; Eschenbruch/*Schmidt-Kohne*, Kap. 2 Rn. 522; *Heiß/Castellanos*, Gemeinsame Sorge, Rn. 530.

844 So OLG Düsseldorf, NJW 2001, 3344; AG Garmisch-Partenkirchen, Urt. v. 19.11.2007 – 1 F 247/07; AG Freiburg, FamRZ 2006, 567.

845 *Sünderhauf*, Wechselmodell, S. 540 f.

846 A.a.O.

847 DIJuF – Themengutachten (TG-1086), S. 10.

848 MüKo/*Huber*, § 1629 Rn. 3.

849 *Spangenberg*, FamFR 2010, 125, 126.

850 Rosenberg/Schwab/Gottwald, § 9 Rn. 31.

Elternteils.[851] Im Rahmen der Zulässigkeit der Klage genügt die schlüssige Behauptung der doppelrelevanten Tatsache, sie wird dann als gegeben unterstellt.[852] Erst bei der Begründetheitsprüfung wird durch Sachverhandlung mit den Parteien geklärt, ob diese Tatsache vorliegt oder nicht. Der Vorteil dieser Vorgehensweise besteht darin, dass in jedem Fall eine Sachentscheidung ergeht.[853] Im Ergebnis dürfte es sich bei der Voraussetzung der Obhut jedoch nicht um eine doppelrelevante Tatsache handeln. Denn bei Vorliegen eines Wechselmodells wäre der Antrag zwar unzulässig, jedoch nicht zwingend unbegründet. Denn im Wechselmodell sind beide Elternteile zum Barunterhalt verpflichtet, sodass der geltend gemachte Barunterhaltsanspruch teilweise begründet sein kann. Der Kindesunterhaltsanspruch steht und fällt somit nicht mit der Annahme eines Wechselmodells. Deutlich wird dies mit einem Vergleich der als doppelrelevanter Tatsache behandelten Voraussetzung einer unerlaubten Handlung. Die Voraussetzung einer unerlaubten Handlung nach § 32 ZPO ist sowohl für die Zuständigkeit des Gerichts als auch das Bestehen des eingeklagten deliktsrechtlichen Anspruchs (§§ 823 ff. BGB) erforderlich. Wird in der Sachverhandlung festgestellt, dass keine unerlaubte Handlung vorliegt, so ist die Klage damit insgesamt unbegründet.

2. Bestellung eines Ergänzungspflegers (§ 1909 BGB)

Ein Ergänzungspfleger ist gemäß § 1909 Abs. 1 S. 1 BGB für Personen, die unter elterlicher Sorge oder Vormundschaft stehen, zu bestellen, wenn die an sich vertretungsberechtigte Person in der betreffenden Angelegenheit nicht zur Vertretung befugt ist. Für die Geltendmachung von Unterhaltsansprüchen gegen den anderen Elternteil ergibt sich das Vertretungsverbot aus § 1629 Abs. 2 S. 1 BGB iVm. § 1795 Abs. 1 Nr. 1 BGB und der damit verbundenen Interessenkollision. In diesem Fall sind beide Elternteile von der Vertretung ausgeschlossen. Die in § 1629 Abs. 2 S. 2 BGB normierte Einzelvertretungsbefugnis stellt eine Ausnahme von diesem Vertretungsverbot dar, sodass bei Nichtvorliegen der Voraussetzungen des § 1629 Abs. 2 S. 2 BGB ein Ergänzungspfleger für die Geltendmachung des Kindesunterhalts bestellt werden muss.

Lässt sich die Obhut bei einem Elternteil aufgrund einer Betreuung im Wechselmodell nicht feststellen, wird daher mitunter ein Ergänzungspfleger zur Geltendmachung des Kindesunterhalts bestellt.[854] Die Nachteile bestehen darin, dass sich zum einen das Verfahren verzögert und zusätzliche Verfahrenskosten entstehen.[855] Zum anderen ist zweifelhaft, ob mit einem Ergänzungspfleger eine hinreichende

---

851 *Spangenberg*, a.a.O.

852 Rosenberg/Schwab/Gottwald, § 9 Rn. 31.

853 *Spangenberg*, a.a.O.

854 Vgl. OLG Köln, FamRZ 2015, 859; *Wohlgemuth*, FuR 2012, 401, 403; *dies.*, FPR 2013, 157, 159.

855 *Wolf/Lecking*, MDR 2010, 1299, 1301; *Schürmann*/Schriftenreihe des ISUV, Band 7, S. 63; *Hennemann*, FPR 2006, 295, 297.

Sachaufklärung betrieben werden kann, zumal die Eltern in diesen Fällen zerstritten sind und es daher häufig an einer Kooperationsbereitschaft mangeln dürfte.[856]

3. *Gerichtliche Übertragung der Entscheidungsbefugnis (§ 1628 BGB)*

Steht fest, dass aufgrund einer Betreuung im Wechselmodell kein Elternteil die alleinige Obhut für das Kind trägt, besteht für den antragsstellenden Elternteil auch die Möglichkeit, eine Übertragung der Entscheidung über die Geltendmachung von Kindesunterhalt nach § 1628 BGB zu erwirken.[857] Besteht ein gemeinsames Sorgerecht, entscheidet das Gericht bei Uneinigkeit der Eltern über einzelne Angelegenheiten oder einer bestimmten Art von Angelegenheiten auf Antrag eines Elternteils darüber, wem diesbezüglich die Entscheidungsbefugnis zukommt. Dieser Elternteil kann dann kraft § 1629 Abs. 1 S. 3 BGB das Kind in dieser Angelegenheit allein vertreten. Es handelt sich um eine Kindschaftssache betreffend der elterlichen Sorge (§ 151 Nr. 1 FamFG), wobei die Entscheidung auch durch eine einstweilige Anordnung erfolgen kann.[858] Maßstab der gerichtlichen Entscheidung ist das Kindeswohl (§ 1697a BGB). Das Gericht prüft umfassend, welcher Elternteil am besten geeignet ist, eine dem Kindeswohl entsprechende Entscheidung zu treffen.[859] Das Gericht kann die Entscheidungsbefugnis nicht nur dem antragsstellenden, sondern auch allein dem anderen Elternteil übertragen.[860] Entsprechen beide Elternvorschläge nicht dem Kindeswohl, weist das Gericht den Antrag ab.[861]

Für die Durchsetzung von Kindesunterhaltsansprüchen im Wechselmodell bedeutet dies, dass das Unterhaltsverfahren mangels Einzelvertretungsbefugnis des antragsstellenden Elternteils ausgesetzt (§ 21 FamFG) und der sorgerechtliche Beschluss des Familiengerichts abgewartet werden müsste. Das Gericht wird die tatsächliche Betreuungssituation ermitteln müssen, um auch demjenigen Elternteil die Entscheidungsbefugnis zu übertragen, der selbst von der Barunterhaltspflicht befreit ist.[862] Zweifel bestehen an der Zulässigkeit eines Antrags für diesen Fall, da die Übertragung der Geltendmachung von Kindesunterhalt eine Aufgabe darstellt, die auf Dauer angelegt ist, während § 1628 BGB situative Entscheidung erfasst.[863] Neben der mit der Zwischenschaltung eines Verfahrens nach § 1628 BGB verbundenen erheblichen Verfahrensverzögerung wird auch kritisiert, dass die Frage des Betreuungsschwerpunkts bei einem Elternteil und somit die Prüfung der

---

856 *Spangenberg*, FamFR 2010, 125. A.A. *Bosch*, FF 2015, 92, 94.
857 Vgl. OLG Hamburg, ZKJ 2015, 76.
858 MüKo/*Huber*, § 1628 Rn. 27.
859 MüKo/*Huber*, § 1628 Rn. 16.
860 A.a.O.
861 MüKo/*Huber*, § 1628 Rn. 18.
862 *Spangenberg*, FamFR 2010, 125.
863 *Götz*, FF 2015, 146, 148; *Seiler*, FamRZ 2015, 1845, 1850.

Barunterhaltsansprüche in das sorgerechtliche Verfahren verlagert werde.[864] Zudem bestünde die Gefahr, dass die elterlichen Konflikte durch die Ausweitung des Unterhaltsstreits auf ein zusätzliches sorgerechtliches Verfahren vertieft würden, was für eine Betreuung im Wechselmodell schädlich sei.[865] Ferner bestünde bei einer anteiligen Barunterhaltspflicht eine Interessenkollision.[866] Denn in diesem Fall führt eine Erhöhung der Barunterhaltspflicht des einen Elternteils unmittelbar zu einer Verringerung der Barunterhaltspflicht des anderen Elternteils.[867]

4. Beantragung einer Beistandschaft (§ 1712 Abs. 1 Nr. 2 BGB)

Gemäß § 1712 Abs. 1 Nr. 2 BGB kann das Jugendamt für die Geltendmachung von Unterhaltsansprüchen des Kindes auf Antrag eines Elternteils als Beistand bestellt werden. Dieser übernimmt dann die alleinige Vertretung des Kindes im Unterhaltsverfahren, da der Sorgeberechtigte für die Dauer der Beistandschaft hiervon ausgeschlossen ist (§ 234 FamFG). Das Problem der fehlenden Einzelvertretungsbefugnis im Falle einer Betreuung im Wechselmodell kann hierdurch jedoch nicht gelöst werden.[868] Denn antragsberechtigt ist grundsätzlich nur der für den betreffenden Aufgabenkreis allein sorgeberechtigte Elternteil. Im Falle des alleinigen Sorgerechts eines Elternteils ist dieser jedoch ohnehin zur Geltendmachung des Kindesunterhalts befugt (§ 1629 Abs. 1 S. 3 BGB). Besteht eine gemeinsame Sorge, ist nur der Elternteil antragsberechtigt, in dessen Obhut sich das Kind befindet (§ 1713 Abs. 1 S. 2 BGB). Der Begriff der Obhut entspricht dem aus § 1629 Abs. 2 S. 2 BGB.[869] Sinn und Zweck dieser Regelung ist es, auch dem aus § 1629 Abs. 2 S. 2 BGB allein vertretungsberechtigten Elternteil die Möglichkeit zu eröffnen, einen Beistand als Unterstützung hinzu zu ziehen.[870]

II. Einordnung als familienrechtlicher Ausgleichsanspruch

1. Rechtsfigur des familienrechtlichen Ausgleichsanspruchs

Die Rechtsfigur des familienrechtlichen Ausgleichsanspruchs wurde von der Rechtsprechung entwickelt, um dem Elternteil, der anstelle des unterhaltspflichtigen Elternteils den Kindesunterhalt erbracht hat, eine Anspruchsgrundlage für einen

864 A.a.O.; *Schürmann*/Schriftenreihe des ISUV, Band 7, S. 63; *Spangenberg*, FamFR 2010, 125; *Hennemann*, FPR 2006, 295, 297.

865 *Jokisch*, FuR 2014, 25; *Wolf/Lecking*, MDR 2010, 1299; *Hennemann*, FPR 2006, 295, 297.

866 *Wohlgemuth*, FPR 2013, 157, 159; *Götz*, FF 2015, 146, 148 f.; *Seiler*, FamRZ 2015, 1845, 1850. A.A. *Bosch*, FF 2015, 92, 95.

867 *Seiler*, a.a.O.

868 *Seiler*, a.a.O.

869 MüKo/*v. Sachsen Gessaphe*, § 1713 Rn. 9.

870 MüKo/*v. Sachsen Gessaphe*, § 1713 Rn. 8.

Unterhaltsregress zur Verfügung zu stellen.[871] Dies betrifft häufig Fälle, in denen das Kind seinen Aufenthalt von einem Elternteil zum anderen verlegt mit der Folge, dass sich die zum Barunterhalt verpflichtete Person ändert. Aber auch ein Ausgleich von kindbezogenen staatlichen Leistungen, die beiden Elternteilen zugutekommen sollen, jedoch nur an einen von ihnen ausgezahlt werden, erfolgt über einen familienrechtlichen Ausgleichsanspruch.[872]

Es handelt sich dabei um einen eigenen Erstattungsanspruch des leistenden Elternteils gegen den anderen Elternteil und nicht um einen Anspruch des Kindes.[873] Voraussetzung des familienrechtlichen Ausgleichsanspruchs ist, dass ein Elternteil mit seiner Leistung eine dem anderen Elternteil gegenüber dem Kind bestehende Verpflichtung erbracht hat.[874] Da es sich dem Grunde nach um eine Rückforderung von Unterhaltsleistungen handelt, findet § 1613 Abs. 1 BGB Anwendung.[875] Der Anspruch besteht daher nur für den Zeitraum ab Rechtshängigkeit des Unterhaltsantrags bzw. Aufforderung des Unterhaltsschuldners zur Auskunftserteilung zwecks Geltendmachung des Unterhaltsanspruchs und Verzug des Unterhaltsschuldners.

Problematisch ist, dass der zum Ausgleich verpflichtete Elternteil an sich weiterhin gegenüber dem Kind barunterhaltspflichtig ist, jedoch nur einmal leisten sollen muss. Dieses Problem wird dadurch gelöst, dass der ausgleichsberechtigte Elternteil durch einseitige Erklärung gegenüber dem Kind (§ 267 Abs. 1 BGB) bestimmen kann, dass die Barunterhaltspflicht des anderen Elternteils durch die von ihm erbrachte Leistung gegenüber dem Kind erlischt.[876] Auf diese Weise wird erreicht, dass im Ergebnis nur der Ausgleichsanspruch im Innenverhältnis der Eltern verbleibt.[877] Verfahrensrechtlich handelt es sich bei dem familienrechtlichen Ausgleichsanspruch um eine Unterhaltssache iSd. § 231 Abs. 1 Nr. 1 FamFG, sodass gemäß §§ 23a Abs. 1 Nr. 1, 23b GVG iVm. § 111 Nr. 8 FamFG das Familiengericht zuständig ist.

2. Anwendung auf das Wechselmodell

Aufgrund der beschriebenen Probleme bei der Geltendmachung als Unterhaltsanspruch wird im Schrifttum überwiegend die Ansicht vertreten, Streitigkeiten über Unterhaltsleistungen im Wechselmodell über einen familienrechtlichen Ausgleichsanspruch zu lösen.[878] Wie bei den Berechnungsmethoden dargestellt, müsste anhand der Barunterhaltspflichten beider Elternteile ein Ausgleichsanspruch des

---

871 Bamberger/Roth/*Reinken*, § 1606 Rn. 21.

872 A.a.O.

873 Heiß/Born/*Norporth*, Erster Teil, Kap. 12 Rn. 153.

874 Bamberger/Roth/*Reinken*, § 1606 Rn. 22.

875 Bamberger/Roth/*Reinken*, § 1606 Rn. 24.

876 Bamberger/Roth/*Reinken*, § 1606 Rn. 27.

877 A.a.O.; Heiß/Born/*Norporth*, Erster Teil, Kap. 12 Rn. 157.

878 *Bausch/Gutdeutsch/Seiler*, FamRZ 2012, 258, 260; Gerhardt/von Heintschel-Heinegg/Klein/*Seiler*, Kap. 6 Rn. 356; Wendl/Dose/*Klinkhammer*, 9. Aufl. 2015, § 2 Rn. 449; *Jokisch*, FuR 2014, 25, 29; *Wohlgemuth*, FuR 2012, 401, 403.

geringer verpflichteten Elternteils ermittelt werden. Der Kindesunterhalt würde nur im Innenverhältnis der Eltern abgewickelt werden. Da es sich dabei nicht um einen Unterhaltsanspruch des Kindes handelt, bedarf es keiner Bestellung eines Ergänzungspflegers oder der Übertragung der Entscheidungsbefugnis nach § 1628 BGB. Der BGH hat sich in seinen Entscheidungen zum Wechselmodell noch nicht zu der Frage der Umsetzung des Kindesunterhalts durch einen familienrechtlichen Ausgleichsanspruch geäußert.

In Betracht kommt die Geltendmachung eines familienrechtlichen Ausgleichsanspruchs insbesondere für den Fall, dass ein Elternteil in der Vergangenheit gemessen an den Einkommensverhältnissen übermäßige Aufwendungen für das Kind gemacht hat und den anderen Elternteil hierfür in Regress nehmen will.[879] Sind sich die Eltern einig, das Wechselmodell weiterhin zu praktizieren, könnten sie zudem das Bedürfnis haben, eine gerichtliche Entscheidung für eine zukünftige, fortlaufende Ausgleichspflicht des einkommensstärkeren Elternteils zu bewirken. In diesem Fall ist ein Antrag auf wiederkehrende Leistung nach § 113 Abs. 1 S. 2 FamFG iVm. § 258 ZPO zu stellen.[880] Erforderlich ist, dass ein Anspruch auf eine wiederkehrende Leistung besteht, welche der Höhe nach zum Zeitpunkt des Verfahrens bestimmbar ist.[881] Anerkannt ist dies für familienrechtliche Unterhaltsansprüche kraft Gesetzes.[882] Ein solcher Antrag wäre ebenfalls für den vorliegenden Fall zulässig.[883] Denn der familienrechtliche Ausgleichsanspruch im Wechselmodell wird anhand der Barunterhaltspflichten beider Elternteile berechnet; es handelt sich daher um eine bestimmbare, wiederkehrende Leistung. Die Zuständigkeit des Familiengerichts ergibt sich m.E. auch hier aus §§ 23a Abs. 1 Nr. 1, 23b GVG iVm. §§ 231 Abs. 1 Nr. 2, 111 Nr. 8 FamFG, da es sich dem Grunde nach um einen Ausgleich für Unterhaltsleistungen handelt.[884] Aufgrund dessen muss zudem die Geltendmachung des Ausgleichsanspruchs für die Vergangenheit den Einschränkungen des § 1613 Abs. 1 BGB unterliegen.[885]

879 DIJuF – Themengutachten (TG-1086), S. 11.

880 *Jokisch*, FuR 2014, 25, 29; a.A. *Wohlgemuth*, welche im familienrechtlichen Ausgleichsanspruch auch im Wechselmodell nur die Möglichkeit sieht, sich Baraufwendungen für das Kind zurückzuholen, vgl. *Wohlgemuth*, FuR 2012, 401, 403.

881 MüKo-ZPO/*Becker-Eberhard*, § 258 Rn. 5, 10.

882 MüKo-ZPO/*Becker-Eberhard*, § 258 Rn. 7.

883 So auch *Jokisch*, FuR 2014, 25, 29; *Bausch/Gutdeutsch/Seiler*, FamRZ 2012, 258, 260; a.A. *Maaß*, der einen Ausgleich über §§ 667, 670 BGB vorschlägt, vgl. FamRZ 2016, 603, 607 f.

884 A.A. *Bausch/Gutdeutsch/Seiler*, welche die Zuständigkeit des Familiengerichts aus § 231 Abs. 1 Nr. 2 oder 3 FamFG herleiten, vgl. FamRZ 2012, 258, 260.

885 Gerhardt/von Heintschel-Heinegg/Klein/*Seiler*, Kap. 6 Rn. 356; *Bausch/Gutdeutsch/Seiler*, FamRZ 2012, 258, 260.

III. Fazit

Bei der Beurteilung der prozessualen Geltendmachung von Kindesunterhalt stellen sich im Falle einer Betreuung im Wechselmodell zwei entscheidende Fragen. Als erstes sollte Klarheit darüber geschaffen werden, wann die Vertretungsbefugnis eines Elternteils nach § 1629 Abs. 2 S. 2 BGB noch besteht und ab wann sich das Kind bei keinem Elternteil in Obhut befindet. Der weit verbreiteten Ansicht, der Begriff der Obhut solle weit ausgelegt und der BGH-Rechtsprechung folgend bereits ab einem Betreuungsanteil von mehr als 50 % angenommen werden, um die Folgeprobleme (Erfordernis der Bestellung eines Ergänzungspflegers bzw. der Übertragung der Entscheidungsbefugnis nach § 1628 BGB) zu umgehen, ist nicht zu folgen. Denn dies hätte im gleichen Verfahren zur Folge, dass sich im Rahmen der materiellen Unterhaltsrechtsprüfung die Annahme einer gleichwertigen Betreuung im Wechselmodell nur schwer rechtfertigen ließe. So wie es der BGH vormacht, ist für die Voraussetzung der Obhut derselbe Beurteilungsmaßstab anzulegen wie für die der Betreuung iSd. § 1606 Abs. 3 S. 2 BGB. Gleichzeitig sollte nach der hier vertretenen Ansicht die Annahme eines Wechselmodells mit der Folge einer beidseitigen Barunterhaltspflicht der Eltern nicht auf die seltenen Fälle der exakt hälftigen Betreuungsaufteilung beschränkt bleiben.[886] Eine großzügigere Annahme des Wechselmodells im Rahmen der Prüfung von § 1606 Abs. 3 S. 2 BGB mit der Folge der gemeinsamen Barunterhaltspflicht der Eltern erfordert somit auch eine engere Auslegung des Begriffs Obhut.

Die andere bedeutende Frage in diesem Zusammenhang ist, wie im Falle der Verneinung einer Einzelvertretungsbefugnis im Unterhaltsrechtsstreit weiter zu verfahren ist. Damit stünde zunächst fest, dass ein Elternteil den Kindesbarunterhalt von dem anderen Elternteil nicht allein herausverlangen könnte. In dem ursprünglich eingeleiteten Unterhaltsverfahren würde ein Ergänzungspfleger hinzugezogen und der Kindesunterhalt auf Grundlage der Berechnungsmethode für das Wechselmodell berechnet werden. In der Regel dürften die Einkommensverhältnisse der Eltern so gelagert sein, dass nach der für das Wechselmodell geltenden Berechnungsmethode beide Elternteile barunterhaltspflichtig sind. Somit müsste der Ergänzungspfleger im Wege der Beteiligtenerweiterung auch den anderen Elternteil auf Barunterhalt in Anspruch nehmen.[887] Die Voraussetzungen für die Zulässigkeit der Beteiligtenerweiterung als nachträgliche subjektive Antragshäufung dürften gegeben sein, da hierdurch ein neuer Rechtsstreit vermieden wird und daher Sachdienlichkeit vorliegt (§ 113 Abs. 1 S. 2 FamFG iVm. § 263 ZPO).

Aufgrund der genannten Bedenken hinsichtlich der Bestellung eines Ergänzungspflegers (Verfahrensverzögerung, Erhöhung der Verfahrenskosten) erweist sich diese Vorgehensweise als aufwendig. Da der Gesetzgeber die Möglichkeit der Betreuung im Wechselmodell nicht bedacht hat, bietet das Gesetz keine Regelungen,

---

886 Hierzu in Kapitel 5, D. II.
887 *Seiler*, FamRZ 2015, 1845, 1851.

die eine schnelle und praktikable Umsetzung des Kindesunterhalts im Wechselmodell ermöglicht. Aufgrund dieser Regelungslücke ist die Anwendung des Rechtsinstituts des familienrechtlichen Ausgleichsanspruchs gerechtfertigt. Zum einen bedürfte es hierbei keiner Bestellung eines Ergänzungspflegers. Zum anderen könnte der finanzielle Ausgleich zwischen den Eltern durch Verrechnung ihrer Unterhaltspflichten beim familienrechtlichen Ausgleichsanspruch im Rahmen eines Verfahrens ohne die Notwendigkeit einer nachträglichen Beteiligtenerweiterung erzielt werden.

B. Elternvereinbarungen über den Kindesunterhalt

Besteht zwischen den Eltern ein Einvernehmen über die Betreuung im Wechselmodell, können nicht nur Vereinbarungen über die sorge- und umgangsrechtlichen Aspekte getroffen, sondern auch finanzielle und unterhaltsrechtliche Fragen im Voraus durch eine Elternvereinbarung geklärt werden.[888] Dies wird sogar dringend empfohlen, da die finanzielle Umsetzung des Wechselmodells im Alltag viele Einzelfragen aufwerfe und somit auch zwischen Eltern, die anfangs friedlich und kompromissbereit waren, vermehrt Konflikte entstehen könnten.[889]

I. Vereinbarungsinhalt beim Wechselmodell

1. Aufteilung der Kosten

Die für das Kind zu tragenden Kosten lassen sich grob in drei Bereiche unterteilen.[890] Neben der Erklärung, dass jeder Elternteil während seiner Betreuungszeit die Lebenshaltungskosten für das Kind trägt, sollte somit auch eine Absprache über die Aufteilung für weitere laufende Kosten sowie für einmalig oder nur selten auftretende Kosten getroffen werden. Für die weiteren laufenden Kosten bietet es sich an, jedem Elternteil verschiedene Verantwortungsbereiche zu übertragen, da auf diese Weise die Versorgung des Kindes sichergestellt ist und doppelte Anschaffungen vermieden werden. Einmalig oder selten auftretende Kosten könnten anteilig von den Eltern getragen werden.

Lebenshaltungskosten (während jeweiliger Betreuungszeit)
- Verköstigung
- Wohnkosten inkl. Strom, Heizung, Wasser

888 Mustervereinbarungen für das Wechselmodell finden sich unter http://www.elternvereinbarung.de/muster_2.php.

889 *Schürmann*/Schriftenreihe des ISUV, Band 7, S. 64.

890 Vgl. zu den einzelnen Aufwendungen *Schürmann*/Schriftenreihe des ISUV, Band 7, S. 64 sowie *Spangenberg*, FamRZ 2014, 88, 90.

Weitere laufende Kosten des Kindes
- Kindergarten/Hort o.Ä.
- Kleidung
- Schulmaterial
- Spielzeug
- Freizeit (Vereinsbeiträge, Sportausrüstung)
- Ärztliche Behandlungen, evtl. Beiträge zur PKV
- evtl. sonstige Versicherungen

Einmalige oder selten auftretende Kosten
- Klassenfahrten/Ausflüge
- Urlaub
- Möbel
- PC, Handy
- evtl. Musikinstrument

Eine Alternative zur Aufteilung der Verantwortungsbereiche besteht in der Errichtung eines gemeinsamen Eltern-Kind-Kontos.[891] Neben ihrer jeweiligen persönlichen Konten haben die Eltern ein gemeinsames Konto, auf welches sie monatlich entsprechend ihrer Einkommensverhältnisse einzahlen und beide zugreifen können. Alle Kosten für das Kind werden aus dem Guthaben dieses Kontos finanziert. Hierfür müssten die Gesamtkosten für das Kind und sodann die monatlichen Haftungsanteile der Eltern ermittelt werden. Der Vorteil dieses „Kontenmodells" besteht darin, dass durch eine Anpassung der Bedarfshöhe schnell auf Veränderungen bei den Einkommen der Eltern oder dem Kindesbedarf reagiert werden kann.[892] Gleichzeitig beinhaltet es m.E. jedoch ein erhöhtes Konfliktpotential. Denn hier können die Eltern das Geld in beliebiger Höhe abbuchen, ohne dass eine tatsächliche Verwendung für das Kind nachgewiesen wird. Beide Elternteile würden sich gezwungen fühle, die Abbuchungen von dem gemeinsamen Konto zu verfolgen und bei Unstimmigkeiten nachzuhaken. Besteht diesbezüglich nicht volles Vertrauen zwischen den Eltern, dürfte das Kontenmodell auf Dauer nicht funktionieren.

2. *Freistellungsvereinbarung und Ausgleichsanspruch*

Mit der Vereinbarung sollte der Kindesunterhalt abschließend geregelt werden, sodass künftige Streitigkeiten und eine gerichtliche Geltendmachung vermieden werden. Geht man davon aus, dass beide Elternteile ihre Unterhaltspflicht teilweise durch die Betreuung und teilweise durch die Gewährung von Naturalunterhalt erfüllen, bedarf es einer Freistellungsvereinbarung bezüglich der Geltendmachung von Barunterhaltsansprüchen des Kindes.[893]

891 Vgl. hierzu ausführlich *Schürmann*/Schriftenreihe des ISUV, Band 7, S. 65 f.
892 So *Schürmann*, a.a.O.
893 *Seiler*, FamRZ 2015, 1845, 1852.

Bestehen zwischen den Eltern Einkommensunterschiede, können diese zumindest bei einer geringen Differenz dadurch kompensiert werden, dass der einkommensstärkere Elternteil ein Mehr an laufenden Aufwendungen tragen muss als der andere Elternteil. Durch die regelmäßige, höhere Kostenlast würde ein finanzieller Ausgleich, welcher der Haftungsverteilung nach den Einkommensverhältnissen der Eltern entspricht, erreicht. Sind die Einkommensunterschiede jedoch hoch, dürfte die Vereinbarung eines Ausgleichsanspruchs des einkommensschwächeren Elternteils zweckmäßiger sein. Denn die Kompensation durch eine ungleiche Verteilung der Verantwortungsbereiche hat den Nachteil, dass den verpflichteten Elternteil auch der damit verbundene zusätzliche Aufwand für Beschaffung und Organisation der Ausstattung des Kindes trifft. In diesem Fall ist es daher gerechter, die Haftungsanteile der Eltern am Barunterhalt des Kindes anhand der erörterten Berechnungsweise zu ermitteln und daraus einen Ausgleichsanspruch zu berechnen.

II. Wirksamkeit und Bindung

Bei der gegenseitigen Freistellungsvereinbarung handelt es sich um einen Verzicht auf den Kindesunterhalt. Da gemäß § 1614 Abs. 1 BGB auf einen Unterhaltsanspruch nicht für die Zukunft verzichtet werden kann, ist eine Freistellungsvereinbarung gegenüber dem Kind unwirksam.[894] Der Barunterhaltsanspruch des Kindes gegen einen oder beide Elternteile bleibt daher trotz gegenteiliger Absprache der Eltern bestehen. Der barunterhaltspflichtige Elternteil kann mithin auch gerichtlich zur Zahlung von Kindesunterhalt verpflichtet werden, ohne dass dem die Freistellungsvereinbarung entgegensteht.

Im Innenverhältnis der Eltern ist eine Freistellungsvereinbarung jedoch bindend.[895] Sie wird als Erfüllungsübernahme (§ 329 BGB) eingeordnet, welche im Falle eines Verstoßes zu Aufwendungsersatzansprüchen nach § 670 BGB führen kann.[896] Der barunterhaltspflichtige Elternteil kann mithin für die entgegen der Vereinbarung geleisteten Unterhaltszahlungen von dem anderen Elternteil Ersatz bzw. die Bereitstellung des Betrages im Voraus verlangen kann.[897] Auf das Wechselmodell übertragen, könnte eine gegenseitige Inanspruchnahme auf Barunterhalt des Kindes durch eine Vereinbarung zwar nicht ausgeschlossen werden. Im Hinblick auf die Bindung der Elternvereinbarung im Innenverhältnis würde ein solches Vorgehen jedoch wenig Sinn machen.

Insbesondere beim Wechselmodell stellt sich die Frage, unter welchen Voraussetzungen eine einmal geschlossene Elternvereinbarung abgeändert werden kann. Grundsätzlich sind unbefristete Vereinbarungen bindend und können nicht einseitig

894 BGH, FamRZ 1986, 444.
895 A.a.O.; DIJuF – Themengutachten Freistellungsvereinbarungen, unter 1. und 2.
896 BGH, FamRZ 2009, 768; 1986, 444.
897 *Scheiwe*, FF 2013, 280, 288; DIJuF – Themengutachten Freistellungsvereinbarungen, S. 2 f.

von einem Elternteil inhaltlich abgeändert werden. Da sich der Bedarf des Kindes mit zunehmenden Alter ändert und auch die Einkommensverhältnisse beider Elternteile häufigen Veränderungen unterliegen können, wird es beim Wechselmodell jedoch einer stetigen Anpassung der Elternvereinbarung bedürfen. Es bietet sich daher an, eine entsprechende Anpassungsklausel in die Vereinbarung mit aufzunehmen.[898] Fehlt eine solche, kann eine Vertragsanpassung von Seiten eines Elternteils nur unter den Voraussetzungen der Änderung der Geschäftsgrundlage nach § 313 Abs. 1, 3 BGB verlangt werden.[899]

C. Fazit zu Kapitel 6

Die Regelung des § 1629 Abs. 2 S. 2 BGB ist auf das Residenzmodell zugeschnitten und versagt, wenn das Kind tatsächlich im Wechselmodell betreut wird. Hierbei stellt weder die Bestellung eines Ergänzungspflegers noch die Übertragung der Entscheidungsbefugnis eine praktikable Lösung dar. Dies allein sollte die Rechtsprechung jedoch nicht zu einer großzügigen Annahme der Obhut bei einem Elternteil veranlassen. Denn hierdurch wird mittelbar auch die Beurteilung, ob ein Elternteil das Kind iSd. § 1606 Abs. 3 S. 2 BGB betreut, mitbestimmt. Praxistauglich ist es daher, Streitigkeiten über Unterhaltsleistungen im Wechselmodell über einen familienrechtlichen Ausgleichsanspruch und somit im Innenverhältnis der Eltern zu lösen.

Eine Elternvereinbarung über das Unterhaltsrecht empfiehlt sich im Hinblick auf die zahlreichen finanziellen Einzelfragen, die bei einer Betreuung im Wechselmodell entstehen. Die Vereinbarung sollte eine Aufteilung der laufenden Kosten für das Kind beinhalten, sodass jeder Elternteil die Verantwortung für die Beschaffung und Finanzierung bestimmter Bedarfsposten trägt. Bei höheren Einkommensunterschieden sollte zudem eine Absprache über einen Ausgleichsanspruch des einkommensschwächeren Elternteils enthalten sein. Hinzukommend bedarf es der gegenseitigen Freistellung von der Geltendmachung der Barunterhaltsansprüche des Kindes.

Festzuhalten bleibt aber, dass die Elternvereinbarung den Barunterhaltsanspruch des Kindes wegen § 1614 Abs. 1 BGB unberührt lässt. Dass sich ein Elternteil entgegen der Absprache dazu entschließt, den Anspruch auf Barunterhalt gegen den anderen Elternteil ggf. durch Hinzuziehung eines Ergänzungspflegers durchzusetzen, kann daher nicht ausgeschlossen werden. Dennoch dürfte eine Vereinbarung über den Kindesunterhalt viele Streitigkeiten schon im Voraus eindämmen. Zum einen

---

898 So in der Mustervereinbarung von *Hammer*: *„Im Übrigen werden wir über den Kindesunterhalt erneut verhandeln, wenn bei einem von uns eine Gehaltsveränderung über 20 % netto eintritt, sich der Kindesbedarf erheblich ändert oder sich die Betreuungsanteile ändern.“*, abrufbar unter http://www.elternvereinbarung.de/pdfs/Wechselmodell2.pdf.

899 Hierzu ausführlich im DIJuF – Themengutachten Freistellungsvereinbarungen, unter 3.

wissen die Eltern in diesem Fall, worauf sie sich bei einer Betreuung im Wechselmodell finanziell einlassen. Zum anderen entfaltet die Vereinbarung zwischen den Eltern Bindungswirkung. Bei Inanspruchnahme eines Elternteils auf Barunterhalt besteht für diesen daher immer noch die Möglichkeit, den anderen Elternteil unter Hinweis auf ihre Vereinbarung in Regress zu nehmen.

Siebtes Kapitel: Betreuungsunterhalt beim Wechselmodell

Auch auf den Betreuungsunterhaltsanspruch in Form des nachehelichen Unterhalts (§ 1570 BGB) und des Unterhalts von Unverheirateten (§ 1615l Abs. 2 S. 2–4 bzw. Abs. 4 BGB) kann eine Praktizierung des Wechselmodells Auswirkungen haben, welche an dieser Stelle nur angedeutet werden sollen. Betreuungsunterhalt wird dem betreuenden Elternteil gewährt, weil ihm aufgrund der Kindesbetreuung eine Erwerbstätigkeit nicht zugemutet werden kann.[900] Eine Regelung für den Fall, dass beide Elternteile das Kind gleichermaßen betreuen, kennt das Gesetz nicht. Für den nachehelichen Unterhalt aus § 1570 BGB steht fest, dass nur ein Elternteil anspruchsberechtigt sein kann.[901] Daher dürfte nur ein Unterhaltsanspruch des einkommensschwächeren Elternteils in Betracht kommen.[902] Beim Betreuungsunterhalt von Unverheirateten können im Falle des Wechselmodells hingegen gegenseitige Betreuungsunterhaltsansprüche bestehen.[903] Denn während für die Berechnung des nachehelichen Unterhalts die ehelichen Lebensverhältnisse maßgeblich sind, bemisst sich der Unterhalt aus § 1615l BGB nach den jeweiligen Lebensverhältnissen des Berechtigten (vgl. § 1615l Abs. 3 S. 1 BGB iVm. § 1610 Abs. 1 BGB). Sind jedoch zwei unterschiedlich hohe Bedarfe zugrunde zu legen, können auch beide Elternteile unterhaltsberechtigt sein.[904] In diesem Fall ist eine Verrechnung der beiderseitigen Betreuungsunterhaltsansprüche vorzunehmen.[905]

Maßgebliche Bedeutung sowohl für den nachehelichen Betreuungsunterhalt als auch den Betreuungsunterhalt für Unverheiratete erlangt die Tatsache, dass die Eltern das Kind zu gleichen Teilen betreuen, bei der Beurteilung der Bedürftigkeit (§ 1577 BGB) und Erwerbsobliegenheit des anspruchsberechtigten Elternteils sowie der Leistungsfähigkeit des verpflichteten Elternteils.[906] Der in den §§ 1570 Abs. 1 S. 1, 1615l Abs. 2 S. 3 BGB normierte Grundsatz, dass bis zum vollendeten dritten Lebensjahr des Kindes ein Anspruch auf Betreuungsunterhalt besteht, da den betreuenden Elternteil bis zu diesem Zeitpunkt keine Erwerbsobliegenheit trifft, dürfte

---

900 Zu den Voraussetzungen des Anspruchs auf Betreuungsunterhalt seit Einführung des UÄndG vgl. Kapitel 2, A. V.

901 Beck-OGK/*Lettmaier*, § 1570 Rn. 112; Erman/*Maier*, § 1570 Rn. 24; MüKo/*Maurer*, § 1570 Rn. 45.

902 Beck-OGK/*Lettmaier*, a.a.O.; *Seiler*, FamRZ 2015, 1845, 1855; *Jokisch*, FuR 2014, 25, 30; *Schilling*, FPR 2006, 291, 293.

903 Erman/*Hammermann*, § 1615l Rn. 9a; Beck-OGK/*Hilbig-Lugani*, § 1615l Rn. 40; Soergel/*Lettmaier*, § 1615l Rn. 18.

904 *Schilling*, FPR 2006, 291, 294.

905 A.a.O.

906 So *Koch* für den Fall, dass jeder Elternteil ein gemeinschaftliches Kind nach der Scheidung betreut, vgl. *Koch*, Handbuch des Unterhaltsrechts, Rn. 2100.

aufgrund der nur hälftigen Übernahme der Kindesbetreuung beim Wechselmodell nicht gelten. Hier wird für die Beurteilung der Erwerbsobliegenheit eine Prüfung im Einzelfall erfolgen müssen.[907] Ab dem vierten Lebensjahr des Kindes setzt die beiderseitige Erwerbsobliegenheit ein und der Anspruch auf Betreuungsunterhalt besteht ohnehin nur, soweit dies der Billigkeit unter Beachtung der Kindesbelange und bestehender Betreuungsmöglichkeiten entspricht (§§ 1570 Abs. 1 S. 2, 3, 1615l Abs. 2 S. 4 BGB). Bei der Beurteilung des Betreuungsunterhalts beim Wechselmodell ist daher im Einzelfall zu überprüfen, wie sich die praktizierte Kindesbetreuung auf die Erwerbsmöglichkeiten beider Elternteile auswirkt.[908] Nach der Rechtsprechung des BGH ist für die Frage der Erwerbsobliegenheit ein verschärfter Beurteilungsmaßstab anzulegen, wenn beide Elternteile ein oder mehrere Kinder betreuen.[909] Der Umstand, dass ein Elternteil trotz Kindesbetreuung erwerbstätig ist, wirke sich demnach auch auf die Erwerbsobliegenheit des anderen Elternteils aus.[910]

Da die Eltern das Kind zu gleichen Teilen betreuen, kommt im Falle beidseitiger Erwerbstätigkeit auch für beide ein Abzug vom Einkommen wegen überobligatorisch erzielten Einkünften (§ 1577 Abs. 2 BGB) in Betracht.[911] Bei dieser Billigkeitsprüfung ist zu berücksichtigen, wie sich die hälftige Kindesbetreuung mit der Erwerbstätigkeit des jeweiligen Elternteils im konkreten Fall vereinbaren lässt. Neben der jeweiligen Arbeitszeiten spielen hierbei auch die Gestaltungsfreiheit der Eltern im Job, die Nähe ihrer Wohnorte und damit verbunden die Fahrtzeiten sowie die Berücksichtigung von Zeiträumen, in denen sich das Kind im Kindergarten oder der Schule aufhält, eine Rolle.[912]

Zudem dürfte bei der Beurteilung der Leistungsfähigkeit des Unterhaltspflichtigen auch der Abzug eines Betreuungsbonus von seinem Einkommen in Betracht kommen.[913] Ein Betreuungsbonus wird dem Unterhaltspflichtigen als Ausgleich für den Mehraufwand, der bei einer Mitbetreuung neben der Erwerbstätigkeit entsteht, gewährt. Maßgeblich für die Beurteilung, ob der Unterhaltspflichtige durch die zusätzliche Mitbetreuung überobligationsmäßig belastet wird, ist die Vereinbarkeit von Erwerbstätigkeit und Betreuungsaufwand im Einzelfall. Lässt sich die Kindesbetreuung aufgrund flexibler Arbeitszeiten gut mit der Erwerbstätigkeit in Einklang bringen, ist kein Betreuungsbonus anzuerkennen.[914]

---

907 *Jokisch*, FuR 2014, 25, 30.

908 *Schilling*, FPR 2006, 291, 293.

909 BGH, NJW 1983, 1548. In dem zugrundeliegenden Verfahren wurde kein Wechselmodell praktiziert, jedoch betreuten die Eltern neben ihrer Erwerbstätigkeit jeweils ein bzw. zwei gemeinsame Kinder allein.

910 A.a.O.

911 *Schilling*, FPR 2006, 291, 293.

912 A.a.O.

913 KG, FamRZ 2010, 1447.

914 Das KG erkannte in einem Verfahren einen zusätzlichen Betreuungsbonus des unterhaltspflichtigen Vaters trotz einer hälftigen Betreuungsaufteilung nicht an, da er als Selbstständiger (niedergelassener Arzt) eine große Gestaltungsfreiheit

Ein Angebot des unterhaltspflichtigen Elternteils auf Ausweitung der Mitbetreuung zu einem Wechselmodell muss der andere Elternteil nicht annehmen.[915] Auch wenn dieser dadurch in die Lage versetzte würde, die eigene Erwerbstätigkeit auszuweiten.[916] Die Ausgestaltung der Betreuung ist allein nach Kindeswohlgesichtspunkten zu bestimmen, wohinter unterhaltsrechtliche Erwägungen zurück treten. Besteht mithin nicht die für eine Betreuung im Wechselmodell notwendige Kommunikationsfähigkeit zwischen den Eltern, genügt der unterhaltsbeziehende Elternteile seiner Erwerbsobliegenheit auch durch Festhalten an einer Betreuung im Residenzmodell, welches ihm bspw. nur eine Erwerbstätigkeit in Teilzeit ermöglicht.[917]

hat und seine Arbeitszeiten so einrichten konnte, dass sie sich mit der Betreuung gut vereinbaren ließen, vgl. FamRZ 2010, 1447.

915 BGH, FamRZ 2011, 1209; OLG Frankfurt, Urt. v. 06.02.2009 – 3 UF 124/08; AG Tempelhof-Kreuzberg, Urt. v. 22.07.2009 – 145 F 14923/06.

916 A.a.O.

917 A.a.O.

Achtes Kapitel: Wechselmodell im Sozial- und Steuerrecht

A. Sozialrechtliche Bezüge

I. Regelleistungen für Kinder in Bedarfsgemeinschaft (§ 19 Abs. 1 S. 2 SGB II)

Nichterwerbsfähige Leistungsberechtigte haben einen Anspruch auf Sozialgeld, wenn sie mit einer erwerbsfähigen leistungsberechtigten Person in einer Bedarfsgemeinschaft leben (§ 19 Abs. 1 S. 2 SGB II). Eine Bedarfsgemeinschaft bilden auch leistungsberechtigte Eltern mit den ihrem Haushalt angehörenden unverheirateten Kindern, sofern diese nicht älter als 24 Jahre sind und selbst über kein ausreichendes Einkommen oder Vermögen verfügen (§ 7 Abs. 3 Nr. 4 SGB II). Die Zugehörigkeit zum Haushalt eines Elternteils als Voraussetzung für das Bestehen einer Bedarfsgemeinschaft erfordert, dass sich das Kind dauerhaft bei diesem aufhält, indem es regelmäßig länger als einen Tag in dessen Haushalt wohnt.[918] Sporadische Besuche genügen dem nicht.[919] Ein dauerhaftes Leben in dem Haushalt des Hilfebedürftigen ist hingegen nicht erforderlich.[920]

Um dem Umstand Rechnung zu tragen, dass sich das Kind nach Trennung der Eltern in Form von Umgangskontakten auch bei dem nicht betreuenden Elternteil regelmäßig aufhält, entwickelte das Bundessozialgericht (BSG) die Rechtsfigur der temporären Bedarfsgemeinschaft.[921] Danach besteht zwischen dem Kind und dem leistungsberechtigten Umgangselternteil für die Dauer der Umgangstage und mithin temporär eine Bedarfsgemeinschaft mit der Rechtsfolge, dass für diesen Zeitraum anteilig Sozialgeld für das Kind an den Umgangselternteil auszuzahlen ist.[922] Der Elternteil erhält für jeden Tag im Monat, an dem sich das Kind bei ihm länger als zwölf Stunden aufhält, 1/30 der Regelleistung für das Kind.[923] Beziehen beide Elternteile Arbeitslosengeld II, wird die Regelleistung für das Kind entsprechend der Anzahl an Aufenthaltstagen bei jedem Elternteil auf beide aufgeteilt.[924] In diesem Fall besteht eine doppelte temporäre Bedarfsgemeinschaft. Ist bei einer Betreuung

---

918 BSG, NJW 2010, 2381; FamRZ 2007, 465 (m. Anm. v. *Schürmann*).

919 A.a.O.

920 A.a.O.

921 A.a.O. Dem folgend: LSG Schleswig, Urt. v. 17.01.2014 – L 3 AS 114/11; LSG Baden-Württemberg, Urt. v. 01.10.2008 – L 13 AS 2559/08; SG Detmold, Beschl. v. 27.10.2014 – S 18 AS 1733/14 ER.

922 A.a.O.

923 BSG, NJW 2010, 2381.

924 BSG, FamRZ 2007, 465 (m. Anm. v. *Schürmann*). Vgl. hierzu auch die Stellungnahme der SFK 3 des DIJuF v. 23.10.2014, abgedruckt in JAmt 2014, 555.

im Wechselmodell mindestens ein Elternteil hilfebedürftig iSd. SGB II, so würde auch hier eine temporäre Bedarfsgemeinschaft anerkannt und eine anteilige, an der Anzahl der Betreuungstage orientierte Auszahlung der Regelleistungen für das Kind erfolgen.

II. Mehrbedarf für Alleinerziehende (§ 21 Abs. 3 SGB II)

Eine Betreuung im Wechselmodell wirkt sich zudem auf den Erhalt des Mehrbedarfs für Alleinerziehende aus. Gemäß § 21 Abs. 3 SGB II wird Empfängern von Arbeitslosengeld II oder Sozialgeld ein Mehrbedarf zuerkannt, wenn sie mit einem oder mehreren Kindern zusammenleben und allein für deren Pflege und Erziehung sorgen.

Nach der Rechtsprechung des BSG wird für die Alleinerziehung der hälftige Mehrbedarf anerkannt, wenn sich die getrennt lebenden Eltern die Pflege und Erziehung hälftig aufteilen und die Betreuungsintervalle den Zeitraum von einer Woche nicht unterschreiten.[925] Der Gesetzgeber geht davon aus, dass Alleinerziehende zeitlichen Einschränkungen unterliegen und daher nicht die Möglichkeit haben Preise zu vergleichen, um preisbewusst einkaufen zu können.[926] Gleichzeitig fielen höhere Aufwendungen für Kontaktpflege sowie zur Inanspruchnahme von Dienstleistungen Dritter für sie an.[927] Um diese Nachteile und Belastungen auszugleichen, wird Alleinerziehenden ein Zuschlag zum Regelbedarf gewährt. Diese Belastungen bestehen nach Auffassung des BSG nicht während der Betreuungszeiten des anderen Elternteils, weshalb § 21 Abs. 3 SGB II dahingehend teleologisch zu reduzieren ist, dass der Mehrbedarf auf den hälftigen Betrag reduziert wird.[928] Voraussetzung ist eine annähernd hälftige Aufteilung der Betreuungszeit sowie eine in etwa hälftige Aufteilung der anfallenden Kosten.[929]

Ein anteiliger Mehrbedarf im Sinne einer Aufteilung nach Betreuungstagen unterhalb dieser Grenze, etwa bei einem erweiterten Umgang, wird nicht anerkannt.[930] Denn hierbei sei zu berücksichtigen, dass der hauptbetreuende Elternteil auch während der Aufenthalte des Kindes beim Umgangselternteil die Belastungen und Kosten tragen müsse, welche der Zuschlag für Alleinerziehende auszugleichen versucht und eine nachhaltige Entlastung durch die Umgangskontakte nicht

---

925 BSG, FamRZ 2015, 1187; 2009, 1214; 2009, 2000. Dem folgend: LSG Schleswig, Urt. v. 17.01.2014 – L 3 AS 114/11; SG Kassel, Urt. v. 28.08.2013 – S 6 AS 711/12.

926 So die Begründung zu der entsprechenden Vorschrift nach alter Rechtslage (§ 23 Abs. 2 BSHG) in BT-Drs. 10/3079, S. 5.

927 A.a.O.

928 BSG, FamRZ 2009, 1214.

929 So lehnte das Landessozialgericht Schleswig eine Aufteilung des Zuschlags für Alleinerziehende ab, weil bei einem Betreuungsverhältnis von 60:40 keine annähernd gleiche Betreuungsaufteilung bestünde, vgl. LSG Schleswig, Urt. v. 17.01.2014 – L 3 AS 114/11.

930 BSG, FamRZ 2015, 1187.

eintrete.[931] Eine Aufteilung der Mehrbedarfszahlung nach dem Betreuungsverhältnis würde mithin dazu führen, dass der Mehrbedarf für den hauptbetreuenden Elternteil als Alleinerziehenden nur anteilig berücksichtigt würde. Zudem stellt das BSG auch Anforderungen an die Dauer der Betreuungsintervalle.[932] Unterhalb einer durchgehenden Betreuungszeit von einer Woche ist trotz hälftiger Aufteilung kein Elternteil alleinerziehend iSd. § 21 Abs. 3 SGB II.[933] In diesen Fällen sei kein Elternteil den besonderen Belastungen eines Alleinerziehenden ausgesetzt, da aufgrund der in kurzen Abständen gegebenen betreuungsfreien Tage nicht die typischen zeitlichen Einschränkungen eines Alleinerziehenden gegeben seien.[934]

III. Mehrbedarf nach § 21 Abs. 6 SGB II

Empfängern von Arbeitslosengeld II wird für unabweisbare, laufende Kosten ein Mehrbedarf nach § 21 Abs. 6 SGB II zuerkannt. Voraussetzung ist, dass es sich um einen laufenden und nicht nur einmaligen Sonderbedarf handelt, welcher nicht auf andere Weise (Zuwendungen Dritter, Einsparmöglichkeiten) gedeckt werden kann. Kennzeichnend für diese Situation ist, dass bei dem Hilfebedürftigen eine weitergehende Bedarfslage vorliegt als bei anderen Empfängern von Leistungen nach dem SGB II.[935] Auch Kosten zur Wahrnehmung des Umgangsrechts können einen solchen Mehrbedarf darstellen.[936] Anerkannt wurde dies für Fahrtkosten[937] sowie für Reisekosten bei Besuch des Kindes[938]. Bei einer Betreuung im Wechselmodell dürfte insofern nichts anderes gelten.[939] Bezieht mithin im Wechselmodell ein Elternteil Leistungen nach dem SGB II, so würden die ihm aufgrund der Aufenthaltswechsel des Kindes entstehenden Fahrtkosten durch Anerkennung als Mehrbedarf erstattet.

IV. Pflegegeld (§ 37 Abs. 1 SGB XI)

Personen, die aufgrund von Krankheit oder Behinderung pflegebedürftig sind, steht aus der sozialen Pflegeversicherung ein Anspruch auf Pflegesachleistung in Form von Grundpflege und hauswirtschaftlicher Versorgung zu (§ 36 SGB XI). Der Pflegebedürftige kann sich jedoch auch für den Bezug von Pflegegeld entscheiden und sich eine Pflegehilfe selbst beschaffen (§ 37 Abs. 1 SGB XI). In der Regel handelt es sich

931 A.a.O.
932 A.a.O.
933 BSG, FamRZ 2009, 1214.
934 In diese Richtung LSG Schleswig, Urt. v. 17.01.2014 – L 3 AS 114/11 und SG Kassel, Urt. v. 28.08.2013 – S 6 AS 711/12.
935 BSG, Urt. v. 04.06.2014 – B 14 AS 30/13 R.
936 BVerfGE 125, 175; BSG, Urt. v. 11.02.2015 – B 4 AS 27/14 R; Urt. v. 18. 11. 2014 – B 4 AS 4/14 R. Vgl. zudem BT-Drs. 17/1465, S. 9.
937 BSG, Urt. v. 04.06.2014 – B 14 AS 30/13 R.
938 SG Koblenz, Urt. v. 14.09.2011 – S 6 AS 722/11.
939 So auch das DIJuF – Themengutachten (TG-1086), S. 17.

hierbei um eine häusliche Pflege durch Familienangehörige.[940] Das Pflegegeld steht dem Pflegebedürftigen grundsätzlich frei zur Verfügung, wobei es zur Erhaltung der Pflegebereitschaft in aller Regel an die Pflegeperson weitergeleitet wird.[941] Handelt es sich bei dem Pflegebedürftigen um ein minderjähriges Kind, wird das Pflegegeld an dessen Eltern als Sorgeberechtigte ausbezahlt (§§ 1626, 1629 Abs. 1 BGB).

Leben die Eltern dauerhaft getrennt, so ist der allein betreuende Elternteil die Pflegeperson des Kindes. Bei einer Betreuung im Wechselmodell muss hingegen berücksichtigt werden, dass das pflegebedürftige Kind von beiden Elternteilen zu gleichen Teilen gepflegt wird. Konsequenterweise müsste beiden Elternteilen das hälftige Pflegegeld ausgezahlt bzw. eine Aufteilung im Innenverhältnis vorgenommen werden. Bei der praktischen Umsetzung im Streitfall dürften die Eltern hinsichtlich der Entscheidung des Kindes, wem es das Pflegegeld zukommen lässt, wegen § 1629 Abs. 2 S. 1 BGB iVm. §§ 1795 Abs. 2, 181 BGB nicht vertretungsbefugt sein. Wie bei der Bestimmung der für das Kindergeld bezugsberechtigten Person müsste auch hier ein Ergänzungspfleger (§ 1909 Abs. 1 S. 1 BGB) bestellt werden. Jedenfalls handelt es sich um einen weiteren Aspekt, der im Falle der Pflegebedürftigkeit des Kindes in einer Elternvereinbarung zu klären wäre.

V. Wohngeld (§ 5 Abs. 6 S. 1 WoGG)

Bei Wohngeld iSd. WoGG handelt es sich um eine staatliche Sozialleistung, die ein angemessenes und familiengerechtes Wohnen wirtschaftlich sichern soll (vgl. § 1 Abs. 1 WoGG). Anspruchsberechtigt sind demnach Personen, die über kein oder nur ein geringes Einkommen verfügen und daher die Mietkosten oder die Kosten für Wohneigentum nicht selbst tragen können.[942] Ein möglicher Anspruch auf die Zahlung von Wohngeld beurteilt sich u. a. danach, mit wie vielen Haushaltsmitgliedern der Wohnraum geteilt wird (vgl. § 4 Nr. 1 WoGG).

Nach dem Willen des Gesetzgebers soll grundsätzlich jede Person nur einem Haushalt zugeordnet werden. Dies gilt auch für Kinder von dauerhaft getrennt lebenden Eltern. Diese sind Haushaltsmitglied desjenigen Elternteils, bei dem sie ihren Mittelpunkt der Lebensbeziehungen haben (vgl. § 5 Abs. 1 Nr. 4 WoGG iVm. Teil A, Ziff. 5.12 WoGVwV[943]). Indizien für das Bestehen eines Lebensmittelpunktes bei dem antragstellenden Elternteil sind der tatsächliche Aufenthalt des Kindes bei diesem sowie die Zuteilung des alleinigen Sorgerechts.[944]

Gemäß der Ausnahmeregelung des § 5 Abs. 6 S. 1 WoGG ist das Kind ein Haushaltsmitglied beider Elternteile, wenn sie das Kind zu annähernd gleichen Teilen betreuen. Eine annähernd gleiche Betreuung in diesem Sinne liegt ausweislich der

940 Fasselt/Schellhorn/*Schellhorn*, Kap. 9 Rn. 67.
941 Heiß/Born/*Heiß/Heiß*, Erster Teil, Kap. 3 Rn. 396; Fasselt/Schellhorn/*Schellhorn*, Kap. 9 Rn. 68.
942 Fasselt/Schellhorn/*Winkler*, Kap. 11, Rn. 1.
943 Verwaltungsvorschriften zum Wohngeldgesetz (2009).
944 OVG Münster, FamRZ 2015, 1330, 1331.

Gesetzesbegründung sowie der Verwaltungsvorschriften zum WoGG ab einem Betreuungsverhältnis von 1/3 zu 2/3 vor.[945] Zudem kann eine annähernd gleiche Betreuung in der Regel nur dann angenommen werden, wenn die Wohnorte der Eltern so gelegen sind, dass das Kind die Betreuungseinrichtung (Kindergarten, Schule) in einer angemessenen Zeit erreichen kann.[946] Weitere Voraussetzungen sind ein gemeinsames Sorgerecht der Eltern[947] sowie die Bereithaltung zusätzlichen Wohnraums für das Kind in beiden Haushalten. Die Bereithaltung zusätzlichen Wohnraums erfordert, dass dieser Wohnraum für die Kindesbetreuung ausreicht, was nicht zwingend das Vorhandensein eines zusätzlichen Kinderzimmers beinhalten muss.[948]

Mit der Vorschrift des § 5 Abs. 6 S. 1 WoGG will der Gesetzgeber eine abwechselnde Betreuung der gemeinsam sorgeberechtigten Eltern fördern, indem er den hierzu erforderlichen zusätzlichen Wohnraum wirtschaftlich sichert.[949] In der Regel wird eine Betreuung im Wechselmodell unter diese Norm zu subsumieren sein[950], da neben dem Mitbetreuungsanteil von mindestens 1/3 auch die Voraussetzungen der gemeinsamen Sorge, des Bereithaltens zusätzlichen Wohnraums als auch der Wohnortnähe in den meisten Fällen vorliegen dürften. Bei der Regelung handelt es sich jedoch nicht um eine gesetzliche Verankerung des Wechselmodells nach dem hier vertretenen Wechselmodell-Begriff. Denn die genannten Voraussetzungen dürften auch häufig bei einer Betreuung im Residenzmodell mit erweitertem Umgang vorliegen. Das Vorliegen eines eindeutigen Betreuungsschwerpunkts bei einem Elternteil schließt eine Zuteilung des Kindes als Mitglied beider Elternhaushalte nicht aus.

VI. Unterhaltsvorschuss (§ 1 Abs. 1 UVG)

Das Unterhaltsvorschussgesetz (UVG) normiert unter bestimmten Voraussetzungen einen Zahlungsanspruch des unterhaltsberechtigten Kindes gegen den Staat. Der Unterhaltsvorschuss stellt eine Sozialleistung dar, welche in den Fällen zum Tragen kommt, in denen ein Elternteil seine Unterhaltspflicht gegenüber dem Kind verletzt (§ 1 Abs. 1 Nr. 3 UVG). Neben der Altersobergrenze des unterhaltsberechtigten Kindes von zwölf Jahren setzt die Bezugsberechtigung für den Unterhaltsvorschuss insbesondere voraus, dass das Kind bei einem Elternteil lebt, welcher ledig, verwitwet oder geschieden ist oder von seinem Ehegatten oder Lebenspartner dauernd getrennt lebt (§ 1 Abs. 1 Nr. 2 UVG). Ein Kind lebt dann bei einem Elternteil, wenn

945 BT-Drs. 16/6543, S. 91; BR-Drs. 559/07, S. 62 f.; Ziff. 5.61, Abs. 4 WoGVwV.
946 A.a.O.
947 Zur Frage der Verfassungsmäßigkeit des § 5 Abs. 6 in Hinblick auf das Erfordernis eines gemeinsamen Sorgerechts vgl. BVerfG, FamRZ 2014, 278 und OVG Münster, FamRZ 2015, 1330.
948 Teil A, Ziff. 5.61, Abs. 3 WoGVwV; BT-Drs. 16/6543, S. 91; BR-Drs. 559/07, S. 62 f.
949 BT-Drs. 16/6543, S. 91.
950 *Schürmann*/Schriftenreihe des ISUV, Band 7, S. 66; DIJuF – Themengutachten (TG-1087), S.17.

es seinen Lebensmittelpunkt bei diesem hat und die elementaren Lebensbedürfnisse des Kindes (Versorgung, Verköstigung, Pflege, Organisation des Tagesablaufs, emotionale Zuwendung) von diesem Elternteil befriedigt werden.[951]

Dieses Merkmal des „Alleinerziehens“ ist nach einhelliger Rechtsprechung der Verwaltungsgerichte im Falle einer Betreuung im Wechselmodell nicht gegeben.[952] Anders als in der Rechtsprechung zu den Begriffen Obhut und Betreuung im Unterhaltsrecht wird das Merkmal des Alleinerziehens iSd. § 1 Abs. 1 Nr. 2 UVG bereits dann abgelehnt, wenn beide Elternteile über bloße Besuchskontakte hinaus verlässliche, regelmäßige und erhebliche Betreuungsleistungen erbringen.[953]

Denn der Unterhaltsvorschuss soll ausweislich der Gesetzesbegründung zum UVG die Belastungen eines alleinerziehenden Elternteils mindern, welcher zusätzlich zu dem Betreuungsaufwand finanzielle Engpässe aufgrund von Unterhaltsausfällen erleidet.[954] Dem liegt der Gedanke zugrunde, dass der alleinerziehende Elternteil aufgrund der alleinigen Betreuungs- und Erziehungsverantwortung für ein Kind erschwerten Bedingungen, auch in beruflicher Hinsicht, ausgesetzt ist.[955] So besteht der Anspruch beispielsweise auch dann nicht, wenn der hauptsächlich betreuende Elternteil erneut heiratet, da das Kind dann in einer vollständigen Familie lebt und die Belastungen des betreuenden Elternteils nicht in dem genannten Sinne bestehen.[956] Aus dem gleichen Grund ist der Anspruch auf Unterhaltsvorschuss auch dann nicht gerechtfertigt, wenn der barunterhaltspflichtige Elternteil regelmäßige Betreuungsleistungen erbringt, die zu einer wesentlichen Entlastung des anderen Elternteils beitragen.[957] Eine gleichwertige Aufteilung der Kindesbetreuung in qualitativer und quantitativer Hinsicht ist dafür nicht erforderlich.[958]

In den gerichtlichen Entscheidungen wird bei der Beurteilung des Alleinerziehens auch weniger auf den konkreten zeitlichen Umfang der Mitbetreuung des barunterhaltspflichtigen Elternteils abgestellt.[959] Maßgeblich sei vielmehr, ob bereits anhand einer „überschlägigen Prüfung im Sinne einer Evidenzkontrolle“ die Betreuungsleistungen eines Elternteils eindeutig dominierend in den Vordergrund treten oder der andere Elternteil wesentlich bei der Betreuung mitwirkt, ohne dass eine

951 VG Bayreuth, Urt. v. 20.07.2009 – B 3 K 08.708.

952 BVerwG, FamRZ 2013, 453; VG Münster, Urt. v. 17.04.2012 – 6 K 103/11; VG Hannover, Urt. v. 22.07.2011 – 3 A 1905/08; VG Würzburg, Urt. v. 07.07.2011 – W 3 K 11.170; VG Bayreuth, Urt. v. 20.07.2009 – B 3 K 08.708; VGH München, Beschl. v. 07.02.2006 – 12 ZB 04.2403.

953 VG Münster, Urt. v. 17.04.2012 – 6 K 103/11; VG Hannover, Urt. v. 22.07.2011 – 3 A 1905/08.

954 BT-Drs. 8/1952, S. 6.

955 A.a.O.

956 BT-Drs. 8/1952, S. 7.

957 BVerwG, FamRZ 2013, 453; VG Hannover, Urt. v. 22.07.2011 – 3 A 1905/08.

958 VG Münster, Urt. v. 17.04.2012 – 6 K 103/11.

959 Vgl. VG Würzburg, Urt. v. 07.07.2011 – W 3 K 11.170.

gleichwertige Betreuungsverteilung vorliegen muss.[960] So steht ein Betreuungsverhältnis von 40 % zu 60 % der Annahme, das Kind lebe bei beiden Elternteilen, nicht entgegen.[961] Auch bei einer monatlichen Mitbetreuung von 14 Tagen und neun Nächten wurde eine wesentliche Entlastung angenommen und somit ein Anspruch auf Unterhaltsvorschuss verneint.[962] Dasselbe gilt für einen Fall, in welchem sich die Eltern die Betreuung des Kindes halbtags- oder stundenweise aufteilten.[963]

Die Beurteilung habe auf Grundlage einer umfassenden Würdigung des Einzelfalls zu erfolgen. Wesentliches Beurteilungskriterium ist nach Ansicht des BVerwG, welcher Elternteil gemäß § 64 Abs. 2 S. 1 EStG für das Kindergeld bezugsberechtig ist, weil er das Kind in seinen Haushalt aufgenommen hat.[964] Andere Verwaltungsgerichte nahmen mitunter eine umfassende Gesamtabwägung vor und berücksichtigten dabei insbesondere, ob das Kind bei beiden Elternteilen ein voll ausgestattetes Kinderzimmer hat, der mitbetreuende Elternteil das Kind während seiner Betreuungszeit im hauswirtschaftlichen Sinne versorgt (Wäsche waschen usw.) und auch teilweise für den Schulbedarf des Kindes aufkommt.[965] In diesem Zusammenhang wird auch geprüft, ob das Betreuungsarrangement als Kooperation der Eltern mit wechselseitiger Unterstützung vereinbart wurde und das Kind faktisch in eine vollständige Familie eingebettet ist.[966]

Im Falle einer zunehmenden Ausweitung der Mitbetreuung des barunterhaltspflichtigen Elternteils ist zu beachten, dass der andere Elternteil bei einem Bezug von Unterhaltsvorschuss dazu verpflichtet ist, die zuständige Stelle unverzüglich über die veränderte Betreuungssituation zu informieren (vgl. § 6 Abs. 4 UVG).[967] Denn bei einer wesentlichen Mitbetreuung handelt es sich um einen Umstand, der für die Unterhaltsvorschussleistung erheblich ist. Kommt der Elternteil dieser Verpflichtung nicht nach, stellt dies eine Ordnungswidrigkeit dar und ihm droht die Verhängung einer Geldbuße (§ 10 Abs. 1 Nr. 2, Abs. 2 UVG).[968] Zudem räumt § 5 Abs. 1 UVG der Behörde Ersatz- und Rückforderungsansprüche gegen den beziehenden Elternteil ein, wenn die Voraussetzungen für den Anspruch auf Unterhaltsvorschuss nicht bestanden haben und der Elternteil seine Informationspflicht zumindest fahrlässig verletzt hat oder Kenntnis bzw. fahrlässige Unkenntnis bezüglich des Nichtvorliegens der Anspruchsvoraussetzungen vorlag.[969]

---

960 VG Münster, Urt. v. 17.04.2012 – 6 K 103/11.
961 VGH München, Beschl. v. 07.02.2006 – 12 ZB 04.2403.
962 VG Göttingen, JAmt 2014, 109.
963 VG Hannover, Urt. v. 22.07.2011 – 3 A 1905/08.
964 BVerwG, FamRZ 2013, 453, 455.
965 VG Würzburg, Urt. v. 07.07.2011 – W 3 K 11.170; VG Bayreuth, Urt. v. 20.07.2009 – B 3 K 08.708.
966 VG Münster, Urt. v. 17.04.2012 – 6 K 103/11.
967 *Elden*, NJW-Spezial 2014, 644 f.
968 A.a.O.
969 So in dem vom BVerwG entschiedenen Verfahren, vgl. BVerwG, FamRZ 2013, 453.

VII. Elterngeld (§ 1 Abs. 1 Nr. 2, 3 BEEG)

Voraussetzung für einen Anspruch auf Elterngeld nach dem BEEG[970] ist unter anderem, dass der antragsstellende Elternteil mit seinem Kind in einem Haushalt lebt und dieses selbst betreut und erzieht (§ 1 Abs. 1 Nr. 2, 3 BEEG). Besteht kein gemeinsamer Haushalt mit beiden Elternteilen, so ist maßgeblich, bei welchem Elternteil das Kind seinen Lebensmittelpunkt hat.[971] Aufgrund der Aufnahme in den eigenen Haushalt wird ohne gegenteilige Anhaltspunkte regelmäßig davon ausgegangen, dass der berechtigte Elternteil das Kind auch betreut und erzieht.[972] Beim Wechselmodell hat das Kind jedoch zwei Lebensmittelpunkte. Sofern beide Elternteile nur einer Teilzeitbeschäftigung nachgehen, sind auch beide bezugsberechtigt (vgl. § 1 Abs. 1 Nr. 4 BEEG). In diesem Fall sollten sich die Eltern daher darüber einigen, welcher Elternteil für welchen Zeitraum Elterngeld beantragt (vgl. § 5 Abs. 1 BEEG). Treffen die Eltern keine Einigung hierüber und beantragen beide Elterngeld, so wird dieses – je nach beantragter Bezugsdauer – anteilig an beide Elternteile ausgezahlt (vgl. § 5 Abs. 2 BEEG). Nehmen sie jeweils die volle Bezugsdauer für sich allein in Anspruch, würde mithin beiden Elternteilen für die Dauer von zwölf Monaten die Hälfte des Monatsbetrags ausgezahlt.

B. Auswirkungen im Steuerrecht

I. Berechtigung zum Kindergeldbezug (§ 64 EStG)

Von der Frage der Verteilung des Kindergeldes unter den Eltern im wirtschaftlichen Sinne ist die Berechtigung zum Kindergeldbezug zu unterscheiden, welche sich nach §§ 62, 64 EStG bzw. §§ 1, 3 Bundeskindergeldgesetz (BKGG)[973] beurteilt.

1. Grundlegendes zur Bezugsberechtigung

Gemäß §§ 62 Abs. 1 Nr. 1, 63 Abs. 1 iVm. § 32 Abs. 1 Nr. 1 EStG (bzw. §§ 1 Abs. 1 Nr. 1, 2 Abs. 1 Nr. 1 BKGG) sind beide Elternteile dazu berechtigt, Kindergeld zu beziehen. Gleichzeitig regelt § 64 Abs. 1 EStG und der nahezu gleichlautende § 3 Abs. 1 BKGG, dass das Kindergeld auch bei mehreren Anspruchsberechtigten nur an eine Person ausgezahlt werden kann. Die näheren Voraussetzungen für die Auswahl der bezugsberechtigten Person sind in § 64 Abs. 2, 3 EStG bzw. § 3 Abs. 2, 3 BKGG normiert.

Bei mehreren Anspruchsberechtigten ist vorrangig die Person bezugsberechtigt, welche das Kind in seinen Haushalt aufgenommen hat (§ 64 Abs. 2 S. 1 EStG, § 3

970 Zum BEEG vgl. bereits in Kapitel 2 , A. II. 2. B).
971 Rancke/*Lenz*, § 1 BEEG Rn. 6.
972 Rancke/*Lenz*, § 1 BEEG Rn. 7.
973 Der Kindergeldbezug richtet sich nach dem BKGG, wenn der Anspruchssteller nicht unbeschränkt steuerpflichtig ist und ein Fall des § 1 Abs. 1 BKKG vorliegt.

Abs. 2 S. 1 BKGG). Mit einer Haushaltsaufnahme im Sinne der genannten Normen ist die Aufnahme des Kindes in die gemeinsame Familienwohnung, welche zudem mit der Betreuung, Fürsorge und Versorgung des Kindes einhergehen muss, gemeint.[974] Die Familienkasse legt auf dieser Grundlage den Bezugsberechtigten fest. Hintergrund dieser Regelung ist, dass das Kindergeld an denjenigen ausgezahlt werden soll, der mit der immateriellen als auch materiellen Versorgung des Kindes belastet ist, da dieser am ehesten Gewähr dafür bietet, dass das Kindergeld zu Gunsten des Kindes verwendet wird (sog. Obhutsprinzip).[975] Gleichzeitig ist zu beachten, dass in der Auswahl des Bezugsberechtigten keine wirtschaftliche Zuweisung des Kindergeldes an diesen liegt.[976]

Haben mehrere Anspruchsberechtigte das Kind hingegen in den gemeinsamen Haushalt aufgenommen, so können diese frei bestimmen, wer von ihnen das Kindergeld bezieht (§ 64 Abs. 2 S. 2 EStG, § 3 Abs. 2 S. 2 BKGG). Hier wird u.a. auch der Regelfall, dass die Eltern gemeinsam mit dem Kind in einem Haushalt leben, aufgezählt. Können sich die Anspruchsberechtigten nicht einigen, bestimmt das Familiengericht auf Antrag den Auszahlungsberechtigten nach pflichtgemäßem Ermessen. Im Rahmen seiner Ermessensentscheidung hat das Familiengericht eine Gesamtabwägung nach den Umständen des Einzelfalls unter besonderer Berücksichtigung des Kindeswohls vorzunehmen.[977] Danach ist derjenige als auszahlungsberechtigt zu bestimmen, der die bessere Gewähr dafür bietet, dass das Kindergeld zum Wohle des Kindes verwendet wird.[978] Ein weiteres Abwägungskriterium kann der jeweilige Umfang der finanziellen Belastung der Anspruchsberechtigten für den Kindesunterhalt unter Berücksichtigung ihrer Leistungsvermögen sein.[979] Zudem kann der Kontinuitätsgrundsatz und somit die Frage, ob die bisher bestehende Kindergeldberechtigung geändert werden sollte, ausschlaggebend sein.[980] Auf diese Weise kann im Einzelfall eine Belastung des bisher Bezugsberechtigten durch etwaige Rückzahlungen vermieden werden.[981]

§ 64 Abs. 3 EStG und § 3 Abs. 3 BKGG regeln die Bezugsberechtigung für den Fall, dass das Kind seinen Lebensmittelpunkt bei einer nicht anspruchsberechtigten Person hat (Fremdunterbringung).[982] Auszahlungsberechtigt ist dann der Anspruchsberechtigte, der dem Kind (die höhere) Unterhaltsrente zahlt (§ 64 Abs. 3 S. 1, 2 EStG, § 3 Abs. 3 S. 1, 2 BKGG).

---

974 Blümich/*Selder*, § 64 EStG Rn. 18 f.

975 *Finke*, FPR 2012, 155, 156; Blümich/*Selder*, § 64 EStG Rn. 3.

976 OLG Dresden, FamRZ 2014, 1055.

977 Blümich/*Selder*, § 64 EStG Rn. 40.

978 OLG Dresden, FamRZ 2014, 1055; OLG Stuttgart, FamRZ 2010, 1476; OLG München, FamRZ 2006, 1567 f.

979 OLG Stuttgart, FamRZ 2010, 1476.

980 OLG Dresden, FamRZ 2014, 1055.

981 OLG Celle, FamRZ 2012, 1963; OLG München, FamRZ 2006, 1567 f.

982 BFH, FamRZ 2005, 1173, 1174; OLG Frankfurt, FamRZ 2012, 1886.

2. *Bestimmung des Bezugsberechtigten beim Wechselmodell*

a) *Analoge Anwendung von § 64 Abs. 2 S. 2, 3 EStG*[983]

An wen das Kindergeld im Falle der gemeinsamen hälftigen Betreuung in den Haushalten beider getrenntlebender Elternteile auszuzahlen ist, regelt das Gesetz nicht. Allgemein anerkannt ist, dass in diesem Fall § 64 Abs. 2 S. 2, 3 EStG analog anzuwenden ist.[984] Der Zweck dieser Regelung, die Entscheidung über die Bezugsberechtigung bei gemeinsamer Betreuung den Anspruchsberechtigten zu überlassen, greife schließlich auch dann, wenn die Betreuung in zwei Haushalten stattfinde.[985]

Daraus folgt, dass die Eltern bei einer Betreuung im Wechselmodell frei bestimmen können, an wen das Kindergeld ausgezahlt werden soll. Tun sie dies nicht, bestimmt auch hier das Familiengericht auf Antrag eines Elternteils den Bezugsberechtigten (§ 64 Abs. 2 S. 3 EStG analog). Die bei direkter Anwendung des § 64 Abs. 3 EStG geltenden o.g. Auswahlkriterien sollen nach überwiegender Auffassung auch für die Bestimmung des Bezugsberechtigten im Wechselmodell gelten.[986]

b) *Voraussetzung der mehrfachen Haushaltsaufnahme*

Für eine analoge Anwendung des § 64 Abs. 2 S. 2, 3 EStG ist nur Raum, wenn ein Elternteil nicht bereits nach § 64 Abs. 2 S. 1 BGB bezugsberechtigt ist, weil sich die Eltern die Betreuung zwar aufteilen, das Kind seinen Lebensmittelpunkt aber dennoch bei einem Elternteil hat. In diesem Fall wird die Familienkasse den Bezugsberechtigten nach § 64 Abs. 2 S. 1 BGB bestimmen.

Entscheidend ist somit die Frage, wann eine so genannte „mehrfache Haushaltsaufnahme" mit der Folge der analogen Anwendung von § 64 Abs. 2 S. 2, 3 EStG vorliegt. Nach der Rechtsprechung des BFH ist dies der Fall, wenn sich das Kind in den Haushalten beider Elternteile in annähernd gleichem zeitlichem Umfang aufhält.[987] Dies sei jedenfalls bei Aufenthalten mit bloßem Besuchs- und Feriencharakter nicht gegeben, wobei eine den Besuchscharakter überschreitende Dauer bereits bei einem Gesamtaufenthalt von drei Monaten im Jahr gegeben sei.[988] In diesem Fall sei das Kind demjenigen Elternteil zuzuordnen, in dessen Haushalt es sich überwiegend

983 Da § 64 EStG inhaltlich mit § 3 BKGG übereinstimmt, wird im Folgenden auf die zusätzliche Angabe der Normen aus dem BKGG verzichtet.

984 Vgl. BFH, Urt. v. 18.04.2013 – V R 41/11; BFH, Urt. v. 19.07.2007 – III S 31/06; BFH, FamRZ 2005, 1173, 1174; OLG Celle, FamRZ 2012, 1963; OLG München, FamRZ 2006, 1567; Beck-OGK/*Maurer*, § 1612b Rn. 36; *Sünderhauf*, Wechselmodell, S. 569; *Heiß/Castellanos*, Gemeinsame Sorge, Rn. 535; *Finke*, FPR 2012, 155, 157; Blümich/*Selder*, § 64 EStG Rn. 53; *Jokisch*, FuR 2014, 25, 30; *Giers*, FamRB 2012, 383, 385.

985 BFH, FamRZ 2005, 1173, 1174.

986 OLG Celle, FamRZ 2012 1963, 1966; OLG Dresden, FamRB 2014, 168; *Finke*, FPR 2012, 155, 157; a.A. *Sünderhauf*, Wechselmodell, S. 571 f.

987 BFH, Urt. v. 18.04.2013 – V R 41/11; BFH, FamRZ 2005, 1173, 1174.

988 A.a.O.

aufhält und seinen Lebensmittelpunkt hat.[989] Gleichzeitig bestünde hinsichtlich der zeitlichen Aufenthaltsdauer keine einheitliche Untergrenze, ab welcher eine mehrfache Haushaltsaufnahme generell zu verneinen sei.[990] Denn bei der Beurteilung, ob das Kind einen oder zwei Lebensmittelpunkte habe, komme es nicht allein auf die Anzahl der Aufenthaltstage an.[991] Vielmehr sei eine Gesamtbetrachtung unter Berücksichtigung der besonderen Umstände des Einzelfalls vorzunehmen. In dem zugrundeliegenden Verfahren hatte der BFH das Urteil der Vorinstanz bestätigt, welche bei einer zeitlichen Betreuungsaufteilung von 40 % zu 60 % von einer mehrfachen Haushaltsaufnahme ausgegangen ist.[992] Insofern ist der BFH bei der Feststellung einer annähernd hälftigen Betreuungsaufteilung weniger streng als der BGH, wenn es um die Frage der Annahme eines Wechselmodells im Unterhaltsrecht und der Anwendbarkeit des § 1606 Abs. 3 S. 2 BGB und § 1629 Abs. 2 S. 2 BGB geht.

3. Bezugsberechtigung bei Streit über die Betreuungsanteile

Anders beurteilt sich die Rechtslage, wenn zwischen den Eltern Streit über die tatsächliche Betreuungsaufteilung herrscht. Behaupten beide Elternteile, das Kind überwiegend im eigenen Haushalt aufgenommen zu haben und daher zum Kindergeldbezug berechtigt zu sein, hat die Familienkasse nach Aufklärung der Sachlage den Bezugsberechtigten zu bestimmen (§ 64 Abs. 2 S. 1 EStG).[993] Diese Entscheidung unterliegt der Überprüfung durch das Finanzgericht (bei Anwendung des EStG) bzw. das Sozialgericht (bei Anwendung des BKGG).[994] Denn hierbei handelt es sich um einen Streit über das Vorliegen der Voraussetzungen von § 64 Abs. 2 S. 1 EStG. Ein entsprechender Antrag beim Familiengericht nach § 64 Abs. 2 S. 2 BGB analog ist nach überwiegender Ansicht mangels sachlicher Zuständigkeit in diesem Fall unzulässig.[995] Danach ist das Familiengericht nur dann zuständig, wenn der tatsächliche Aufenthalt des Kindes feststeht.[996] *Kasenbacher* führt zutreffend aus, dass nach der ausdrücklichen Zuständigkeitsregelung des § 64 Abs. 2, 3 EStG eine familiengerichtliche Entscheidung bei Streitfragen über den Lebensmittelpunkt des Kindes ausscheidet und für die Klärung der tatsächlichen Haushaltsaufnahme die Familienkasse und ggf. nachfolgend das Finanzgericht zuständig ist.[997]

---

989 BFH, FamRZ 2005, 681.
990 BFH, Urt. v. 18.04.2013 – V R 41/11.
991 A.a.O.
992 A.a.O.
993 OLG Jena, FamRZ 2011, 1534; OLG Nürnberg, NJW-Spezial 2011, 188; OLG München, NJW-RR 2011, 1082; *Kasenbacher*, NJW-Spezial 2011, 516; *Sünderhauf*, Wechselmodell, S. 569; *Finke*, FPR 2012, 155, 157.
994 A.a.O.
995 A.a.O.
996 *Kasenbacher*, NJW-Spezial 2011, 516 f.
997 A.a.O.

Nach mitunter vertretener Auffassung hat das Familiengericht auch dann eine Sachentscheidung zu treffen, wenn die Eltern jeweils einen überwiegenden Betreuungsanteil geltend machen.[998] Gemäß einer Entscheidung des OLG Celle hat das Familiengericht den Bezugsberechtigten in diesem Fall auf Grundlage des substanziierten Vortrags des Antragsstellers zu bestimmen.[999] In diesem Verfahren bestand die Besonderheit darin, dass die Eltern zwar unterschiedliche Auffassungen zu den tatsächlichen Betreuunganteilen vertraten, diese sich jedoch nur geringfügig unterschieden, weshalb im Ergebnis nach beiden Ansichten von einer mehrfachen Haushaltsaufnahme auszugehen war. Den Einwand, dass eine annähernd gleiche Betreuungsaufteilung nicht vorliege, könne der Antragsgegner vor der Familienkasse bzw. dem Finanzgericht geltend machen.[1000] Diese seien nur dann an die vorangehende Entscheidung des Familiengerichts gebunden, wenn sich herausstelle, dass die Voraussetzung für eine familiengerichtliche Entscheidung (mehrfache Haushaltsaufnahme) besteht.[1001]

II. Entlastungsbetrag für Alleinerziehende (§ 24b EStG)

Ist ein Steuerpflichtiger alleinstehend, kann er für ein seinem Haushalt angehörendes Kind einen Entlastungsbetrag vom Einkommen abziehen (§ 24b EStG). Alleinstehend in diesem Sinne ist nur, wer ausschließlich mit einem oder mehreren Kindern zusammenlebt (vgl. § 24b Abs. 2 EStG). Sinn und Zweck der Regelung besteht darin, für so genannte echte Alleinerziehende, welche mangels tatsächlicher und finanzieller Unterstützung durch ein weiteres volljähriges Haushaltsmitglied besonders hohen Belastungen ausgesetzt sind, einen wirtschaftlichen Ausgleich zu schaffen.[1002]

Maßgeblich für die Zugehörigkeit zu einem Haushalt ist, ob das Kind an diesem Wohnsitz gemeldet ist (§ 24b Abs. 1 S. 2 EStG).[1003] Melden die Eltern für das Kind zwei Wohnsitze an (Haupt- und Nebenwohnsitz), so ist gemäß § 21b Abs. 1 S. 3 EStG entscheidend, welcher Elternteil die Voraussetzungen der Bezugsberechtigung für das Kindergeld nach § 64 Abs. 2 S. 1 BGB erfüllt. Somit ist auch hier maßgeblich, welcher Elternteil das Kind in Obhut hat, indem es dieses schwerpunktmäßig betreut und versorgt.[1004] Wie beim Kindergeld kann auch nur ein Elternteil für denselben Monat zum Abzug des Entlastungsbetrags berechtigt sein, eine Aufteilung

998 OLG Celle, FamRZ 2012, 1963, 1965.
999 A.a.O.
1000 A.a.O.
1001 A.a.O.
1002 BT-Drs. 15/3339, S. 11.
1003 Zur Eintragung des Kindes im Melderegister beim Wechselmodell vgl. weiter unten in diesem Kapitel unter D.
1004 Ausführlich zur Bezugsberechtigung nach § 64 Abs. 2 S. 1 EStG in diesem Kapitel unter B. I.

sieht § 24b EStG nicht vor (vgl. § 24b Abs. 1 S. 3 EStG).[1005] Gleichzeitig erfüllen beim Wechselmodell beide Elternteile die Voraussetzungen des § 64 Abs. 2 S. 1 EStG. Da eine gesetzliche Regelung für diesen Fall fehlt, ist für die Frage der Zuordnung des Entlastungsbetrages nach der Rechtsprechung des BFH § 64 Abs. 2 S. 2 EStG analog anzuwenden.[1006] Demnach können die Eltern selbst bestimmen, wer von ihnen den Entlastungsbetrag abziehen kann und zwar unabhängig von der Bestimmung des Bezugsberechtigten für das Kindergeld.[1007] Können sich die Eltern hingegen nicht einigen, so steht der Entlastungsbetrag demjenigen zu, an den auch das Kindergeld ausgezahlt wird.[1008]

C. Familienzuschlag (§§ 39, 40 Abs. 1 Nr. 4 BBesG)

Bestimmte Beschäftigte im öffentlichen Dienst (Beamte, Richter und Soldaten) erhalten einen Familienzuschlag, wenn Sie verheiratet sind und/oder ein Kind haben, welches sie nicht nur vorübergehend im Haushalt aufgenommen haben (§§ 39, 40 Abs. 1 Nr. 4 BBesG[1009]). Maßgeblich ist hier, dass die Wohnung für das Kind den Mittelpunkt der Lebensbeziehungen im Sinne des § 7 BGB darstellt, sodass eine häusliche Gemeinschaft entsteht.[1010] Erfüllen beide Elternteile die Voraussetzungen für den Bezug des Familienzuschlags und haben sie das Kind in die gemeinsame Wohnung aufgenommen, so wird der Zuschlag jedem hälftig gewährt (§ 40 Abs. 1 Nr. 4 S. 4 BBesG, für Ehegatten geregelt in § 40 Abs. 4 S. 1 BBesG).

Von dem Grundsatz, dass der Familienzuschlag nur einmal gewährt wird, macht das BVerwG für den Fall, dass das Kind von geschiedenen Beamten (bzw. Richtern, Soldaten) im Wechselmodell betreut wird, eine Ausnahme.[1011] In dieser Konstellation greife die Halbierungsregelung des § 40 Abs. 1 Nr. 4 S. 4 BBesG mangels der Aufnahme des Kindes in einen gemeinsamen Haushalt nicht. Für eine analoge Anwendung mit der Folge, dass auch bei einer Betreuung im Wechselmodell der Familienzuschlag auf die Eltern hälftig aufgeteilt wird, lasse der eindeutige Wortlaut keinen Raum. Zudem wäre dies nicht mit Sinn und Zweck der Regelung vereinbar. Danach soll der Familienzuschlag den Mehrbedarf ausgleichen, welcher durch die Haushaltsaufnahme des Kindes, wie etwa erhöhte Wohn- und Heizkosten, entsteht.

1005 BFH, FamRZ 2010, 1438. Vgl. hierzu auch *Schürmann*/Schriftenreihe des ISUV, Band 7, S. 62.

1006 A.a.O.

1007 A.a.O.

1008 A.a.O.

1009 Das Bundesbesoldungsgesetz gilt für Beamte des Bundes. Entsprechende Regelungen finden sich auch in den Besoldungsgesetzen der einzelnen Länder, vgl. nur §§ 40, 41 LBesGBW (Baden-Württemberg), §§ 42, 43 HBesG (Hessen), Art. 35, 36 BayBesG (Bayern), § 38 LBesG Sachsen-Anhalt.

1010 BVerwG, Beschl. v. 27.03.2014 – 2 C 2/13; Beschl. v. 12.12.1990 – 2 B 116/90.

1011 Zum Folgenden: BVerwG, Beschl. v. 27.03.2014 – 2 C 2/13. Vgl. hierzu auch DIJuF – Themengutachten (TG-1086), S. 18.

Bei einer Aufnahme des Kindes in einen gemeinsamen Haushalt, fiele dieser Mehrbedarf nur einmalig an, weshalb auch der Familienzuschlag nur einmalig für beide Elternteile ausgezahlt werde. Wohnt das Kind jedoch im regelmäßigen Wechsel und zu gleichen Anteilen bei beiden Elternteilen, entstünde auch ein doppelter Mehrbedarf. Im Ergebnis haben im Wechselmodell daher beide Elternteile einen Anspruch auf Auszahlung des Familienzuschlags in voller Höhe.

D. Melderecht (§§ 21, 22 BMG)

Bei einer Betreuung im Wechselmodell stellt sich ferner die Frage, welcher Wohnsitz für das Kind im Melderegister einzutragen ist. Bei mehreren Wohnsitzen ist schließlich eine als Hauptwohnung zu bestimmen, welche vorwiegend benutzt wird (§ 21 Abs. 1, 2 BMG). Die Hauptwohnung eines Minderjährigen mit getrennt lebenden Eltern ist die Wohnung des Sorgeberechtigten, die vorwiegend benutzt wird, wobei in Zweifelfällen der Schwerpunkt der Lebensbeziehungen des Einwohners maßgeblich ist (§ 22 Abs. 2, 3 BMG). Eine Anmeldung an zwei gleichberechtigten Wohnsitzen als Hauptwohnungen sieht das BMG nicht vor und ist daher nicht möglich. Dem liegt das Bedürfnis zugrunde, jeder Person eine eindeutige Wohnanschrift für die Zuständigkeiten von Behörden sowie die mit dem Wohnort zusammenhängenden Rechte und Pflichten zuzuordnen.[1012]

Dies gilt nach der Rechtsprechung des BVerwG auch für den Fall, dass die Eltern das Kind zu gleichen Teilen im Wechselmodell betreuen und sich ein Schwerpunkt der Lebensbeziehungen des Kindes bei einem Elternteil nicht ausmachen lässt.[1013] Beim Wechselmodell müssen sich die Eltern darüber einigen, welcher Wohnsitz als Hauptwohnung und welcher als Nebenwohnung für das Kind beim Meldeamt registriert werden soll.[1014] Sofern eine Einigung hierüber fehlt, bleibt die bisherige Hauptwohnung des Kindes dessen Hauptwohnung und die Wohnung des anderen Elternteils ist als Nebenwohnung einzutragen.[1015]

E. Fazit zu Kapitel 8

Mit Ausnahme von § 5 VI S. 1 WoGG gehen die dargestellten Regelungen im Steuerrecht und Sozialrecht davon aus, dass ein Kind nach der Trennung der Eltern einen Lebensmittelpunkt bei einem der Elternteile hat.[1016] Zudem werden Sozialleistungen und steuerrechtliche Begünstigungen häufig für Alleinerziehende gewährt, so in

1012 BVerwG, FamRZ 2016, 44.

1013 A.a.O.

1014 A.a.O.; So auch VG Berlin, Urt. v. 21.04.2016 – 23 K 270.14.

1015 A.a.O.

1016 Zum gesamten Themenkomplex Wechselmodell im Steuer- und Sozialrecht vgl. auch *Wersig*, in: Scheiwe/Wersig, S. 273 ff.

§ 21 Abs. 3 SGB II (Mehrbedarf für Alleinerziehende), § 1 Abs. 1 Nr. 2 UVG (Unterhaltsvorschuss) und § 24 b EStG (Entlastungsbetrag für Alleinerziehende).

Zum Teil lassen sich die entsprechenden Vorschriften und Rechtsinstitute auf beide Betreuungsmodelle anwenden. Dies gilt für die Einordnung als temporäre Bedarfsgemeinschaft, da hier eine tageweise Abrechnung der Regelleistungen für das Kind erfolgt, sowie für den Elterngeldbezug, da § 5 BEEG eine Regelung für den Fall der beiderseitigen Bezugsberechtigung trifft. Zum Teil wurden Regelungen auch im Wege der Rechtsfortbildung durch höchstrichterliche Rechtsprechung an das Wechselmodell angepasst, so bei der hälftigen Aufteilung des Mehrbedarfs für Alleinerziehende, der Anerkennung eines doppelten Familienzuschlags sowie der Analogie zu § 64 Abs. 2 S. 2 EStG für den Kindergeldbezug als auch den Entlastungsbetrag für Alleinerziehende. Die Voraussetzungen für die Annahme eines Wechselmodells unterscheiden sich in den genannten Entscheidungen je nach Sinn und Zweck der Norm. Der Begriff ist hinsichtlich der Zeitaufteilung tendenziell weiter gefasst als die Wechselmodell-Definition des BGH.[1017]

Höchstrichterlich geklärt ist ebenfalls, dass ein Unterhaltsvorschuss im Falle einer Betreuung im Wechselmodell ausscheidet. Ferner, dass für das Kind stets nur eine Wohnung als Hauptwohnung angemeldet werden kann. Dem Prinzip des Melderechts, jeder Person nur eine Hauptwohnung zuzuordnen, sollte für das Wechselmodell nicht durchbrochen werden. Anderenfalls würde der Sinn und Zweck des BMG, für Behördenzuständigkeiten usw. einen eindeutigen Anknüpfungspunkt zu schaffen, in diesen Fällen vereitelt.

Insgesamt ist festzuhalten, dass trotz der gesetzlichen Orientierung am Residenzmodell auch die Fälle, in denen ein Wechselmodell praktiziert wird, mit den geltenden Regelungen in den Griff zu bekommen. Die Rechtsprechung kommt hierbei unter Berücksichtigung des Gesetzeszwecks zu angemessenen und gerechten Ergebnissen. Einer weiteren gesetzlichen Anpassung des Steuerrechts, Sozialrechts oder Melderechts an das Wechselmodell bedarf es vor diesem Hintergrund nicht.[1018]

Überblick Auswirkungen einer Betreuung im Wechselmodell im Sozial- und Steuerrecht

Steuerrechtliche Regelung	**Residenzmodell**	**Wechselmodell**
Bezugsberechtigung Kindergeld (§ 64 EStG)	Bezugsberechtigung des Residenzelternteils.	Eltern können den Bezugsberechtigten frei bestimmen.

1017 So auch *Wersig*, in: Scheiwe/Wersig, S. 285.

1018 A.A. *Wersig*, die im Hinblick auf die Steuerungsfunktion des Sozial- und Steuerrechts eine gesetzliche Berücksichtigung des Wechselmodells fordert, vgl. Scheiwe/Wersig, S. 286.

Steuerrechtliche Regelung	Residenzmodell	Wechselmodell
Entlastungsbetrag für Alleinerziehende (§ 24b EStG)	Residenzelternteil zum Abzug des Entlastungsbetrages berechtigt.	Eltern können den Berechtigten frei bestimmen.

Familienzuschlag (§§ 39, 40 Abs. 1 Nr. 4 BBesG)	Residenzelternteil erhält Familienzuschlag in voller Höhe.	Beide Elternteile erhalten Familienzuschlag in voller Höhe.

Sozialrechtliche Leistung	Residenzmodell	Wechselmodell
Regelleistungen für Kinder in Bedarfsgemeinschaft (§ 19 Abs. 1 S. 2 SGB II)	Eltern erhalten für jeden Betreuungstag jeweils 1/30 der Regelleistung (temporäre Bedarfsgemeinschaft).	Eltern erhalten für jeden Betreuungstag jeweils 1/30 der Regelleistung (temporäre Bedarfsgemeinschaft).
Mehrbedarf für Alleinerziehende (§ 21 Abs. 3 SGB II)	Residenzelternteil kann Mehrbedarf in voller Höhe geltend machen.	Beide Elternteile können je hälftigen Mehrbedarf geltend machen.
Mehrbedarf nach § 21 Abs. 6 SGB II	Umgangskosten = Mehrbedarf nach § 21 Abs. 6 SGB II.	Wechselmehrkosten = Mehrbedarf nach § 21 Abs. 6 SGB II.
Pflegegeld (§ 37 Abs. 1 SGB XI)	Pflegegeld wird an Residenzelternteil weitergeleitet.	Absprache notwendig, Pflegegeld sollte an beide Eltern hälftig ausgezahlt werden.
Wohngeld (§ 5 Abs. 6 S. 1 WoGG)	Unterhalb eines Betreuungsverhältnisses von 1/3 zu 2/3 ist das Kind nur Haushaltsmitglied des Residenzelternteils.	Kind ist Haushaltsmitglied beider Elternteile.
Unterhaltsvorschuss (§ 1 Abs. 1 UVG)	Bis zu einer wesentlichen Mitbetreuung von ca. 40 % besteht ein Anspruch auf Unterhaltsvorschuss.	Kein Anspruch auf Unterhaltsvorschuss.
Elterngeld (§ 1 Abs. 1 Nr. 2, 3 BEEG)	Residenzelternteil erhält Elterngeld.	Absprache notwendig, im Zweifel hälftige Auszahlung des Elterngeldes an beide Elternteile.

Melderecht (§§ 21, 22 BMG)	Hauptwohnsitz des Kindes beim Residenzelternteil.	Eltern müssen Hauptwohnsitz bestimmen, bei fehlender Einigung bleibt es beim bestehenden Hauptwohnsitz.

Schlussbetrachtung

1. Die Untersuchung der gesellschaftlichen und rechtlichen Entwicklungen der letzten Jahre zeigt eine Tendenz zur Angleichung der Verantwortungsbereiche von Müttern und Vätern dahingehend auf, dass beide Elternteile erwerbstätig sein und intensiv an der Kindesbetreuung teilhaben möchten. Aus diesem Grund dürfte das Wechselmodell in der Zukunft bei vielen Eltern auf ein zunehmendes Interesse stoßen.
2. Nach derzeitigem Forschungsstand kann nicht angenommen werden, dass das Wechselmodell als Regelmodell für die Nachtrennungsfamilie geeignet ist. Neben der Wohnortnähe sollte eine ausgeprägte Kooperations- und Kommunikationsfähigkeit der Eltern gegeben sein. Gewarnt wird vor der Praktizierung des Wechselmodells in Hochkonfliktfamilien. Ferner ist von einem Wechselmodell abzusehen, wenn das Kind unter vier Jahren ist. Da bei einer Betreuung im Wechselmodell höhere Kosten entstehen, verringert sich die Zahl der geeigneten Familien zudem aus ökonomischen Gründen weiter.
3. *De lege lata* kann das Wechselmodell sowohl mit als auch ohne Elternkonsens mangels bestehender Rechtsgrundlage nicht durch eine gerichtliche Entscheidung festgelegt werden. Reformbedarf besteht für die Fälle, in denen sich die Eltern einvernehmlich auf eine Betreuung im Wechselmodell geeinigt haben. Zu befürworten ist eine Ausweitung des Anwendungsbereichs des § 156 Abs. 2 S. 1 FamFG auf die Festlegung des Kindesaufenthalts in beiden Elternhaushalten zu gleichen Teilen. Im Rahmen der in § 156 Abs. 2 S. 2 FamFG vorgeschriebenen negativen Kindeswohlprüfung sollte das Gericht berücksichtigen, dass für ein funktionierendes Wechselmodell insbesondere eine erhöhte Kooperations- und Kommunikationsbereitschaft der Eltern, die räumliche Nähe und kindgerechte Ausstattung der Elternwohnungen sowie ein Mindestalter des Kindes von vier Jahren erforderlich sind.
4. Eine Rechtsgrundlage zur gerichtlichen Anordnung des Wechselmodells gegen den Willen eines Elternteils sollte nicht geschaffen werden. Eine funktionierende Betreuung im Wechselmodell erfordert ein erhöhtes Maß an Kommunikations- und Kooperationsbereitschaft der Eltern, da im Alltag ständig Absprachen getroffen werden müssen. Sind die Eltern bereits außerstande sich auf ein Betreuungsmodell zu einigen, ist das Vorliegen dieser Voraussetzungen in der Regel zweifelhaft.
5. Das in § 1687 Abs. 1 BGB geregelte abgestufte System an Entscheidungsbefugnissen der Eltern über Kindesangelegenheiten orientiert sich am Residenzmodell. Auf das Wechselmodell ist § 1687 Abs. 1 S. 2 BGB (Alltagssorge) analog anzuwenden. Danach steht den Eltern eine gemeinsame Entscheidungs- und Vertretungsbefugnis in Alltagsangelegenheiten des Kindes zu, wobei es bei Ihnen liegt, ob sie sich in bestimmten Angelegenheiten vorab besprechen oder gegenseitig bevollmächtigen.

6. Die BGH-Methode zur Berücksichtigung von Kosten des erweiterten Umgangs durch eine Umgruppierung innerhalb der Düsseldorfer Tabelle ist zu befürworten, da diese im Vergleich zu den übrigen Berechnungsmethoden auf eine für die Praxis notwendige Pauschalierung zurückgreift. Entspricht das Einkommen des Unterhaltspflichtigen bereits der niedrigsten Einkommensgruppe, ist eine pauschale Kürzung des Barunterhalts vorzunehmen. Als Richtwert für die Höhe der Kürzung bietet sich die jeweils zwischen den Einkommensgruppen 1 und 2 liegende Differenz an.
7. Hinsichtlich der Berechnung des Kindesunterhalts im Wechselmodell ist im Ergebnis die auf Grundlage der BGH-Rechtsprechung von *Bausch/Gutdeutsch/Seiler* entwickelte Methode zu befürworten. Demnach ist eine anteilige, an den Einkommensverhältnissen ausgerichtete Barunterhaltspflicht auf Grundlage der zusammengerechneten Einkommen und unter Hinzurechnung des Wechselmehrbedarfs zu ermitteln. Als Wechselmehrbedarf kommen Fahrtkosten, Kosten für die Betreuung durch Dritte und für doppelte Anschaffungen (Kleidung, Spielzeug, Einrichtung) sowie erhöhte Wohnkosten in Betracht. Das Kindergeld ist in hälftiger Höhe vom Kindesbedarf abzuziehen.
8. Reformbedarf besteht im Kindesunterhaltsrecht im Rahmen des § 1606 Abs. 3 BGB und des § 1612b Abs. 1 Nr. 1 BGB. § 1606 Abs. 3 BGB ist um eine Legaldefinition des Wechselmodells zu erweitern. Zudem bedarf es einer Klarstellung darüber, dass die in § 1606 Abs. 3 S. 2 BGB geregelte Befreiung von der Barunterhaltspflicht des betreuenden Elternteils im Wechselmodell nicht gilt. In § 1612b Abs. 1 Nr. 1 BGB ist aufzunehmen, dass die hälftige Anrechnung des Kindergeldes auch im Wechselmodell Anwendung findet.
9. Die Einordnung einer Betreuung als Wechselmodell im Unterhaltsverfahren hat weitreichende unterhaltsrechtliche Folgen. Bei einer Betreuung im Residenzmodell mit erweitertem Umgang besteht in Abgrenzung dazu eine bis zu fünffach höhere Unterhaltspflicht des Umgangselternteils. Das Wechselmodell ist daher auch außerhalb einer strikten Betreuungsaufteilung von 50:50 anzunehmen. Maßgeblich ist eine feststellbare gleichberechtigte Verantwortungsübernahme der Eltern für die Erziehung und Betreuung des Kindes. Dies kann bereits ab einem Mitbetreuungsanteil von ca. 40 % im Einzelfall möglich sein. Im Ergebnis sollte das Vorliegen eines Wechselmodells bejaht werden, wenn das Kind zu in etwa gleichen zeitlichen Anteilen bei beiden Elternteilen lebt, in beiden Haushalten einen verlässlichen Lebensmittelpunkt hat und beide Elternteile die Verantwortung für die Erziehung und Versorgung des Kindes gleichermaßen tragen.
10. Für eine Umsetzung des Kindesunterhalts ist aus den beiderseitigen Barunterhaltspflichten ein Ausgleichsanspruch zwischen den Eltern zu ermitteln. Dieser ließe sich mithilfe des Rechtsinstituts des familienrechtlichen Ausgleichsanspruchs in einer praxistauglichen Weise gerichtlich durchsetzen. Hierdurch könnte die im Unterhaltsverfahren mangels Einzelvertretungsbefugnis eines Elternteils (§ 1629 Abs. 2 S. 2 BGB) sonst erforderliche Bestellung eines Ergänzungspflegers (§ 1909 Abs. 1 S. 1 BGB) vermieden werden.

11. In vielen Regelungsbereichen außerhalb des BGB wird davon ausgegangen, dass es nach einer Trennung der Eltern eine Hauptbetreuungsperson und somit auch einen Alleinerziehenden gibt (§ 21 Abs. 6 SGB II, § 37 Abs. 1 SGB XI, § 1 Abs. 1 UVG, § 1 Abs. 1 Nr. 2 BEEG, § 64 EStG, § 24b EStG, § 21, 22 BMG, §§ 39, 40 Abs. 1 Nr. 4 BBesG). Ein Reformbedarf besteht hier nicht, da die dargestellten rechtlichen Probleme zum Teil durch höchstrichterliche Rechtsprechung geklärt sind und im Übrigen mithilfe des Gesetzes gelöst werden können.
12. Bei einer Betreuung im Wechselmodell besteht in tatsächlicher und rechtlicher Hinsicht ein großer Bedarf an Elternabsprachen. Diese sollten neben Fragen zur finanziellen Abwicklung (Aufteilung der laufenden Kosten bzw. Errichtung eines Zeit-Punkte-Kontos, Freistellungsvereinbarungen) auch eine Einigung bzw. Bevollmächtigung hinsichtlich der Entscheidungsbefugnisse für Angelegenheiten des täglichen Lebens des Kindes enthalten. Ferner sollte geklärt werden, welcher Elternteil das Kindergeld und ggf. das Elterngeld bezieht, welcher zum Abzug des Entlastungsbetrags für Alleinerziehende (§ 24b EStG) berechtigt sein soll und wessen Wohnung als Hauptwohnsitz des Kindes anzumelden ist.

Literaturverzeichnis

Amato, Paul R., The consequences of divorce for adults and children, Journal of marriage and the family 2000, 1269.

Antomo, Jennifer, Zum Inkrafttreten der Neuregelung der elterlichen Sorge nicht miteinander verheirateter Eltern, FamRZ 2013, 665.

Balloff, Rainer, Familienpsychologische Gutachten, FPR 2006, 50.

Balloff, Rainer, Wechselmodell und Erziehungsfähigkeit, FPR 2006, 284.

Bamberger, Heinz Georg/Roth, Herbert, Beck'scher Online-Kommentar BGB, 39. Auflage, München 2016 (zit.: Bamberger/Roth/*Bearbeiter*).

Bausch, Eva Maria/Gutdeutsch, Werner/Seiler, Christian, Die unterhaltsrechtliche Abrechnung des Wechselmodells, FamRZ 2012, 258.

Beck-online Großkommentar zum Zivilrecht, München 2015 (zit.: Beck-OGK/*Bearbeiter*).

Bergmann, Alexander/Ferid, Murad/Henrich, Dieter, Internationales Ehe- und Kindschaftsrecht, 214. Ergänzungslieferung, Frankfurt am Main 2015 (zit.: Bergmann/Ferid/Henrich/*Bearbeiter*).

Bergmann, Margarethe, Das Wechselmodell im familiengerichtlichen Verfahren, ZKJ 2013, 489.

Blümich, EStG, KStG, GewStG, 132. Ergänzungslieferung, München 2016 (zit.: Blümich/*Bearbeiter*).

Born, Winfried, Anm. zu BGH, Beschl. v. 05.11.2014 – XII ZB 599/13, FamRZ 2015, 236.

Born, Winfried, Das neue Unterhaltsrecht, NJW 2008, 1.

Born, Winfried, Lässt sich die Barunterhaltspflicht bei wechselnder Betreuung durch die Eltern gerecht unter den Eltern verteilen?, FPR 2008, 88.

Born, Winfried, Umfangreicher Aufenthalt beim anderen Elternteil – keine Auswirkungen auf den Barunterhalt?, NJW 2007, 1859.

Bosch, Rainer, Wechselmodell und Unterhalt, FF 2015, 92.

Bruns, Christian, Die Neuregelung der elterlichen Sorge nicht miteinander verheirateter Eltern, FamFR 2013, 217.

Clausius, Monika, Anm. zu OLG Hamm, Beschl. v. 16.02.2012 – 2 UF 211/11, jurisPR-FamR 15/2012, Anm. 5.

Clausius, Monika, Anm. zu OLG Koblenz – Beschl. v. 12.01.2010 – 11 UF 251/09, jurisPR-FamR 18/2010, Anm. 7.

Coester, Michael, Wechselmodell und Sorgerecht für die Mutter, FF 2010, 10.

Dettenborn, Harry/Walter, Eginhard, Familienrechtspsychologie, 2. Auflage, München 2015.

Deutscher Bundestag – Wissenschaftliche Dienste, Das Wechselmodell – Die Kontroverse in Deutschland sowie rechtlicher Rahmen, Praxis und Forschungsstand in Australien, Belgien, Großbritannien und Schweden, Ausarbeitung WD 9 – 3000 – 035/15 vom 24.06.2015.

Deutsches Institut für Jugendhilfe und Familienrecht e.V., Stellungnahme der Ständigen Fachkonferenz 3 vom 23.10.2014, JAmt 2014, 555.

Deutsches Institut für Jugendhilfe und Familienrecht e.V., Stellungnahme der Ständigen Fachkonferenz 3 vom 26.11.2012, FamRZ 2013, 346.

Deutsches Institut für Jugendhilfe und Familienrecht e.V., Themengutachten: Freistellungsvereinbarungen zwischen den Eltern über den Kindesunterhalt, 2011 (zit.: DIJuF – Themengutachten Freistellungsvereinbarungen).

Deutsches Institut für Jugendhilfe und Familienrecht e.V., Themengutachten (TG-1086): Kindesunterhalt – Wechselmodell oder umfangreiche Mitbetreuung – Abgrenzung und allgemeine Rechtsfolgen, 2014 (zit.: DIJuF – Themengutachten (TG-1086)).

Deutsches Institut für Jugendhilfe und Familienrecht e.V., Themengutachten (TG-1087): Wechselmodell oder umfangreiche Mitbetreuung – Auswirkungen auf die Höhe des Unterhaltsanspruchs des Kindes, 2014 (zit.: DIJuF – Themengutachten (TG-1087)).

Deutsches Institut für Jugendhilfe und Familienrecht e.V., Rechtsgutachten vom 19.07.2004 – U 1.710 An, Unterhaltsrecht (Beistandschaftsrecht), JAmt 2004, 366.

Ehinger, Uta, Eine erste Übersicht der Rechtsprechung zu §§ 1578b und 1570 BGB seit Inkrafttreten des UÄndG, FPR 2009, 105.

Ehinger, Uta/Griesche, Gerhard/Rasch, Ingeborg, Handbuch Unterhaltsrecht: Ansprüche, Berechnung, Strategien, Durchsetzung, 7. Auflage, Köln 2014 (zit.: Ehinger/Griesche/Rasch/*Bearbeiter*).

Elden, Erkan, Unterhaltsvorschuss und Wechselmodell, NJW-Spezial 2014, 644.

Erman, Walter, Bürgerliches Gesetzbuch, Band 2, 14. Auflage, München 2014 (zit.: Erman/*Bearbeiter*).

Eschenbruch, Klaus/Schürmann, Heinrich/Menne, Martin, Der Unterhaltsprozess, Praxishandbuch des materiellen Unterhaltsrechts und des Verfahrens in Unterhaltssachen, 6. Auflage, Köln 2013 (zit.: Eschenbruch/*Bearbeiter*).

Eschweiler, Peter, Akzeptanz des Wechselmodells durch die Familiengerichte, FPR 2006, 305.

Faber, Eric, Das Wechselmodell im Kindschaftsrecht, jM 2014, 8.

Fasselt, Ursula/Schellhorn, Helmut, Handbuch Sozialrechtsberatung – HSRB, 4. Auflage, Baden-Baden 2012 (zit.: Fasselt/Schellhorn/*Bearbeiter*) .

Fehlberg, Belinda/Smyth, Bruce, Caring for children after parental separation: would legislation for shared parenting time help children?, Family policy briefing 7, 2011.

Fichtner, Jörg/Salzgeber, Joseph, Gibt es den goldenen Mittelweg? Das Wechselmodell aus Sachverständigensicht, FPR 2006, 278.

Finke, Fritz, Die Bestimmung des Kindergeldberechtigten – Voraussetzungen und Zuständigkeiten, FPR 2012, 155.

Finke, Fritz, Rechtliche Grundlagen und Ausgestaltung der Kindesbetreuung durch Eltern und Dritte, NZFam 2014, 865.

Frauenknecht, Timm, Anordnung eines Wechselmodells per Gerichtsbeschluss?, NJW-Spezial 2014, 68.

Gebur, Danielle, Erziehung im Wechselmodell, Trennungskinder und gelungene Erziehungspartnerschaft, Bachelorarbeit, Marburg 2014.

Gerhardt, Peter/Heintschel-Heinegg, Bernd von/Kelaher, Margaret, Handbuch des Fachanwalts Familienrecht, 10. Auflage, München 2015 (zit.: Gerhardt/von Heintschel-Heinegg/Klein/*Bearbeiter*).

Giers, Michael, Die Rechtsprechung zum Wechselmodell, FamRB 2012, 383.

Gottschalk, Yvonne, Wechselmodell auch gegen den Willen eines Elternteils, Anmerkung zu KG, Beschl. v. 28.02.2012- 18 UF 184/09, FamFR 2012, 286.

Götz, Isabell, Wechselmodell und Vertretung im Unterhaltsverfahren – Kritische Überlegungen zu § 1628 BGB, FF 2015, 146.

Grandel, Mathias/Stockmann, Roland, Stichwort Kommentar Familienrecht, 2. Auflage, Baden-Baden 2014 (zitiert: Grandel/Stockmann/*Bearbeiter,* Familienrecht).

Grossmann, Karin/Grossmann, Klaus E., Bindungen – das Gefüge psychischer Sicherheit, 6. Auflage, Stuttgart 2014.

Gutdeutsch, Werner, Unterhaltsrechtlicher Ausgleich bei Mitbetreuung des Kindes, FamRB 2012, 250.

Gutjahr, Jens, Gerichtliche Entscheidungen über die elterliche Sorge und das Umgangsrecht im Zusammenhang mit dem Wechselmodell, FPR 2006, 301.

Hammer, Stephan, Buchbesprechung zu Hildegund Sünderhauf, Wechselmodell: Psychologie – Recht – Praxis, FamRZ 2014, 1002.

Hammer, Stephan, Die gerichtliche Anordnung des Wechselmodells, FamRZ 2015, 1433.

Hammer, Stephan, Die gerichtliche Billigung von Vergleichen nach § 156 Abs. 2 FamFG, FamRZ 2011, 1268.

Hammer, Stephan, Die Gestaltung von Elternvereinbarungen zum Sorge- und Umgangsrecht, FamRB 2006, 275.

Hammer, Stephan, Die rechtliche Verbindlichkeit von Elternvereinbarungen, FamRZ 2005, 1209.

Hammer, Stephan, Elternvereinbarungen im Sorge- und Umgangsrecht, Bielefeld 2004.

Haugen, Mette, Children's perspectives on everyday experiences of shared residence: time, emotions and agency dilemmas, Children and society 2010, 112.

Heiderhoff, Bettina, Verlängerung des Betreuungsunterhalts über das dritte Lebensjahr hinaus in der aktuellen Rechtsprechung des BGH – lässt die Unterhaltsrechtsreform wirklich so wenig Spielraum?, FamRZ 2012, 1604.

Heilmann, Stefan, Die Gesetzeslage zum Sorge-und Umgangsrecht, Eine Bestandsaufnahme unter Einbeziehung aktueller Rechtsprechungstendenzen, NJW 2012, 16.

Heilmann, Stefan, Die Reform des Sorgerechts nicht miteinander verheirateter Eltern – Das Ende eines Irrwegs?, NJW 2013, 1473.

Heilmann, Stefan, Kindeswohl und Wechselmodell, NJW 2015, 3346.

Heiß, Beate/Born, Hans, Unterhaltsrecht, Ein Handbuch für die Praxis, 49. Ergänzungslieferung, München 2016 (zit.: Heiß/Born/*Bearbeiter*).

Heiß, Hans/Castellanos, Helen A., Gemeinsame Sorge und Kindeswohl nach neuem Recht, Baden-Baden 2013 (zit.: *Heiß/Castellanos,* Gemeinsame Sorge).

Hennemann, Heike, § 1629 II 2 und III BGB – Probleme der gesetzlichen Vertretung und der Prozessstandschaft beim Wechselmodell, FPR 2006, 295.

Holzwarth, Andreas, Anm. zu OLG Hamm, Beschl. v. 04.12.2013 – 8 UF 238/13, NZFam 2012, 567.

Hoppenz, Rainer/Hülsmann, Bernhard, Der reformierte Unterhalt, Kommentar des neuen und alten Rechts, Heidelberg 2008 (zit.: Hoppenz/Hülsmann/*Bearbeiter*).

Horndasch, Klaus-Peter, Fallgestaltungen im Kindesunterhaltsrecht – Gleichwertigkeitsregel, Wechselmodell und Geschwistertrennung, ZFE 2007, 329.

Horndasch, Klaus-Peter, Wechselmodell gegen den Willen von Eltern?, FuR 2011, 593.

Hütter, Monika, Zweierlei Maß? Zur Erwerbsobliegenheit der kinderbetreuenden Mutter, FamRZ 2011, 1772.

Johannsen, Kurt/Henrich, Dieter, Familienrecht, Scheidung, Unterhalt, Verfahren, 6. Auflage, München 2015 (zit.: Johannsen/Henrich/*Bearbeiter*).

Jokisch, Beate, Das Wechselmodell – Grundlagen und Probleme (Teil 1), FuR 2013, 679 und (Teil 2), FuR 2014, 25.

Kaiser, Dagmar, Gemeinsame elterliche Sorge und Wechselmodell, FPR 2008, 143.

Kasenbacher, Martin, Zuständigkeiten für die Bestimmung der Kindergeldbezugsberechtigung, NJW-Spezial 2011, 516.

Kleffmann, Norbert/Kleffmann, Carsten, Die Entwicklung des Unterhaltsrechts im Jahr 2014 (Teil 2), FuR 2015, 80.

Klenner, Wolfgang, Essay über die Emanzipation des Kindes im Familienrechtsverfahren, ZKJ 2006, 8.

Knittel, Bernhard, Anm. zu OLG Düsseldorf, Beschl. v. 20.06.2013 – II-7 UF 45/13, JAmt 2014, 287.

Koch, Elisabeth, Handbuch des Unterhaltsrechts, 12. Auflage, München 2012 (zitiert: Koch/*Bearbeiter,* Handbuch des Unterhaltsrechts).

Kostka, Kerima, Das Wechselmodell – Forschungserkenntnisse aus den USA, FPR 2006, 271.

Kostka, Kerima, Neue Erkenntnisse zum Wechselmodell?, Zugleich eine Rezension von Hildegund Sünderhauf „Wechselmodell: Psychologie – Recht – Praxis", ZKJ 2014, 2.

Lorenzmeier, Stefan, Völkerrecht – Schnell erfasst, 2. Auflage, Berlin 2012.

Maaß, Martin, Keine Barunterhaltspflicht im echten Wechselmodell, FamRZ 2016, 603.

Maccoby, Eleanor E./Mnookin, Robert H., Die Schwierigkeiten der Sorgerechtsregelung, FamRZ 1995, 1.

Maccoby, Eleanor E./Mnookin, Robert H., Dividing the child, social and legal dilemmas of custody, London 1994.

Marchlewski, Simon M., Das Wechselmodell zwischen § 1671 und § 1684 BGB – Der Staat wacht an der Grenze des § 1666 BGB, FF 2015, 98.

McIntosh, Jennifer/Smyth, Bruce/Kelaher, Margaret/Wells, Yvonne/Long, Caroline, Post-separation parenting arrangements: Patterns and developmental outcomes, Family Matters 2011, 40.

McKinnon, Rosemary/Wallerstein, Judith S., Joint custody and the preschool child, Behavioral sciences and the law 1986, 170.

Meier, Werner, Betreuungsunterhalt gemäß §§ 1570 und 1615l BGB nach der Unterhaltsrechtsreform, FamRZ 2008, 101.

Mühling, Tanja/Rost, Harald, Väter im Blickpunkt, Perspektiven der Familienforschung, Berlin 2007.

Münchener Kommentar, Bürgerliches Gesetzbuch, Band 8, Familienrecht II, §§ 1589–1921, 6. Auflage, München 2012 (zit.: MüKo/*Bearbeiter*).

Münchener Kommentar, Zivilprozessordnung mit Gerichtsverfassungsgesetz und Nebengesetzen, 4. Auflage, München 2013 (zit.: MüKo-FamFG/*Bearbeiter* bzw. MüKo-ZPO/*Bearbeiter*).

Musielak, Hans-Joachim/Borth, Helmut, Familiengerichtliches Verfahren, 5. Auflage, München 2015 (zit.: Musielak/Borth/*Bearbeiter*).

Nomos-Kommentar, Bürgerliches Gesetzbuch, Band 4: Familienrecht, §§ 1297–1921, 3. Auflage, Baden-Baden 2014 (zit.: NK-BGB/*Bearbeiter*).

Oberndorfer, Rotraut/Rost, Harald, Neue Väter – Anspruch und Realität, ZfF 2005, 50.

Oelkers, Harald/Karsten, Hartwig/Oelkers, Anja, Gemeinsames Sorgerecht, FamRZ 1994, 1080.

Palandt, Otto von, Bürgerliches Gesetzbuch, 75. Auflage, München 2016 (zit.: Palandt/*Bearbeiter*).

Rakete-Dombek, Ingeborg, Das Wechselmodell und die Folgen für wen auch immer, FF 2002, 16.

Rancke, Friedbert, Mutterschutz, Betreuungsgeld, Elterngeld, Elternzeit, 4. Auflage, Baden-Baden 2015 (zit.: Rancke/*Bearbeiter*).

Rauscher, Thomas, Familienrecht, 2. Auflage, Heidelberg 2008.

Rieck, Jürgen, Ausländisches Familienrecht, 12. Ergänzungslieferung, München 2015 (zit.: Rieck/*Bearbeiter*).

Rohmann, Josef, Billigung nach § 156 FamFG, Kindeswohlprüfung und Grenzen der Billigung, FPR 2013, 307.

Rosenberg, Leo/Schwab, Karl Heinz/Gottwald, Peter, Zivilpozessrecht, 17. Auflage, München 2010.

Salzgeber, Joseph, Das Wechselmodell, NZFam 2014, 921.

Salzgeber, Joseph, Die Diskussion um die Einführung des Wechselmodells als Regelfall der Kindesbetreuung getrennt lebender Eltern aus Sicht der Psychologie, FamRZ 2015, 2018.

Salzgeber, Joseph, Familienpsychologische Gutachten: rechtliche Vorgaben und sachverständiges Vorgehen, 6. Auflage, München 2015.

Salzgeber, Joseph/Schreiner, Joachim, Kontakt- und Betreuungsmodelle nach Trennung und Scheidung, FamPra.ch 2014, 66.

Scheiwe, Kirsten, Kindesunterhalt und Wechselmodell, FF 2013, 280.

Scheiwe, Kirsten/Wersig, Maria, Einer zahlt und eine betreut?, Baden-Baden 2010 (zit.: *Autor,* in: Scheiwe/Wersig).

Scheiwe, Kirsten/Wersig, Maria, Cash und Care – Kindesunterhaltsrecht und Geschlechter(un)gleichheit, Göttingen 2011 (zit.: *Scheiwe/Wersig,* Cash und Care).

Scherpe, Jens/Sloan, Brian, Neues im Scheidungsfolgen- und Umgangsrecht in England und Wales – oder Altbekanntes im neuen Gewand?, FamRZ 2015, 1547.

Schilling, Roger, Betreuungsunterhalt und Wechselmodell, FPR 2006, 291.

Schilling, Roger, Rechtliche Probleme bei der gemeinsamen Sorge nach Trennung bzw. Scheidung, NJW 2007, 3233.

Schramm, Barbara, Ausgedehntes Umgangsrecht und seine Auswirkungen auf die Geltendmachung und die Höhe des Kindesunterhalts, NZFam 2014, 582.

Schriftenreihe des Interessenverbands Unterhalt und Familienrecht, Vom starren Residenzmodell zum individuellen Wechselmodell, Band 7, Nürnberg 2013 (zit.: *Autor*/Schriftenreihe des ISUV, Band 7).

Schürmann, Heinrich, Anm. zu BGH, Beschl. v. 12.03.2014 – XII ZB 234/13, FamRZ 2014, 917.

Schürmann, Heinrich, Anm. zu BGH, Beschl. v. 12.03.2014 – XII ZB 234/13, jurisPR-FamR 19/2014, Anm. 1.

Schwab, Dieter, Elterliche Sorge bei Trennung und Scheidung der Eltern, FamRZ 1998, 457.

Seiler, Christian, Wechselmodell – unterhaltsrechtliche Fragen, FamRZ 2015, 1845.

Singer, Anna, Active parenting or Solomon´s justice?, Alternating residence in Sweden for children with separated parents, Utrecht Law Review 2008, 35.

Sodermans, Katrien, Parenting apart together, Studies on joint physical custody arrangements in Flanders, Leuven 2013.

Soergel, Hans Theodor, Bürgerliches Gesetzbuch, Band 19/1 : Familienrecht 3/1, §§ 1589 – 1615n, 13. Auflage, Stuttgart 2012 (zit.: Soergel/*Bearbeiter*)

Solomon, Judith/George, Carol, The development of attachment in separated and divorced families: Effects of overnight visitation, parents and couple variables, Attachment and Human Development 1999, 1.

Soyka, Jürgen, Anm. zu BGH, Beschl. v. 12.03.2014 – XII ZB 234/13, FuR 2014, 419.

Spangenberg, Ernst, Unterhaltspflicht eines mitbetreuenden Elternteils, NZFam 2015, 529.

Spangenberg, Ernst, Wechselmodell und Kindesunterhalt, FamRZ 2014, 88.

Spangenberg, Ernst, Wechselmodell und Unterhalt, FamFR 2010, 125.

Staudinger, Julius von, J. von Staudingers Kommentar zum Bürgerlichen Gesetzbuch, Buch 4: Familienrecht, §§ 1601–1615 o (Unterhaltspflicht), 14. Auflage, Berlin 2000 (zit.: Staudinger/*Bearbeiter*).

Staudinger, Julius von, J. von Staudingers Kommentar zum Bürgerlichen Gesetzbuch, Buch 4: Familienrecht, §§ 1638–1683 (Elterliche Sorge 2 – Vermögenssorge, Kindesschutz, Sorgerechtswechsel), Neubearbeitung 2016, Berlin 2016 (zit.: Staudinger/*Bearbeiter*).

Staudinger, Julius von, J. von Staudingers Kommentar zum Bürgerlichen Gesetzbuch, Buch 4: Familienrecht, §§ 1353–1362 (Wirkungen der Ehe im Allgemeinen), 15. Auflage, Berlin 2012 (zit.: Staudinger/*Bearbeiter*).

Staudinger, Julius von, J. von Staudingers Kommentar zum Bürgerlichen Gesetzbuch, Buch 4: Familienrecht, §§ 1684–1717 (Elterliche Sorge 3 – Umgangsrecht), 15. Auflage, Berlin 2014 (zit.: Staudinger/*Bearbeiter*).

Staudinger, Julius von, J. von Staudingers Kommentar zum Bürgerlichen Gesetzbuch, Buch 4: Familienrecht, §§ 1569–1586b (Geschiedenenunterhalt), 13. Auflage, Berlin 2014 (zit.: Staudinger/*Bearbeiter*).

Stellungnahme der Kinderrechtekommission des Deutschen Familiengerichtstags e.V., Das Wechselmodell im deutschen Familienrecht, FamRZ 2014, 1157.

Sünderhauf, Hildegund, Rolle rückwärts im Kindesunterhalt, NZFam 2014, 585.

Sünderhauf, Hildegund, Wechselmodell: Psychologie – Recht – Praxis, Heidelberg 2013 (zit.: *Sünderhauf,* Wechselmodell).

Sünderhauf, Hildegund/Rixe, Georg, Alles wird gut! Wird alles gut? – Rechtssystematische Verortung und verfassungsrechtliche Bezüge der gerichtlichen Anordnung des paritätischen Wechselmodells (Teil 1), FamRB 2014, 418 und (Teil 2), FamRB 2014, 469.

Theurer, Andrea, Umgangskosten – Wem sind sie zuzuordnen? Wer trägt sie?, FamRZ 2004, 1619.

Tornello, Samantha L./Emery, Robert/Rowen, Jenna, Overnight custody arrangements, attachment, and adjustment among very young children, Journal of marriage and family 2012, 871.

Unzner, Lothar, Bindungstheorie und Wechselmodell, FPR 2006, 274.

Viefhues, Wolfram, Kindesunterhalt und Wechselmodell, FPR 2006, 287.

Viefhues, Wolfram, Unterhaltsrechtliche Behandlung der Kosten des Umgangsrechts, jM 2014, 442.

Vogel, Harald, Anmerkung zu OLG München, Beschl. v. 12.08.2002 – 26 UF 1103/02, FamRZ 2003, 1316.

Vogelgesang, Verena, Anm. zu OLG Brandenburg – Beschl. v. 21.06.2012 – 15 UF 314/11, FamRB 2013, 45.

Völker, Mallory/Clausius, Monika, Das familienrechtliche Mandat, Sorge- und Umgangsrecht, 6. Auflage, Bonn 2014.

Weinreich, Gerd/Klein, Michael, Fachanwaltskommentar Familienrecht, 5. Auflage, Köln 2013 (zit.: Weinreich/Klein/*Bearbeiter*).

Wellenhofer, Marina, Anm. zu BGH, Urt. v. 28.02.2007 – XII ZR 161/04, JuS 2007, 873.

Wellenhofer, Marina, Zur aktuellen Entwicklung des Ehegattenunterhaltsrechts, FamRZ 2011, 685.

Wendl, Philipp/Dose, Hans-Joachim, Das Unterhaltsrecht in der familienrichterlichen Praxis, 9. Auflage, München 2015 (zit.: Wendl/Dose/*Bearbeiter,* 9. Aufl. 2015) und 8. Auflage, München 2011 (zit.: Wendl/Dose/*Bearbeiter,* 8. Aufl. 2011).

Wohlgemuth, Gisela, Aufteilung des Kindergeldes beim Wechselmodell, FamRZ 2015, 808.

Wohlgemuth, Gisela, Barunterhalt eines Kindes und Haftungsquoten der Eltern bei Betreuungsaufteilung, FuR 2012, 218.

Wohlgemuth, Gisela, Die Berechnung des Kindesunterhalts beim Wechselmodell bei Barunterhaltspflicht beider Eltern, FPR 2013, 157.

Wohlgemuth, Gisela, Kindesunterhalt und familienrechtlicher Ausgleich beim Wechselmodell – zugleich: Stellungnahme zu Bausch/Gutdeutsch/Seiler in FamRZ 2012, 258, FuR 2012, 401.

Wohlgemuth, Gisela, Spielarten des Wechselmodells – unterhaltsrechtliche Aspekte, FamRZ 2014, 84.

Wohlgemuth, Gisela, Wechselmodell ade?, FuR 2014, 556.

Wolf, Hans-Joachim/Lecking, Claudia, Geltendmachung von Kindesunterhalt durch einen Elternteil gegen den anderen in gesetzlicher Prozessstandschaft, MDR 2010, 1299.

Internetquellen

16. Deutscher Familiengerichtstag, Ergebnisse des Arbeitskreises 3, http://s293942038.online.de/resources/2005_Arbeitskreis_3.pdf (besucht am 18.08.2014).

19. Deutscher Familiengerichtstag, Empfehlungen des Vorstands, http://www.dfgt.de/resources/2011_Vorstandsempfehlungen.pdf (besucht am 27.02.2015).

20. Deutscher Familiengerichtstag, Empfehlungen des Vorstands, http://www.dfgt.de/index.php5?did=287 (besucht am 25.06.2014).

20. Deutscher Familiengerichtstag, Ergebnisse des Arbeitskreises 15, http://www.dfgt.de/resources/2013_Arbeitskreis_15.pdf (besucht am 15.12.2014).

20. Deutscher Familiengerichtstag, Ergebnisse des Arbeitskreises 7, http://www.dfgt.de/resources/2013_Arbeitskreis_7.pdf (besucht am 26.05.2014).

Bundesministerium für Bildung und Forschung, Gut angelegt – das Investitionsprogramm Zukunft, Bildung und Betreuung, http://www.ganztagsschulen.org/_media/gut_angelegt.pdf (besucht am 05.01.2016).

Bundesministerium für Familie, Senioren, Frauen und Jugend, Facetten der Vaterschaft, Perspektiven einer innovativen Väterpolitik, http://www.bmfsfj.de/RedaktionBMFSFJ/Abteilung2/Pdf-Anlagen/facetten-vaterschaft,property=pdf,bereich=bmfsfj,sprache=de,rwb=true.pdf (besucht am 05.01.2016).

Bundesministerium für Familie, Senioren, Frauen und Jugend, Alleinerziehende in Deutschland – Lebenssituation und Lebenswirklichkeit von Müttern und Kindern, https://www.bmfsfj.de/RedaktionBMFSFJ/Broschuerenstelle/Pdf-Anlagen/Monitor-Familienforschung-Ausgabe-28 (besucht am 05.01.2016).

Bundesministerium für Familie, Senioren, Frauen und Jugend, Fünfter Bericht zur Evaluation des Kinderförderungsgesetzes, Bericht der Bundesregierung 2015 über den Stand des Ausbaus der Kindertagesbetreuung für Kinder unter drei Jahren für das Berichtsjahr 2014 und Bilanzierung des Ausbaus durch das Kinderförderungsgesetz, http://www.bmfsfj.de/RedaktionBMFSFJ/Broschuerenstelle/Pdf-Anlagen/Kif_C3_B6G-F_C3_BCnfter-Bericht-zur-Evaluation-des-Kinderf_C3_B6rderungsgesetzes,property=pdf,bereich=bmfsfj,sprache=de,rwb=true.pdf (besucht am 05.01.2016).

Die Welt, Wenn das Trennungskind zum Ping-Pong Ball wird, http://www.welt.de/vermischtes/article136904559/Wenn-das-Trennungskind-zum-Pingpong-Ball-wird.html (besucht am 29.11.2015).

Die Welt, Scheidungskinder sollen zwei Zuhause haben, http://www.welt.de/politik/deutschland/article147883305/Scheidungskinder-sollen-zwei-Zuhause-haben.html (besucht am 20.11.2015).

Die Zeit, Kinder sind flexibel, http://www.zeit.de/2014/18/scheidung-kinder-umgang-modelle (besucht am 01.12.2015).

Fragile Families and Child Wellbeing Study, http://www.fragilefamilies.princeton.edu/ (besucht am 18.08.2014).

Frigger, Michael, Heute hier, morgen dort? Das Wechselmodell im Familienrecht, Eine Pilotstudie, Diplomarbeit, http://paritaetmodell.de/michael_frigger_wechselmodell.pdf (besucht am 30.11.2015).

Hammer, Stephan, Mustervereinbarungen, Gemeinsame Sorge getrennt lebender Eltern – Wechselmodell, http://www.elternvereinbarung.de/muster_2.php (besucht am 29.07.2015).

Klemm, Klaus, Ganztagsschulen in Deutschland – eine bildungsstatistische Analyse im Auftrag der Bertelsmann-Stiftung, http://www.gs-badmuender.de/bilderprojekte_2014-2015/2014_09_24_bildungsstudie-gts-bertelsmann.pdf (besucht am 05.01.2016).

Klemm, Klaus, Ganztagsschulen in Deutschland: Die Ausbaudynamik ist erlahmt, https://www.bertelsmannstiftung.de/fileadmin/files/BSt/Presse/imported/downloads/xcms_bst_dms_40015_40016_2.pdf (besucht am 05.01.2016).

Parliamentary Assembly, Resolution 2079 (2015), Equality and shared parental responsibility: the role of fathers, http://assembly.coe.int/nw/xml/XRef/X2H-Xref-ViewPDF.asp?FileID=22220&lang=en (besucht am 05.01.2016).

Pressemitteilung der CDU/CSU Fraktion im Deutschen Bundestag v. 06.06.2014, Kindeswohl ernst nehmen heißt Kindeswohl verstehen, Eine umfangreiche kinderpsychologische Studie soll Forschungslücke schließen, https://www.cducsu.de/presse/pressemitteilungen/kindeswohl-ernst-nehmen-heisst-kindeswohl-verstehen (besucht am 18.11.2015).

Proksch, Roland, Begleitforschung zur Umsetzung der Neuregelungen zur Reform des Kindschaftsrechts – 2. Zwischenbericht, 2001, http://www.bmfsfj.de/doku/Publikationen/genderreport/01-Redaktion/PDF-Anlagen/lit-proksch-begleitforschung-kindschaftsrecht-2001,property%3Dpdf,bereich%3Dgenderreport,sprache%3Dde,rwb%3Dtrue.pdf (besucht am 02.12.2015).

Statistisches Bundesamt, Armutsgefährdungsquote nach Sozialleistungen in Deutschland nach dem Haushaltstyp, https://www.destatis.de/DE/ZahlenFakten/GesellschaftStaat/EinkommenKonsumLebensbedingungen/LebensbedingungenArmutsgefaehrdung/Tabellen/ArmutsgefQuoteTyp_SILC.html (besucht am 09.11.2015).

Statistisches Bundesamt, Elterngeld: Erwerbstätigkeit von Frauen führt zu höherer Väterbeteiligung, Pressemitteilung Nr. 221/12 v. 27.06.2012, https://www.destatis.de/DE/PresseService/Presse/Pressekonferenzen/2012/Elterngeld/pm_elterngeld_PDF.pdf?__blob=publicationFile (besucht am 05.01.2016).

Statistisches Bundesamt, Elterngeld: Väterbeteiligung mit 27,3 % auf neuem Höchststand, Pressemitteilung Nr. 176/13 v. 27.05.2013, https://www.destatis.de/DE/PresseService/Presse/Pressemitteilungen/2013/05/PD13_176_22922pdf.pdf?__blob=publicationFile (besucht am 05.01.2016).

Statistisches Bundesamt, Gemeinschaftsstatistik über Einkommen und Lebensbedingungen (EU-SILC), Armutsrisiko in Deutschland bei 16,7 %, https://www.destatis.de/DE/ZahlenFakten/GesellschaftStaat/EinkommenKonsumLebensbedingungen/LebensbedingungenArmutsgefaehrdung/Aktuell_Hauptindikatoren_SILC.html (besucht am 09.11.2015).

Statistisches Bundesamt, Öffentliche Hand gab 2010 rund 28,9 Milliarden Euro für Kinder- und Jugendhilfe aus, Pressemitteilung Nr. 022 v. 18.01.2012, https://www.destatis.de/DE/PresseService/Presse/Pressemitteilungen/2012/01/PD12_022_225.html (besucht am 05.01.2016).

Statistisches Bundesamt, Öffentliche Hand gab 2011 rund 30,5 Milliarden Euro für Kinder- und Jugendhilfe aus, Pressemitteilung Nr. 32/13 v. 25.01.2013, https://www.destatis.de/DE/PresseService/Presse/Pressemitteilungen/2013/01/PD13_032_225pdf.pdf?__blob=publicationFile (besucht am 05.01.2016).

Statistisches Bundesamt, Öffentliche Hand gab 2012 rund 32,2 Milliarden Euro für Kinder- und Jugendhilfe aus, Pressemitteilung Nr. 28/14 v. 24.01.2014, https://www.destatis.de/DE/PresseService/Presse/Pressemitteilungen/2014/01/PD14_028_225pdf.pdf?__blob=publicationFile (besucht am 05.01.2016).

Statistisches Bundesamt, Öffentliche Hand gab 2013 rund 35,5 Milliarden Euro für Kinder- und Jugendhilfe aus, Pressemitteilung Nr. 026 v. 23.01.2015, https://www.destatis.de/DE/PresseService/Presse/Pressemitteilungen/2015/01/PD15_026_225.html (besucht am 05.01.2016).

Statistisches Bundesamt, Pressebroschüre „Rechtspflege – Familiengerichte", https://www.destatis.de/DE/Publikationen/Thematisch/Rechtspflege/GerichtePersonal/Familiengerichte2100220137004.pdf?__blob=publicationFile (besucht am 06.01.2016).

Statistisches Bundesamt, Väter beziehen immer häufiger, aber auch immer kürzer Elterngeld, Pressemitteilung Nr. 411/13 v. 06.12.2013, https://www.destatis.de/DE/PresseService/Presse/Pressemitteilungen/2013/12/PD13_411_22922pdf.pdf?__blob=publicationFile (besucht am 05.01.2016).

Statistisches Bundesamt, Elterngeld für Geburten 2008 nach Kreisen, https://www.destatis.de/GPStatistik/servlets/MCRFileNodeServlet/DEHeft_derivate_00014860/5229204087004.pdf;jsessionid=1A4902A77956D29E7754EBC59872176C (besucht am 05.01.2016).

Statistisches Bundesamt, Frauen und Männer in verschiedenen Lebensphasen, Ergebnisse des Mikrozensus 2010, https://www.destatis.de/DE/Publikationen/Thematisch/Bevoelkerung/HaushalteMikrozensus/BroschuereFrauenMaenner 0010013109001.pdf?__blob=publicationFile (besucht am 06.01.2016).

Statistisches Bundesamt, Wie leben Kinder in Deutschland?, Ergebnisse des Mikrozensus 2010, https://www.destatis.de/DE/PresseService/Presse/Pressekonferenzen/2011/Mikro_Kinder/pressebroschuere_kinder.pdf?__blob=publicationFile (besucht am 06.01.2016).

Statistisches Bundesamt, Elterngeld – Wer, wie lange und wie viel?, Ergebnisse des Mikrozensus 2012, https://www.destatis.de/DE/PresseService/Presse/Presse konferenzen/2012/Elterngeld/begleitmaterial_PDF.pdf;jsessionid=E1A053360902D 12DCA11E21AF7A39DDC.cae4?__blob=publicationFile (besucht am 06.01.2016).

Statistisches Bundesamt, Geburtentrends und Familiensituation in Deutschland, Ergebnisse des Mikrozensus 2008, 2011 und 2012, https://www.destatis.de/DE/Publikationen/Thematisch/Bevoelkerung/HaushalteMikrozensus/Geburten trends5122203129004.pdf?__blob=publicationFile (besucht am 06.01.2016).

Statistisches Bundesamt, Elterngeld für Geburten 2013 nach Kreisen, https://www.destatis.de/DE/Publikationen/Thematisch/Soziales/Elterngeld/ElterngeldGeburten Kreise5229204137004.pdf?__blob=publicationFile (besucht am 06.01.2016).

Statistisches Bundesamt, Vereinbarkeit von Familie und Beruf, Ergebnisse des Mikrozensus 2013, https://www.destatis.de/DE/Publikationen/WirtschaftStatistik/Bevoelkerung/VereinbarkeitFamilieBeruf_122014.pdf?__blob=publicationFile (besucht am 06.01.2015).

Süddeutsche Zeitung, Die Zeit der Zahlväter ist vorbei, http://www.sueddeutsche.de/leben/gemeinsames-sorgerecht-bei-scheidungskindern-die-zeit-der-zahlvaeter-ist-vorbei-1.2736400 (besucht am 29.11.2015).

Väteraufbruch für Kinder, Position Paritätische Doppelresidenz (verabschiedet im Rahmen der Bundesmitgliederversammlung am 15.02.2014 in Frankfurt/M), http://www.vaeteraufbruch.de/index.php?id=doppelresidenz (besucht am 02.12.2015).

Studien zum deutschen und internationalen Familien- und Erbrecht

Herausgegeben von Martin Lipp, Christoph Benicke,
Marina Wellenhofer und Bettina Heiderhoff

Band 1 Jessica Kriewald: Statusrelevante Erklärungen des Familienrechts. 2009.

Band 2 Martin Gilbert: Unmoralische Angebote, Grundrechtskitsch und die kalte Hand des Erblassers. 2009.

Band 3 Anja Vellmer: Religiöse Kindererziehung und religiös begründete Konflikte in der Familie. Eine rechtsübergreifende Darstellung familiärer religiöser Konflikte und der staatlichen Instrumentarien zu ihrer Lösung. 2010.

Band 4 Uta Heidenreich: Auskunfts- und Wertermittlungsansprüche des Pflichtteilsberechtigten. 2010.

Band 5 Ulla Möhn: Vertrauensschutz im intertemporalen Scheidungsunterhaltsrecht. Zugleich eine Analyse des § 36 Nr. 1 EGZPO. 2010.

Band 6 Gabriele Metternich: Verfügungsverhalten von Erblassern. Eine empirische Untersuchung als Beitrag zur Rechtstatsachenforschung und Reformdiskussion auf dem Gebiet des Erbrechts. 2010.

Band 7 Patrick Schroer: Europäischer Erbschein. Mit rechtsvergleichender Darstellung. 2010.

Band 8 Isabella Toscano: Ehescheidungen mit grenzüberschreitendem Bezug. Von divergierenden nationalen Scheidungsvoraussetzungen zu einem einheitlichen europäischen Scheidungsrecht? 2011.

Band 9 Ulrich Kühle: Die gerichtliche Überprüfung von Erb- und Pflichtteilsverzichtsverträgen im Spiegel ehevertraglicher Inhaltskontrolle. 2011.

Band 10 Gregor Blüm: Härtefälle im Recht des Versorgungsausgleichs. Eine legitimationszentrierte Untersuchung der Rechtsprechung zur Generalklausel des § 1587c Nr. 1 BGB a. F. unter Berücksichtigung der Neuerungen in der Härtefallregelung des § 27 VersAusglG. 2011.

Band 11 Linda Schlegel: Die Bedeutung des vorehelichen Zusammenlebens im Scheidungsfolgenrecht. 2011.

Band 12 Tobias Breitling: Rechtsfolgen von sittenwidrigen Bedingungen in Verfügungen von Todes wegen. Erblasserwille und objektives Recht. 2012.

Band 13 Anja Sommer: Das Verhältnis von Familiengericht und Jugendamt. Kooperation zum Wohle des Kindes? 2012.

Band 14 Pia Maria Schulze: Das deutsche Kindschafts- und Abstammungsrecht und die Rechtsprechung des EGMR. 2012.

Band 15 Sebastian Schaufert: Das Verbot der Doppelverwertung von Vermögenspositionen bei Unterhalt und Zugewinn. 2012.

Band 16 Natalie Ivanits: Die Stellung des Kindes in auf Einvernehmen zielenden gerichtlichen und außergerichtlichen Verfahren in Kindschaftssachen. 2012.

Band 17 Robert Bauer: Die Neuerungen im ehelichen Güterrecht. Eine kritische Untersuchung der Rechtslage nach der Reform von 2009. 2013.

Band 18 Birthe Schekahn: Tatsächliche Unterhaltsleistungen faktischer Lebensgefährten im Todesfall. Ein Vorschlag für eine Reform des § 844 Abs. 2 BGB und zugleich eine Definition der faktischen Lebensgemeinschaft. 2013.

Band 19 Michelle Favier: Die gemeinsame rechtliche Elternschaft von eingetragenen Lebenspartnern durch die Annahme eines Kindes. 2014.

Band 20 Holke-Leonie Doench: Mediation als kindgerechtes Verfahren. 2014.

Band 21 Katharina Frank: Eheverträge als effektives Gestaltungsinstrument. Die Grenzen der Privatautonomie im englischen und deutschen Sachrecht sowie im europäischen Zivilverfahrens- und Kollisionsrecht. 2015.

Band 22 Renata von Pückler: Der Ausgleich konkurrierender Ehegattenunterhaltsansprüche. 2015.

Band 23 Sandra Schröder: Wer hat das Recht zur rechtlichen Vaterschaft? Vorschlag zur Neugestaltung der rechtlichen Stellung des biologischen Vaters im Abstammungsrecht bei Bestehen einer sozial-familiären Beziehung zwischen Kind und rechtlichem Vater. Unter Berücksichtigung interdisziplinärer und historischer Aspekte. 2015.

Band 24 Kerstin Aust. Das Kuckuckskind und seine drei Eltern. Eine kritische Würdigung der bestehenden Rechtslage mit Vorschlägen für interessengerechte Regelungen unter rechtsvergleichenden Aspekten aus dem EMRK-Raum. 2015.

Band 25 Marc Alexander Voigt: Abstammungsrecht 2.0. Ein rechtsvergleichender Reformvorschlag vor dem Hintergrund der Methoden der künstlichen Befruchtung. 2015.

Band 26 Carola Berneiser: Die verfahrensrechtliche Neuregelung der Erörterung der Kindeswohlgefährdung in § 157 FamFG. Möglichkeiten und Grenzen der Umsetzung in der familiengerichtlichen Praxis. 2015.

Band 27 Hüsniye Saygin: Geschlechtergerechtigkeit unter dem Deckmantel der Leitbildneutralität. Trennungs- und Scheidungsfolgen im Spiegel der Ehe- und Familienförderung. 2016.

Band 28 Dragana Damljanovic: Das Wechselmodell. Geltendes Recht und Reformbedarf. 2016.

www.peterlang.com